TURCOLOGICA

Herausgegeben von Lars Johanson

Band 118

2019
Harrassowitz Verlag · Wiesbaden

Michael Reinhard Heß

In schweren Tagen

Texte und Quellen zu den Uiguren Kasachstans

2019
Harrassowitz Verlag · Wiesbaden

Bibliografische Information der Deutschen Nationalbibliothek
Die Deutsche Nationalbibliothek verzeichnet diese Publikation in der Deutschen Nationalbibliografie; detaillierte bibliografische Daten sind im Internet über http://dnb.dnb.de abrufbar.

Bibliographic information published by the Deutsche Nationalbibliothek
The Deutsche Nationalbibliothek lists this publication in the Deutsche Nationalbibliografie; detailed bibliographic data are available in the internet at http://dnb.dnb.de.

Informationen zum Verlagsprogramm finden Sie unter
http://www.harrassowitz-verlag.de

Gedruckt auf alterungsbeständigem Papier.
Druck und Verarbeitung: Hubert & Co., Göttingen
Printed in Germany

ISSN 0177-4743
ISBN 978-3-447-11185-0

Inhalt

Dank VII

1. Einführung 1

2. Zur Benutzung des Bandes 7
   2.1. Zu Aufbau und Struktur 7
   2.2. Einige Hinweise zur Benutzung 8
   2.3. Zur Autorschaft der Übersetzungen 9

Teil I: Texte über die Geschichte der Uiguren Kasachstans 11

3. Ömär Muhämmädiy: In schweren Tagen 13
   3.1. Vorbemerkung 13
   3.2. Text in Übersetzung 13
   3.3. Nachbemerkung 20

4. Ein Rückblick auf schwere Tage (Nacherzählung, Feldforschungstext). 25
   4.1. Vorbemerkung 25
   4.2. Text in Übersetzung 25
   4.3. Originaltext 28

5. Ziya Sämädiy: Die Drei Roten Fahnen 31
   5.1. Vorbemerkung 31
   5.2. Text in Übersetzung 32
   5.3. Nachbemerkung 36

6. Xämit Hämraev: Die uigurische Tragödie (Auszug) 39
   6.1. Vorbemerkung 39
   6.2. Textauschnitte in Übersetzung (Auszug) 40
   6.3. Nachbemerkung 43

Teil II: Die uigurische Sprache und Kultur im heutigen Kasachstan. 49

7. Über den *Žigitbeši* (Feldforschungstext) 51
   7.1. Vorbemerkung 51
   7.2. Text in Übersetzung 52
   7.3. Transkription des Originaltextes 53

8. Geschichte und Literatur der Uiguren (Feldforschungstext) 55
   8.1. Vorbemerkung 55
   8.2. Übersetzung 55
   8.3. Transkription des Originaltextes 57

9. Die Bedeutung der Uigurischen Schulen 59
9.1. Die Stellung des Neuuigurischen an Schulen (Feldforschungstext) 59
9.1.1. Vorbemerkung 59
9.1.2. Übersetzung 59
9.1.3. Transkription des Originaltextes 60
9.2. Ein Beispiel aus der Unterrichtspraxis (Feldforschungstext) 61
9.2.1. Vorbemerkung 61
9.2.2. Text in Übersetzung 61
9.2.3. Transkription des Originaltextes 64

10. Uigurisch und Kasachisch (Feldforschungstext) 67
10.1. Vorbemerkung 67
10.2. Übersetzung 68
10.3. Transkription des Originaltextes 73

11. Grundzüge der uigurischen Dichtung (Feldforschungstext) 79
11.1. Vorbemerkung 79
11.2. Übersetzung 79
11.3. Originaltext 80

12. Die uigurische Dichtung und die Moderne (Feldforschungstext) 83
12.1. Vorbemerkung 83
12.2. Übersetzung 83
12.3. Transkription des Originaltextes 90

13. Endnoten zu den Texten 97

14. Zitierte Literatur 133

15. Anhang 141
15.1. Abbildungen zu den Endnoten 141

Dank

Es ist unmöglich, alle Menschen zu erwähnen, die ihre Zeit, ihre Mühe und ihr Wissen zu diesem Buch beigesteuert haben. Stellvertretend für sie können hier nur einige wenige genannt werden. Der Leiter des von der DFG finanzierten Gießener Projekts „Uighurisch im multiethnischen Kasachstan. Eine allochthone Minderheitensprache im Spannungsfeld zwischen Sprachnorm und Sprachgebrauch“, Prof. Dr. Mark Kirchner, hat entscheidend an der Gliederung des vorliegenden Bandes sowie bei zahlreichen Detailfragen mitgewirkt. Dr. Raihan Muhamedova (ebenfalls Gießen) hat zahlreiche Hinweise zum Gebrauch und der Bedeutung neuuigurischer Ausdrücke beigesteuert. Taγdir Oktjabrov und Bavudun Umar (Almaty) bin ich ebenfalls für ihre wiederholten Klarstellungen zur Bedeutung neuuigurischer Ausdrücke zu Dank verpflichtet. Frau Sultan Karakaya (Gießen) danke ich für ihre Geduld bei der gemeinsamen Textarbeit.

1. Einführung

Der Titel des vorliegenden Sammelbandes, „In schweren Tagen" (nuig. *Eyir künlärdä*) weist auf ein Leitmotiv der jüngeren Geschichte der Uiguren hin, das zugleich als deren *Leid*-Motiv verstanden werden kann. Die Wendung ist in der neuuigurischen Sprache und Literatur so weit verbreitet, dass sie nahezu redensartlichen Charakter gewonnen hat. Sie begegnet wortwörtlich oder in Varianten immer wieder in neuuigurischen Texten des 20. und 21. Jahrhunderts. Man braucht in der Regel nur einige wenige Seiten zu lesen, dann stößt man schon auf eine entsprechende Formulierung. Wörtlich kommt die Wendung *eyir künlärdä* beispielsweise gleich mehrmals in dem 2014 erschienenen Drama „Die Uigurische Tragödie" (nuig. *Uyyur pajiäsi*) des Romanciers und Dramatikers Xämit Hämraev vor, das sich mit den katastrophalen Ereignissen auseinandersetzt, die im Jahr 1918 im heutigen Ostkasachstan stattfanden.[1] Ein anderes Beispiel stammt aus Abdukerim Vahidiys (*1930) historisch-autobiografischem Roman „Vögel, die ins Paradies flogen" (nuig. *Jännätkä učkan kušlar*, 2006) vor, der sich mit derselben historischen Periode wie die Tragödie Hämraevs beschäftigt und unter anderem gleichfalls den Massenmord an Muslimen im Rahmen der „Atu-Katastrophe" (nuig. *Atu pajiäsi*) von 1918 thematisiert. Im Anfangskapitel dieses stark autobiographischen Werks fragt sich eine der Figuren mit unguter Vorahnung: „Ist dies nun also der Anfang schwerer Tage…?".[2] Die Entscheidung, die Wendung „In schweren Tagen" zum Titel des vorliegenden Buchs zu machen, fiel endgültig, als mir während der Feldforschungen in Almaty bewusst wurde, wie fest sie auch heute noch in der neuuigurischen Sprache verankert ist. Sie wurde unter anderem in einem beiläufig hingesagten Satz auf einer Gedenkveranstaltung für den uigurischen Komponisten Selimaxun Zäynalov (*1936, gestorben ca. 2011) gebraucht, die in der Uigurischen Schule Nr. 153 in Almaty veranstaltet wurde. In dieser Äußerung wurde dem verstorbenen Komponisten attestiert, er habe „nach seinem Fortgang aus der historischen Heimatstatt [der Uiguren, d.h. Xīnjiāng – M. R. H.] schwere Tage gesehen".[3] In einem ähnlichen Kontext und Zusammenhang kommt der Ausdruck *eyir künlärdä* auch in dem in Kapitel 12 vorgestellten längeren Text aus den Feldforschungsarbeiten vor, dort allerdings positiv gewendet. Denn der Autor des Textes drückt sich dankend über die Hilfe aus, die Kasachstan den Uiguren „in den schweren Tagen" geleistet hat.[4] In ähnlichen Formulie-

---

1 Hämraev 2014: 65, 67, 69, 74.

2 Vahidiy 2006: 15 (*eyir künlärniŋ bašliyini šumidu…*).

3 *Tarixiy vätändin čikip eyir künlärni körüp…* Quelle ist der Feldforschungstext A L. Ein aus von einer römischen Zahl gefolgten „A" bestehendes Kürzel verweist auf einen bestimmten Feldforschungstext aus dem an der Universität Gießen realisierten Projekt „Uighurisch im multiethnischen Kasachstan. Eine allochthone Minderheitensprache im Spannungsfeld zwischen Sprachnorm und Sprachgebrauch" wissenschaftlichen Projekt, das dem vorliegenden Buch zugrundeliegt. Es würde zu weit führen, die Bedeutung dieser Zitierkonvention hier im Detail zu erklären. Sie kann nachgelesen werden in dem Buch Michael Reinhard Heß: *Uiguren in Kasachstan. Untersuchungen zu Demographie, Geschichte und Sprache*, dessen Erscheinen im Harrassowitz-Verlag Wiesbaden für 2019 geplant ist.

4 Seite 118.

rungen bezieht sich derselbe Text auf diese Zeit in der Form „in diesen schweren Jahren" (nuig. *bu eyir žilliri*),[5] in der die Uiguren „in schwierige Situationen geraten" (nuig. *eyir ähvalya čüšüp*) seien.[6]

Zwar nicht mit den Worten *eyir künlärdä*, doch einem sehr vergleichbaren Sinn beklagt sich außerdem ein weiterer der interviewten Sprecher (siehe Kapitel 9.1.) über die aktuelle Situation der Uiguren in Kasachstan: „Unser Schicksal ist bemitleidenswert" (*Bizniŋ täydirimiz ečinišlik̡*). Auch wenn diese Äußerung in einem konkreten inhaltlichen Zusammenhang, nämlich der Sprach- und Bildungssituation rund um das Neuuigurische in Kasachstan, fällt, spricht aus ihr auch eine allgemeine Erfahrung, ein allgemeines Gefühl, das viele Uiguren heute teilen. Nicht umsonst spricht derselbe Sprecher in seinem Text nach diesem Zitat dann noch zweimal vom „Schicksal" (*täydir*) der Uiguren.

Möglicherweise zum ersten Mal, vielleicht aber am wirkungsmächtigsten begegnet der Ausdruck *Eyir künlärdä* jedoch wohl im Titel der gleichnamigen Erzählung von Ömär Muhämmädiy (1906-1931).[7] Er ist für den vorliegenden Sammelband aber nicht nur deshalb so bedeutend, weil er gewissermaßen eine Grundstimmung der gesamten neuuigurischen Literatur und Gesellschaft auf den Punkt bringt. Vielmehr nimmt einer der hier präsentierten Feldforschungstexte auch direkt auf Muhämmädiys Text Bezug, und zwar, indem er diesen nacherzählt. Dass ein junger Uigure im Jahre 2016 auf die Aufforderung hin, einen beliebigen (literarischen oder nichtliterarischen) Beitrag in neuuigurischer Sprache zum Zweck von dessen sprachlicher Analyse auf Band zu sprechen, spontan ausgerechnet Muhämmädiys Kurzgeschichte aus dem Gedächtnis nacherzählt, spricht allein schon für die anhaltende Wirkung von Muhämmädiys Text. Auf diese Weise stellt der Text „In schweren Tagen" gewissermaßen eine Klammer dar, die neunzig Jahre neuuigurische Literaturgeschichte verbindet, von den ersten Anfängen in den 1920er-Jahren bis in die Gegenwart. Es ist ein emblematischer Text, der immer wieder zitiert und gelesen wird, wenn es darum geht, ähnliche Situationen zu beschreiben wie die, welche er beschreibt. Von Ambiente und Duktus her würde man vielleicht aus der deutschen Literatur Wolfgang Borcherts „Draußen vor der Tür" im Hinblicm auf die Wirkung als Vergleich heranziehen, auch wenn die (Nach-)Kriegsthematik dabei einen deutlichen Unterschied markiert. Aus diesem Grund, und weil sowohl Originalnarration als auch Nacherzählung einen wichtigen Beitrag zum Verständnis der uigurischen Selbstwahrnehmung leisten können, stehen beide am Anfang der hier vorgelegten Sammlung (Kapitel 3 und 4). Die hier präsentierte Übersetzung von Muhämmädiys Text ist damit zugleich die deutsche Erstübersetzung dieses literatur- und geistesgeschichtlich überaus bedeutsamen Textes. Aufgrund seines – auch im Vergleich mit den anderen hier vorgestellten Texten – besonderen Rangs wird zudem der Text Muhämmädiys hier als einziger literarischer Text auch in seiner uigurischen Originalfassung wiedergegeben ((ist am nicht im Buch???)). Dass Muhämmädiys Erzählung und ihr emblematischer Titel nicht die singuläre Äußerung eines Autoren darstellen, sondern die Befindlichkeit einer ganzen Generation – und darüber hinaus vieler Uiguren auch in übrigen Zeiten des 20. Jahrhunderts – widerspiegeln, erkennt

5 Seite 118.

6 Seite 118.

7 Vgl. außer dem Titel der Erzählung noch Harbalioğlu/ Abdulvahit Kaşgarlı 2016: 16. Text und türkeitürkische Übersetzung des Textes von Muhämmädiy: Harbalioğlu/ Abdulvahit Kaşgarlı 2016: 2-22.

man an dem fast zeitgleichen literarischen Echo, das der Text in Form von Mömün Hämraevs (1907-1955) gleichnamiger Langerzählung fand, die 1931 bis 1932 in einer Zeitschrift serialisiert wurde, bevor sie 1934 als Buch erscheinen konnte.[8]

Während es in der Kurzgeschichte Muhämmädiys in erster Linie um materielle Entbehrungen und soziale Ungerechtigkeit innerhalb der Gesellschaft geht, wendet sich der anschließende Text (Kapitel 5), geschrieben von von Ziya Sämädiy, einer anderen Art von nicht minder schweren Zeiten zu. Es geht in dem Beitrag um eine der politischen Unbilden, die das Schicksal der Uiguren im 20. und 21. Jahrhundert geprägt haben. Ziyas mit bitterem Realismus geschriebener Prosatext „Die Drei Roten Fahnen" thematisiert das Leiden einer uigurischen Familie in Xīnjiāng am Ende der 1950er-Jahre. Damals erreichte der massenmörderische Wahnsinn Maos gerade in dessen wahnwitzigem „Großen Sprung voran" seinen vorläufigen Höhepunkt. Sämädiy stammte aus Kasachstan, wo er auch einen Großteil seines Lebens verbrachte. Er gilt als einer der bedeutensten uigurischen Autoren Kasachstans im 20. Jahrhundert. Schon aus diesem Grund ist der ausgewählte Text in besonderer Weise geeignet, einen Einblick in das Denken und Fühlen der Uiguren Kasachstans zu gewähren.

Auch der Text von Kapitel 6, wie der vorausgehende aus der bereits veröffentlichten Literatur der Uiguren ausgewählt, befasst sich mit einer der schwierigen und immer wieder tragischen Epochen der uigurischen Geschichte im 20. Jahrhundert. Konkret beleuchtet er den von sowjetischen Truppen im Frühjahr und Sommer 1918 auf dem sogenannten „Ƣuljaer Trakt" (nuig. *Ƣulja yoli*), einer alten Karawanenstrecke zwischen Almaty und der Stadt Ƣulja, verübten und als „Atu-Katastrophe" bekannt gewordenen Massenmord, von dem oben schon kurz die Rede gewesen ist. Mehrere Tausende von Zivilisten fielen dabei der Armee der Bolschewiki zum Opfer. Der Text dokumentiert den Versuch von Uiguren, gegen die häufig mit ihrer tragischen Geschichte verbundene internationale Nicht- oder Wenigbeachtung anzuschreiben. Er ist zugleich eine Mahnung an die Welt, das Verbrechen nicht zu vergessen, und der Versuch, das Geschehene aus einer uigurischen Perspektive einzuordnen und eine angemessene Haltung dazu zu finden.

Ab Kapitel 7, das zugleich das erste Kapitel von Teil II ist, werden ausschließlich Texte vorgestellt, die aus der wissenschaftlichen Feldforschung stammen. Der kurze Text aus diesem Kapitel vermittelt nicht nur einen Eindruck von dem heute in Almaty gesprochenen Neuuigurisch, sondern gewährt zugleich einen Einblick in die Sitten und Gebräuche der Uiguren, deren Einzigartigkeit unter anderem von der UNESCO anerkannt worden ist ((Verweis, Beleg)). Konkret geht es um eine der immateriellen Institutitonen, die es nur bei den Uiguren gibt, das sogenannte „Haupt der jungen Männer" (*žigit beši*). Selbst anhand dieses knappen Textbeispiels wird deutlich, wie sehr das Leben der Uiguren selbst in einem modernen, großstädtischen Umfeld wie Almaty auch heute noch von derartigen traditionellen Kulturpraktiken geprägt wird. Derartige Traditionen, Riten und Zeremonielle haben keineswegs nur folkloristische Funktion, sondern sie dienen dazu, die soziale Struktur, die kulturelle Kohärenz und somit das Überleben der Gemeinschaft sicherzustellen. Der Text macht das Spannungsfeld zwischen festgefügter Tradition und der Notwendigkeit ständiger Anpassung sichtbar, dem die Uiguren in heutiger Zeit vielfach unterworfen sind.

---

8 Zu ihr siehe Harbalioğlu/ Abdulvahit Kaşgarlı 2017: 224. – Zu Mömün Hämraev siehe die Erläuterung auf Seite 153.

Der Literatur als zentralem Bestandteil der uigurischen Kultur widmet sich dann der in Kapitel 8 vorgestellte Text. Zugleich wendet er sich direkt dem Thema der Feldforschungen zu, aus denen der vorliegenden Band hervorgegangen ist, der uigurischen Sprache. Denn es geht in dem Beitrag um die sprachliche Situation an der Nach Abdulla Rozibaḳiev benannten Schule Nr. 153. Diese befindet sich im stark von Uiguren bewohnten Viertel *Družba* („Freundschaft") Almatys und war der für die wissenschaftlichen Untersuchungen am häufigsten besuchte Ort in der kasachischen Kulturmetropole. Der Text bietet ferner einen Einblick den historischen Hintergrund, vor dem die Uiguren Kasachstans ihre Sprache und Kultur zu bewahren versuchen. Der Text ist dadurch besonders bedeutsam, dass eine Uigurin als Muttersprachlerin diese historische Kontextualisierung aus einer uigurischen Eigenperspektive heraus vornimmt und nicht ein mit einer Außenperspektive ausgestatteter und über keine muttersprachlichen Kenntnisse verfügender Forscher oder Fremder. Im Ergebnis dürfte deutlich werden, wie stark die Gestalt der heutigen neuuigurischen Sprache in Kasachstan (aber nicht nur dort) immer noch von den geschichtlichen Entwicklungen vor allem des 20. Jahrhunderts geprägt wird. Die Sprecherin stellt die Untrennbarkeit von neuuigurischer Literatur und uigurischer Geschichte auch explizit fest. Kapitel 8 liefert somit eine direkte Bestätigung für die besondere Bedeutung historischer Genres in der neuuigurischen Literatur, wie sie auch in der modernen Forschungsliteratur schon herausgestellt worden ist.[9]

Auch Kapitel 9 beschäftigt sich mit der sprachlichen und pädagogischen Situation an den Uigurischen Schulen Almatys. Statt auf geschichtliche Entwicklungen einzugehen, fokussiert er sich jedoch auf die Jetztzeit. Das Kapitel ist in zwei Unterabschnitte aufgeteilt. Im ersten davon (9.1.) wird aus der Eigenperspektive einer Lehrerin über die Einflüsse gesprochen, denen der Uigurischunterricht vor allen dingen von außerhalb der Schulen ausgesetzt ist. Dabei vergleicht die Sprechein den tatsächlichen Umgang mit der neuuigurischen Sprache und konkret den Schulen in Kasachstan mit den Den Haager Empfehlungen zu Minderheitensprachen von 1996. Der zweite Unterabschnitt (9.2.) illustriert den Gebrauch der uigurischen Sprache in der pädagogischen Praxis anhand eines Ausschnitts aus einer Unterrichtsstunde. Hier kann der Leser erfahren, wie sich eine Lehrveranstaltung in neuuigurischer Sprache tatsächlich liest.

Kapitel 10 stammt im Unterschied zu den Texten der Kapitel 8 und 9 nicht aus einer Uigurischen Schule oder deren Umfeld, sondern aus einer universitären Einrichtung Almatys. Dort wird Neuuigurisch zwar nicht im selben Rang wie die dominierenden Landessprachen Kasachisch und Russisch verwendet, findet jedoch an turkologischen und pädagogischen Hochschulabteilungen seinen Platz. Schon sprachlich wird der Unterschied zu den Schul-Texten durch einen erheblich höheren Anteil an Elementen aus dem Russischen, der Staatssprache Kasachisch sowie interessanterweise auch dem Englischen spürbar. Doch auch inhaltlich ist der Text im durch seinen uigurischen Blick auf das Verhältnis der verschiedenen Landessprachen Kasachstans zueinander aufschlussreich. Denn die Autorin ist in der Lage, dieses sowohl aus ihrer akademischen Arbeitspraxis als auch aus ihrer Lebensgeschichte heraus zu bewerten.

In dem in Kapitel 11 präsentierten Feldforschungstext versucht der Sprecher, dem Interviewnehmer die theoretischen Grundzüge der neuuigurischen Dichtung verständlich zu

9 Vgl. Tanridagli 2017.

machen. Thematisch knüpft er dadurch an das in Kapitel 8 Gesagte an, wenngleich dieser Text von einem anderen Interviewpartner stammt und sich auf die Literatur als Ganzes bezieht.

Auch der Autor des Feldforschungstextes aus Kapitel 12 widmet sich dem Thema der Dichtung. Dadurch ist sein Text inhaltlich mit dem von Kapitel 11 vergleichbar, verleiht ihm jedoch durch die stärkere Betonung der modernen und gegenwärtigen uigurischen Dichtung eine andere Perspektive. Der Leser kann dabei erleben, dass selbst eine so scheinbar abgelegene und fachgebundene Erörterung wie die über die Theorie der Poesie unweigerlich auf bestimmte allgemeine Fragen zu sprechen kommt, die mit der Stellung und Selbstwahrnehmung der Uiguren in der heutigen Zeit zu tun haben. In den beiden am Ende des vorliegenden Bandes stehenden Interviewtexten (Kapitel 11 und 12) geht es nämlich nicht nur um die fachspezifische, literaturwissenschaftliche Aufarbeitung von Problemen der uigurischen Dichtung. Vielmehr werden anhand der Literatur auch Fragen des Verhältnisses zwischen den Uiguren und dem Titularvolk der Kasachen sowie dem Überleben der uigurischen Kultur im 21. Jahrhundert thematisiert.

Insgesamt wird der Leser nach der Lektüre des vorliegenden Buchs oder eines Teils daraus einen ersten Eindruck von der Geschichte, Sprache, Kultur und Literatur der Uiguren Kasachstans gewonnen haben. Insbesondere kann der Band dabei hilfreich sein zu verstehen, inwieweit das heutige Leben der Kasachstan-Uiguren von ihrer Vergangenheit und Tradition bestimmt ist.

Gießen, den 4. Juli 2018
Michael Reinhard Heß

2. Zur Benutzung des Bandes

2.1. Zu Aufbau und Struktur

Bei der vorliegenden Sammlung neuuigurischer Texte aus dem 20. und 21. Jahrhundert handelt es sich zum Teil um Auszüge aus literarischen Werken, die in der Sowjetunion oder im unabhängigen Kasachstan publiziert worden sind. Der Großteil besteht jedoch aus bisher unveröffentlichtem Material. Dieses wurde im Rahmen des von der Deutschen Forschungsgemeinschaft (DFG) an der Justus-Liebig-Universität Gießen geförderten wissenschaftlichen Projekts „Uighurisch im multiethnischen Kasachstan. Eine allochthone Minderheitensprache im Spannungsfeld z wischen Sprachnorm und Sprachgebrauch" in den Jahren 2016 bis 2017 in Almaty (Kasachstan) gesammelt.[1] Die Texte aus dem DFG-Projekt basieren auf Audioaufnahmen, die zum Zweck der wissenschaftlichen Auswertung in Almaty und Umgebung gemacht wurden. In ihnen äußern sich neuuigurische Muttersprachler frei zu bestimmten Themen, die mit der sprachlichen und kulturellen Situation der Uiguren in Almaty zusammenhängen. Die Autoren gewähren auf diese Weise einen unmittelbaren und vertieften Einblick in das Denken und Fühlen, die Interessen, Aversionen und Neigungen heutiger Uiguren in Kasachstan. Dadurch können deutschsprachige Leser auf außergewöhnlich direkte Art einen Eindruck über die von Europa aus betrachtet sehr ferne, fremde und exotische Kulturwelt der Uiguren gewinnen. Dieser Einblick ist umso wertvoller, als die Uiguren, wenn sie denn überhaupt in das Bewusstsein der westlichen Öffentlichkeit treten, in den meisten Fällen mit der Autonomen Region Xīnjiāng der Volksrepublik China in Verbindung gebracht werden, wo die überwiegende Mehrheit von ihnen lebt. Dass es auch außerhalb der Volksrepublik bedeutende Gruppen von Uiguren gibt, darunter in Kasachstan, dürfte vielen Lesern im deutschsprachigen Raum eher unbekannt sein.

Entsprechend ihrer zweifachen Herkunft aus bereits veröffentlichter Literatur und Feldforschung beziehen sich die hier vorgestellten Texte zum Teil auf die Geschichte, Sprache und Kultur der Uiguren Kasachstans im Allgemeinen, zum Teil konkret auf die heutige Situation der Uiguren in Almaty. Dieser thematischen Zweiteilung wird durch die beiden Hauptabschnitte Rechnung getragen, in die das Buch gegliedert ist. Teil I enthält „Texte über die Geschichte der Uiguren Kasachstans", während sich Teil II „Die uigurische Sprache und Kultur im heutigen Kasachstan" zum Thema nimmt.

Die Anordnung der Texte im vorliegenden Band sowie die ihnen jeweils vorangestellten „Vorbemerkungen" ermöglichen es dem Leser einerseits, das Buch von Anfang bis Ende in einem Zug durchzulesen. Die „Vorbemerkungen" stellen Überleitungen zwischen den einzelnen Texten des Bandes her, indem sie die Texte kurz vorstellen und eventuelle inhaltliche Verbindungen sinnfällig machen. Auf diese Weise wird der Leser vom Allgemeinen und

---

1 Bewilligungsschreiben der DFG vom 3. Juli 2013. Die interne Kennzeichnungsnummer des Projekts bei der DFG lautet KI 922/4-1.

Historischen (Kapitel 3-6) zum Konkreten, also der sprachlich-kulturellen Situation der Uiguren in Almaty (Kapitel 7-12), hingeführt. Doch sind die einzelnen Kapitel (und die in ihnen enthaltenen Texte) jeweils auch in sich abgeschlossen und können daher einzeln gelesen werden.

Texte, die aus Forschungsinterviews stammen und bisher noch nirgendwo anders veröffentlicht wurden (Kapitel 4 und 7-12), werden sowohl in Übersetzung als auch in ihrer neuuigurischen Originalform wiedergegeben. Die Ausgangstexte werden dabei im Anschluss an die Übersetzungen in einem gesonderten Unterkapitel mit der Überschrift „Originaltext“ aufgeführt. Auf diese Weise kann der an neuuigurischer Sprache und Literatur interessierte Fachleser sich ein Bild von der Sprache des Audiofilematerials machen. Bei den aus der bereits veröffentlichten Literatur stammenden anderen Texten wurde mit Ausnahme von Ömär Muhämmädiys besonders bedeutender Erzählung „In schweren Tagen“ (*Eγir künlärdä*) auf das Zitieren der Originalbeispiele verzichtet, da diese im Bedarfsfall mehr oder weniger rasch in Bibliotheken oder über das Internet gefunden werden können.

Jeweils im Anschluss an die bereits veröffentlichten literarischen Texte werden in einem weiteren Unterkapitel, das die Überschrift „Nachbemerkung“ trägt, bibliographische Hinweise und weitere Informationen zum Verständnis gegeben. Auf eigene „Nachbemerkungen“ der aus der Feldforschung hervorgegangenen Texte wurde verzichtet, da über den Partizipanten der Audiointerviews Anonymität zugesichert worden war.

2.2. Einige Hinweise zur Benutzung

Der Umgang mit exotischen Sprachen und Kulturen erfordert entweder ein feingliedriges System zur Erfassung von deren Besonderheiten oder aber radikale Vereinfachung. Dies gilt umso mehr für das multikulturelle und tri- oder quadrilinguale Umfeld, in dem sich die hier vorgestellten Texte bewegen. Um einerseits interessierten Lesern eine gewisse Vertiefung zu ermöglichen, anderseits aber das Lesevergnügen nicht zu schmälern, werden Anmerkungen zu den übersetzten Texten in Form von Endnoten gemacht. Wörter, zu denen es eine Anmerkung gibt, sind im Text jeweils durch einen Asterisk (*) markiert.

Ebenfalls aus Gründen der Handlichkeit wurde auf eine Liste von Abkürzungen, auf eine ausführliche Beschreibung der Prinzipien für die wissenschaftliche Umschrift fremder Sprachen sowie auf eine Erläuterung spezieller terminologischer Festlegungen verzichtet. Für all diese Details sei der Leser auf den bereits in Fußnote 3 erwähnten wissenschaftlichen Band verwiesen. Der einzige Fall, in dem von den dort getroffenen terminologischen Festlegungen abgewichen ist, betrifft die Verwendung des Begriffs „Uigure“. Dieser wird in der hier vorgelegten Textsammlung als ausschließliche ethnische Bezeichnung für die Sprecher der neuuigurischen Sprache verwendet. D.h. eine weitere Differenzierung im Hinblick auf geschichtliche Träger dieses Namens, wie sie in dem wissenschaftlichen Band vorgenommen worden ist, unterbleibt.

Aufgrund ihres Feldforschungscharakters haben die in Almaty aufgenommenen neuuigurischen Audiofile-Texte einen in jeder Hinsicht weniger formalisierten Charakter als die Auszüge aus bereits veröffentlichten Erzeugnissen der neuuigurischen Literatur. Die aus der Feldforschung hervorgegangenen Textbeispiele sind also auf doppelte Weise außergewöhnlich: einmal aufgrund der vorhandenen kulturellen Distanz und einmal dadurch, dass sie nicht immer alle Vorgaben des literarischen Standards berücksichtigen. Um diese Texte überhaupt problemlos lesbar und verständlich zu machen, mussten sie an einigen Stellen redaktionell leicht bearbeitet werden. Ansonsten hätten die zahlreichen in den ursprünglichen Versionen enthaltenen Redundanzen, Fehler und Idiosynkrasien das Lesen zumindest für Nichtlinguisten zu einem schwierigen Unterfangen gemacht. In der hier vorgelegten Form sind diese Texte also keine unveränderten Abbildungen der tatsächlich in den Audio-Interviews gesprochenen neuuigurischen Sprache, sondern ein Mittelding zwischen ‚echtem' gesprochenen Neuuigurisch und einer lektorierten, redigierten und verlegerisch aufbereiteten Sprache. Es wurde bei allem jedoch darauf geachtet, keine sinntragenden Veränderungen an den Audiofile-Texten vorzunehmen. Im Zweifelsfall wurden Textstellen ausgelassen, was in den Übersetzungen und Transkripten durch Punkte in eckigen Klammern gekennzeichnet ist. Punkte und eckige Klammern wurden auch für Auslassung zur Wahrung der Anonymität und Privatsphäre der SprecherInnen verwendet. Dort, wo sich auch nach der redaktionellen Bearbeitung noch Probleme hinsichtlich der Lesbarkeit und Interpretation bestimmter Textstellen ergaben, wird im Zweifelsfall auf diese in Fußnoten hingewiesen.

Bis auf wenige Ausnahmen sind die Audiofiles, auf denen die Forschungstexte beruhen, in Almaty von Muttersprachlern in die kyrillische Variante der neuuigurischen Schrift, wie sie in Kasachstan heute offiziell gebraucht wird, übertragen worden. Für den vorliegenden Band sind diese Transkripte in kyrillischer Schrift dann noch einmal transkribiert worden, und zwar in eine auf lateinischen Buchstaben basierenden wissenschaftlichen Umschrift des Neuuigurischen. Die Entscheidung für die Lateinschrift und gegen die Kyrilliza wurde im Hinblick auf das deutschsprachige Lesepublikum gefällt. Das wissenschaftliche Lateinschriftsystem hat den Vorteil, dass damit alle Varianten der neuuigurischen Schrift eindeutig wiedergegeben werden können, ohne dass der Leser sich die kyrillische oder arabische Schrift aneignen muss.

2.3. Zur Autorschaft der Übersetzungen

Sofern nicht anders angemerkt, stammen alle Übersetzungen aus dem Neuuigurischen mit Ausnahme des in Kapitel 6 vorgestellten Textes von Michael Reinhard Heß. Der Text in Kapitel 6 wurde von Sultan Karakaya und Michael Reinhard Heß übersetzt.

Teil I: Texte über die Geschichte der Uiguren Kasachstans

3. Ömär Muhämmädiy: In schweren Tagen

3.1. Vorbemerkung

Der erste Text des Sammelbands steht ganz am Anfang der neuuigurischen Literatur. Die neuuigurische Sprache und damit die zugehörige Literatur wurde auf Beschluss der Sowjetmacht im Jahr 1921 geschaffen. Die Thematik, die ideologische Ausrichtung und die Einfachheit des Stils der nachstehenden Erzählung erklären sich zum Teil mit den Vorgaben der sowjetischen Herrscher.

3.2. Text in Übersetzung

1

Ich kann immer noch nicht vergessen, wie ich als kleiner Bub immer meine Mutter, sie ist inzwischen verstorben, voller Erstaunen fragte:

> „Mama, warum ist das eigentlich so: Das Haus von Hakims Eltern ist so schön. Als ich mit Hakim zum Spielen in ihr Haus gegangen bin, wollte ich gar nicht wieder rauskommen, so schön und so warm ist es. Wenn sie mich nicht weggeschickt hätten, wäre ich bis zum Abend drinnen sitzen geblieben. Aber Hakims Mutter sagte ‚Geht draußen spielen!' und schickte uns fort, und dann bin ich gegangen. Sag, warum richten wir unser Haus nicht so wie bei Hakim her, Mutti?"

Meine inzwischen verstorbene Mutter drückte mich an die mütterliche Brust. Sie verdrehte ihre schwarzen Augen, die in den Herzen der Menschen so viel Liebe erwecken konnten, und blickte mir lange in die Augen. Dann strich sie mir über die Stirn und begann heftig zu weinen. Das erstaunte mich noch mehr.

Ich habe noch genau vor Augen, wie das Haus, in dem wir damals wohnten, aussah. Das von Feuchtigkeit befallene, dunkle Haus mit papierverklebten Fenstern am Osthang, das war unser Haus… Von außen kam man zunächst auf die Veranda und von dieser ins Haus. Rechts neben dem Eingang war der Heizofen, auf der linken Seite die Manta-Feuerstelle.* Nach Osten hinaus gab es ein klitzekleines Fenster, das noch dazu mit dicken Schichten von Iapier zugeklebt war. Diese ließen kaum Licht durch, und selbst an strahlenden Sonnentagen spendeten sie weniger Helligkeit als unsere rußgeschwärzte Funzel, deren unstetes Geflackere stets anzukündigen schien, dass sie jeden Moment erlöschen würde. Wenn du einen Fuß nach draußen gesetzt hast, war auf dem Hang vor dir der Friedhof und weiter unten im Tal die Hauptstraße. Diese Lage war vielleicht der Grund dafür, dass mir unser Haus immer eine extreme Kälte auszustrahlen schien.

Im Sommer war es schön. Im Winter gab es zwar klirrende Kälte, bei der alles ringsum mit weißem Schnee zugedeckt war. Doch auch bei solcher Kälte war es manchmal schön, und es gab mondhelle Nächte, an denen man sich einfach nicht sattsehen konnte...

In solchen monderleuchteten, kalten und langen Winternächten benutzten alle Brennholzsammler die Hauptstraße vor unserem Haus. Auch kamen in solchen nicht enden wollenden Winternächten die Bauholzträger vorbei. Dabei knirschten ihre Schritte im Schnee und sie machten allen möglichen Lärm und sangen melancholische Lieder. Tagsüber dagegen waren es die Heuklauber und Brennholzsammler...

Zu diesen Brennholzsammlern gehörte auch mein Vater.

Selbst an unglaublich kalten Tagen stieg er mit dem Morgengrauen, sobald die ersten hellen Streifen sich über den Himmel ausbreiteten, auf seinen Esel oder spannte ihn vor den Schlitten und ging in die Berge zum Brennholzsammeln.

Ich blieb mit meiner Mutter immer zu Hause. So bald das Morgenlicht gekommen war, kochte sie Tee. Dann weckte sie mich auf, und wir setzten uns zu zweit hin und frühstückten in aller Ruhe. Anschließend ging sie für einen der Reichen in der Nähe Nan-Brot* backen, mal beim wohlhabenden Herrn Islam, mal beim Fünfzigführer* Hetaxun, um für uns ein paar abgenutzte und geflickte Kleidungsstücke zusammenzusuchen.

Ich blieb immer allein zurück. Das heißt, nicht ganz alleine, denn ich hatte ja meinen Hund Boynaḳ.* Ich zwängte also meine Füße in die zerknitterten Rindslederschuhe, die mein Vater mir genäht hatte, schlüpfte in den abgetragenen Pelzmantel und ging los, meinen alten Schlitten hinter mir herziehend und gefolgt von meinem Boynaḳ. Je nach Lust und Laune spielte ich mal Schlittenfahren, und mal band ich Boynaḳ eine Schnur um den Hals und ließ ihn den Schlitten ziehen, so lange, bis ich hungrig wurde. Dann ging ich nach Hause zurück. So vergingen meine Tage.

Ob mein Vater sich währenddessen in den Bergen einen Weg durch Schneeverwehungen bahnte, um Brennholz zu sammeln, oder ob er sich auf den Wegen hielt und das Brennholz auf seinen Esel lud, ob das Brennholz dabei vielleicht herunterpurzelte, so dass er es wütend und keuchend wieder aufschichten musste, all das wusste ich nicht, und ebensowenig, wo meine Mutter war und bei wem sie von morgens bis Abends nicht den Kopf aus dem im Hof aufgestellten brennenden Ofen nahm und fremder Leute Nan buk.

Erst ganz spät am Abend sah ich sie wieder, im schwachen Licht der flackernden Kerze. Sie waren ausgebrannt, müde, niedergeschlagen und antriebslos.

Mein Vater kam immer erst, wenn die finstere Nacht ihren schwarzen Vorhang über das Antlitz der Erde gebreitet hatte. Sein Bart und der mit langen Fellhaaren umkränzte Kragen seines alten Pelzmantels waren über und über mit schneeweißem Raureif überzogen. Er spannte zuerst den Esel vom Schlitten und gab ihm Heu. Dann holte er einen Armvoll hartes Brennholz, das er aus den Bergen mitgebracht hatte, herein und fing an, es in dem an neunundneunzig Stellen mit Lehm reparierten Ofen zu verbrennen. Sobald das Feuer richtig zu lodern begann, setzte ich mich an den Ofen, wärmte mich und beobachtete durch die Reihe von Löchern an der Öffnung begeistert den Schein der heftig züngelnden Flammen. Vater war durchgefroren und begann seine hartgefrorenen Fußlappen am Ofen zu wärmen und zu trocknen. Mutter machte währenddessen Feuer unter dem Topf, um das Essen vorzubereiten. Manchmal hatten wir auch solche herzerfrischenden Momente.

Sobald der Tee fertig war, streckten wir uns bequem aus und tranken Tee. Danach unterhielten sich mein Vater und meine Mutter noch eine Weile, bis sie dort, wo sie saßen, langsam eindösten. Ich spielte dann noch eine Zeitlang mit meiner gescheckten Katze, und wenn ich müde wurde, legte ich mich hin und sank in süßen Schlaf.

2

Es muss etliche Jahre danach gewesen sein: Ich war schon recht groß geworden und half meinem Vater im Sommer viel bei den Erntearbeiten. Manchmal, wenn wir bei der Feldarbeit Durst bekamen, machten wir lange Ruhepausen. Dabei stellten wir die Garben zusammen und aßen in deren Schatten Honig- und Wassermelonen. In solchen Momenten streichelte mein Vater mit seinen von der Arbeit aufgerauten Händen über meinen Kopf und sagte:

> „Guck mal, auch mein Sohn ist schon groß geworden! Er ist uns schon eine richtige Hilfe! Noch sechs, sieben Jahre, dann sorgt er für uns, ganz sicher!"

Als ich diese Worte hörte, war ich ganz aus dem Häuschen. Sie erfreuten mich so stark, dass ich mich daran machte, die Ernte noch schneller einzubringen.

Doch es dauerte nicht lange, und ich bekam unbeschreibliche Schmerzen im Kreuz, oder ich schnitt mir mit einer scharfen Sichel in die Hand, so dass ich meine Arbeit liegenlassen und mich ausruhen gehen musste. Meine Eltern sagten dann immer nichts.

Tagsüber brannte die Sonne und dir rann der Schweiß die Stirn herab, so dass er in deinen Mund und deine Augen eindrang. In solcher Hitze musstest du von morgens bis abends Erntearbeiten verrichten. Erst spät kehrtest du in die Hütte zurück, und kaum warst du da und hattest einen Schluck Tee und ein paar Bissen zu dir genommen, drehtest du dich auch schon zur Seite und sankst in den kostbaren Schlaf.

Zu bestimmten Zeiten erschien der wunderschöne Mond, der lachend auf die Welt herabzuschauen schien, und dann machtest dich zu dieser Zeit an die Erntearbeit, damit wir in der Kühle ernten konnten. Nachts zu arbeiten, war zwar einfacher als am Tage, aber dein kostbarer Schlaf blieb dabei auf der Strecke. Also gut, dann gingst du ganz früh, während das Licht auf die Erde herabfiel, zum Ernten und konntest dabei deine Augen nur mit Mühe offenhalten. Es ist schwer zu beschreiben, wie kostbar der Schlaf am frühen Morgen war. Während du deinen Kopf vom Kissen erhobtest und dann deine Schuhe zurechtmachtest, fielen deine Augen von alleine wieder zu. Aber du hattest ja keine Wahl.

> „Lass mich doch, Mutter!" quengelte ich.

Doch meine Mutter hielt dagegen und machte mir Angst:

> „Steh auf, mein Kind, steh auf! Alleine schlafen ist etwas Böses!"

Nach diesen Worten hattest du einfach keine Wahl, als aufzustehen. Also nahmen wir zu so früher Stunde schlaftrunken in der Morgenfrische unsere Sicheln und gingen zur Ernte. Genau in solchen Augenblicken erschienen Hakim und seine Familie vor meinem geistigen Auge. Ich sah vor mir, wo sie zur Sommerszeit immer schliefen, ihren von roten, gelben und weißen Blumenpflanzen umwundenen Iavillon. In seinem Inneren war es kühl, und dort schlief Hakim zusammen mit seinen Schwestern. Sobald die Sonne aufgegangen war und ihr Licht durch die Zwischenräume zwischen den Blättern der Blumen an dem Iavillon in dreieckigen, viereckigen und allen Arten sonstiger Formen auf Hakims Gesicht fiel und es zu erwärmen begann, räkelte sich Hakim und wachte auf. Zu dieser Zeit hatte sich Hakim richtig ausgeschlafen.

Während ich mir all diese Details eins nach dem anderen in Gedanken ausmalte, fragte ich mich: „Mein Gott, sind wir die einzigen, die du geschaffen hast, um solche Mühsal zu erleiden?“ Ich konnte es einfach nicht begreifen.

3

Der schöne Sommer verging, die grüne Iracht verwandelte sich in Gelb. Sobald der Nieselregen und der lange, dunkle Herbst kam, waren wir wieder in unserem heruntergekommenen, finsteren und feuchten Haus in unserem Viertel. Das war eine Zeit, in der ich meinen Eltern schon eine richtige Hilfe geworden war.

An ihrem Lebensende hustete meine verstorbene Mutter die langen Herbstnächte immer durch. Sie hatte ihre alte Kraft verloren. Die Tage, als sie von früh bis spät fremden Leuten das Nan gebacken hatte, waren verflogen. Wenn mein Vater den Zustand meiner Mutter sah, schüttelte er manchmal den Kopf und sagte:

> „Mein Gott, was für Zeiten warten noch auf uns?“

So machte er mir noch mehr Angst.

Eines Tages, es war ein Wintertag mit klirrender Kälte, schulterte ich die Tragestange und ließ meine Mutter allein zurück, um Wasser zu holen. Als ich zurückkam, sah ich, dass eine unserer reichen Verwandten bei meiner Mutter saß. „Was soll es heißen, dass eine Ierson, die ansonsten nur einmal im Monat oder Jahr seinen Fuß über unsere Schwelle setzt, gekommen ist? Will sie meiner Mutter vielleicht einen Krankenbesuch abstatten?“ wunderte ich mich.

In Wirklichkeit war diese Ierson nur gekommen, weil er etwas von ihr wollte. Als ich in das Haus kam, hustete meine Mutter qualvoll und spuckte Blut. Ich bekam Angst bei ihrem Anblick. Das neben ihr sitzende „Omilein“ jedoch brauchte erst eine Weile, bis es mit der Sprache rausrückte:

> „Seit deine Mutter krank geworden ist, haben wir niemanden mehr, der uns mit selbstgebackenem Nan-Brot versorgt. Die Doppa* auf deinem Kopf, die habe ich dir doch mal gegeben, damit du sie tragen sollst. Deine Mutter hat zwei, drei Mal für uns Nan-Brot gebacken, und dann macht sie schon krank! Jetzt haben wir nicht mal mehr jemanden, der uns Wasser holt.“

Mich packte das Zittern, und ich hielt es nicht mehr aus.

> „*Sie* haben meiner Mutter die Gesundheit ruiniert, indem sie ihr Ihren alten Kram, der kaum eine Kopeke wert ist, gaben und sie für zehn Kopeken schuften ließen. Und jetzt wollen sie mich schuften lassen, oder wie?“, schrie ich sie an, knüllte die die alte Doppa zusammen und schleuderte sie ihr vor die Füße.

Dann ging ich nach draußen. Offenbar hat sich meine Großmutter über meine Worte fürchterlich aufgeregt, obwohl ich das nicht mehr gesehen habe. Jedenfalls hatte sie es von diesem Augenblick an auf mich abgesehen.

Trotzdem fand sie im Nachhinein immer gute Worte über meine Eltern. Der Grund dafür war, dass meine Eltern zu jedem kam, der sie zu sich rief. Und wenn man ihnen wenig zahlte, sagten sie nichts. Deswegen waren sie also gut. Ich dagegen war nicht aus demselben Holz geschnitzt wie sie. Jedesmal, wenn ich aus dem Mund meines Vaters oder meiner Mutter vom Verhalten von solchen Leuten hörte, platzte mir fast der Kragen. Ich trat zu ihnen hin, trampelte auf der Erde herum und schrie aus Leibeskräften:

> „Warum habt ihr meine Eltern so widerwärtig behandelt, ihr Betrüger?"

Fast wären mir dabei Schimpfwörter aus dem Mund gerutscht. Doch ich war klein. Ich war noch nicht groß genug, um genug Kraft zu haben. Trotzdem gab ich nicht kleinbei.

So gingen die Tage dahin.

Doch zu allem Unglück tat es eines Tages mein Vater meiner Mutter gleich und wurde krank. Er lag erst einen, dann zwei Tage im Bett. Ich sah ihnen die ganze Zeit zu, wie sie krank waren. Nach drei Tagen gab es im ganzen Haus nicht einmal einen Brocken Brot zu essen. Ich verschwendete meine Zeit nicht mit Nachdenken darüber, zu wem ich hingehen und in schmählicher Weise um Brot betteln würde oder wer mir welches geben würde. Ohne auf die warnenden Worte meiner Eltern zu hören, die sagten „Lass es sein, mein Sohn, du mühst dich doch ganz umsonst. Irgendwo finden wir schon etwas Brot!", spannte ich den Esel vor den Schlitten und ging zum Holzsammeln in die Berge.

Als ich zurückkam, konnte ich meine Hände und Füße kaum noch bewegen. Der Rücken tat mir weh, als ob etwas gebrochen wäre. Arme und Beine klapperten in einem fort. Da wurde mir zum ersten Mal klar, was mein armer alter Vater die ganze Zeit geleistet hatte: „Mein armer alter Herr plagt sich zwölf Monate im Jahr ab, ohne einen Ton zu sagen!" Ich dagegen glaubte schon nach einem einzigen Tag Holzsammeln, dass mein Körper gar nicht mehr zu mir selbst gehörte.

Doch trotz allem und obwohl ich beim Verrichten der Arbeit tausendundeine Qual erlitt, verkaufte ich das von mir gesammelte Holz und brachte Brot mit nach Hause. Ein, zwei Mal raunzten mich unterwegs Leute unfreundlich an:

> „Dein Vater hatte von uns doch schon Geld bekommen, damit er zwei Bündel Heu liefert. Dafür solltest du uns jetzt Holz bringen, solange, bis dein Vater wieder gesund ist."

Als ich das hörte, wurde mir ganz anders. Mir kam die Wut hoch, und ich dachte: „Könnten die nicht lieber fragen, ob mein Vater im Sterben liegt oder ob er wieder gesund wird?" Aber ich gab ihnen keine Antwort, sondern ging einfach weiter.

Als ich zurück nach Hause kam, schien es mir dort fürchterlich kalt zu sein. Es war dunkel und mucksmäuschenstill. In einer Ecke lag meine Mutter, in einer anderen mein Vater, beide schwer leidend. Ungute Vorahnungen überfielen mich. Die Augen meiner Mutter waren eingefallen, sie selbst totenbleich, die Knochen in ihrem Gesicht standen heraus. Wahrscheinlich sah ich vor lauter Angst alles doppelt, denn auch die Falten auf der Stirn meines Vaters erschienen mir, als ob sie noch tiefer geworden wären, und seine Augen sahen noch eingefallener aus. Als ich ihn jedoch fragte: „Wo tut es dir denn weh?", antwortete er:

> „Mir tut nichts weh. Ich habe bloß keine Kraft mehr."

Daher setzten wir uns hin, um ein paar Kleinigkeiten zu essen, auch wenn wir keine besondere Lust dazu hatten.

Nach dem Essen machte ich mein Bett und ging schlafen. Ich war müde. Mein Körper entspannte sich zwar und sehnte sich nach dem Schlaf, doch meine innere Unruhe und Besorgnis raubte mir den Schlaf. Stattdessen tauchte ich in alle möglichen verworrenen und unheilvollen Gedanken und Bilder ab.

Ich weiß nicht, wieviel Zeit vergangen war. Ich muss wohl in Schlaf gefallen sein und eine Weile geschlafen haben. Ich weiß nicht, ob ich es nur träumte oder ob es Wirklichkeit war, aber in mein Ohr hatte ich das hemmlungslose Weinen von jemandem, der dabei irgendetwas vorlas.

Irgendwann wachte ich auf. Als ich meinen Kopf hob, erblickte ich meinen Vater. Ich sah noch genauer hin: Er saß neben meiner Mutter und las etwas vor, von dem ich nicht verstand, was es war. Mein Herz krampfte sich zusammen. Es fühlte sich an, als ob mir jemand einen Eimer kaltes Wasser über den Kopf schüttete. Anscheinend starb gerade meine Mutter. Ich hielt es nicht mehr aus.

> „Papa, was ist denn los?“, fragte ich ihn.

Doch mein Vater antwortete mir nicht, sondern weinte nur schluchzend eine Zeitlang. Dann sagte er:

> „Was für schwarze Tage! Du hast jetzt keine Mutter mehr, mein Sohn!“

Das war zu viel für mich. Ich vergrub mein Gesicht in mein Kissen und weinte drauflos…

Währenddessen drang zwischen den hohen, schneebedeckten Bergen schon das Licht der Morgenröte hindurch und breitete sich langsam und schön aus.

4

Unser Haus, dass mir ohnehin schon so kalt vorgekommen war, wirkte nach dem Tod meiner Mutter noch kälter und hässlicher. Deswegen flehte ich meinen Vater wieder und wieder an:

> „Papa, lass uns aus diesem Haus ausziehen! Jetzt, wo Mutti tot ist, können wir das Haus nur schwer halten.“

Einer unserer Verwandten erbarmte sich dann unserer - ich weiß nicht, ob aus der unendlichen Güte Gottes heraus oder weil er sich nur irgendeinen Vorteil für sich erhoffte. Jedenfalls bot er an:

> „Kommt doch zu uns wohnen! Ihr seid in Not geraten!“

Das lehnten wir nicht ab. Zum Sommer hin gingen wir zu ihnen und richteten uns bei ihnen ein.

Auch wenn unsere Tage nunmehr immer nach dem gleichen Muster vergingen, gab es auch jetzt noch schwere Tage. Doch auch diese gingen stets vorüber. So oder so wurde mein Vater wieder gesund.

Zu dieser Zeit war ich schon so weit herangewachsen, dass ich selbst als Holzsammler arbeitete. Doch mein Vater war immer noch mein Vater. Eines Tages sagte er zu mir:

„Es soll damit gut sein, dass ich diese Plackerei durchgemacht habe. Lern du ein ordentliches Handwerk!"

Dann nahm er mir die Zügel des Esels aus der Hand. Dann strich er sich durch seinen weißen Bart. Am nächsten Morgen stand er früh auf, blickte zu den Bergen hinauf und ging wieder selbst zum Holzsammeln.

Von diesem Tag an ging ich zu einem Schuster in die Lehre. Doch leider konnte ich diese Lehre nur zwei, drei Monate lang absolvieren. Danach starb mein Meister. Damals war gerade Frühling, und so fingen alle Arten von Blumen zu blühen an. Die Wiesen, Lichtungen und Wälder begrünten sich, was unmerklich, auf eine kaum wahrnehmbare Weise zur Stimmungsaufhellung führte. Apfel- und Aprikosenbäume legten ein schönes Kleid an und bekamen Blüten, mit denen sie die Bienen dazu brachten, sie zu umschwirren. Mit einem Wort: Das Herz der Natur schlug mit neuer Erregung, und der lieblich duftende, wunderschöne Sommer kündigte sich an. Das Leben bestand aus sonnenverwöhntem Spielen und Lachen. Es waren keine schlechten Tage, die mit Arbeiten dahingingen.

Doch gleich, für wie gut ich die Zeit hielt, das änderte nichts daran, dass meine Mutter seit geraumer Zeit unter der Erde lag. Außerdem kam es von Zeit zu Zeit vor, dass ich nicht genug zu essen bekam, wenn ich nach dem Spielen hungrig nach Hause kam. Manchmal bekamen sich der Hausherr und seine Frau wegen nichtiger Dinge in die Wolle. In solchen Augenblicken war es, als ob die ganze Welt auf mich einstürzte. Es schien, als ob der Mann einzig und allein deshalb mit seiner Gattin stritt, weil ich in dem Haus war. Nach solchen Tagen zog ich mich abends in einen Winkel des Hauses zurück und kauerte mich dort zusammen. Als ob das alles nicht noch reichte, war ich immer schuld, wenn irgendetwas im Haus verloren ging. Dann war es immer, als ob ich es genommen hätte und als ob außer mir niemand je etwas nehmen würde. So warf man mir eines Tages vor, einen Hammer gestohlen zu haben.

„Du hast den Hammer mit auf den Markt genommen und dort verkauft. Wer sonst außer dir sollte ihn genommen haben?", hieß es.

Obwohl ich beteuerte, dass ich den Hammer nicht genommen hatte, glaubte man mir nicht, Ich konnte machen, was ich wollte, mir wurde einfach nicht geglaubt. Was sollte ich seinem wertlosen Hammer anstellen? Ich wünschte, ich hätte irgendein Mittel gehabt, um mich glaubhaft zu machen. Ich hätte mich so gerne einfach nur jemandem um den Hals geworfen und geweint. Hatte Gott uns wirklich geschaffen, damit wir solche schlechten Tage erlebten?

An solchen Tagen musste ich immer an meine Mutter denken. Um ihren Hals wollte ich mich werfen und einfach nur heulen. Aber ich hatte ja keine Mutter mehr. Und ich hatte versprochen, nicht zu weinen. Ich hielt mein Wort: Nicht eine Träne kam mir über das Gesicht. Mein Vater dagegen hatte quecksilbergleiche Tränen über seinen weißen Bart kullern lassen, als ich fortging. Als ich da meinem Vater in die Augen sah, hätte ich fast auch selber geweint. Doch ich weinte eben nicht, sondern blieb meinem Versprechen treu. Ich ging in die Stadt, zusammen mit den anderen Kindern, die in die Stadt, zur Arbeit gingen. Mein Vater blieb an der Tür der Fremden zurück. Sooft ich daran dachte, tat es mir in meinem Inneren weh.

5

So ging eine ganze Reihe Jahre ins Land. Ob es meinem Vater gut erging oder nicht, darüber erhielt ich keinerlei Nachricht. Manchmal erschien er mir im Traum, in seinen einfachen Schuhen, seinem Pelz und mit dem Winterkäppi auf dem Kopf, um den Bauch einen Gürtel aus Stoff, der sich mit der Zeit pechschwarz verfärbt hatte. Er zwirbelte mit seiner rechten Hand seinen Bart und dachte offenbar über etwas nach, was auch immer es gewesen sein mag.

Bisweilen kam ein alter Mann mit einer Tragestange über der Schulter durch unsere Straße und verkaufte Milch. Für mich war er ein herzerwärmender Anblick. Auch er trug ein Winterkäppi auf dem Kopf, dazu eine abgetragene, weite Hose und ein ebensolches Hemd, und er hatte einen schneeweißen gekräuselten Bart. Von seinem ganzen Aussehen her ähnelte er meinem Vater. Manchmal kam er mir so ähnlich vor, dass ich fast hingerannt und ihm mit den Worten

> „Papa, bist du das?“ um den Hals gefallen wäre.

In solchen Augenblicken erschien das Bild meines Vaters mir in allen Einzelheiten vor meinem geistigen Auge.

Armer alter Mann! An den Füßen nur einfache Schuhe, um den Leib ein zerrissener Pelzmantel, dazu das abgetragene Käppi auf dem Kopf, mit einem langen Stürgel in der Hand und Raureif auf dem Bart treibst du deinen Esel an. War das alles, was ihm auf der Welt vom Schöpfer zugedacht worden war? Wenn man es sich genau und mit wachem Geist ansah, konnte man sich eigentlich nur wundern.

So verging unser Leben.

Schon seit langer Zeit, seit meiner Kindheit hatte ich mir im Geist die folgende Frage gestellt:

> „Hat Gott nur uns zu einem solchen Schicksal erschaffen? Warum hat er das nicht mit Hakim und seiner Familie getan? Womit haben wir uns gegen Gott versündigt, dass er uns so behandelt?“

Auf diese Fragen habe ich von Menschen mit wissenschaftlicher Ausbildung eine zufriedenstellende Antwort erhalten, aber von den islamischen Religionsgelehrten des Orients erhielt ich nicht einmal eine Antwort.

Wo gibt es die Weisen, Mullahs und Gelehrten des Islams, die auf diese meine Fragen Antworten geben könnten? Ich würde nur zu gerne die Auskünfte hören, die sie zu erteilen imstande wären!

3.3. Nachbemerkung

Der vorausgehende Text bietet eine Übersetzung der in den 1920er-Jahren enstandenen Erzählung *Eyir künlärdä* von Ömär Muhammädiy (1906-1931).[1]

1 Quelle der Übersetzung ist der kyrillische Text in Harbalioğlu/ Abdulvahit Kaşgarlı 2016: 2-22.

Muhämmädiy ist einer der frühesten Vertreter neuuigurischen und zugleich der sowjetisch-neuuigurischen Literatur.[2] Der Stil der vorliegenden Erzählung ist klar von den Idealen der sozialistisch-realistischen Erzählweise geprägt: weitgehender Verzicht auf rhetorischen Schmuck und Spielerei, Eliminierung religiöser und mythischer Vorstellungen, Fokus auf das Leben der arbeitenden, armen Bevölkerung und deren Schwierigkeiten. Am Ende des Textes gibt der Autor noch stärkere und direkte Hinweise auf seine ideologische Verortung. Denn er spitzt die vorausgehende Darlegung auf die Frage der Theodizee zu. Im Ergebnis erteilt er dem gesamten islamischen Establishment eine klare Absage, denn sie liefern ihm keinerlei Antworten auf die bedrückende Frage nach der Ursache des unrechtmäßig erlittenen Leids. Stattdessen behauptet er, von „Menschen mit wissenschaftlicher Ausbildung" (nuig. *pän egiliri*) in der Tat eine befriedigende Antwort auf die Ursache des Bösen erhalten zu haben. Man darf wohl annehmen, dass die „Wissenschaft", die hier in abstrakter, verklausulierter Form angesprochen wird, der Marxismus-Leninismus ist. Dass Muhämmädiy ihn nicht offen benennt, könnte damit zu erklären sein, dass er seine Erzählung, die weniger von ideologischen Argumenten als vielmehr von der Eindringlichkeit der Schilderung lebt, nicht direkt in die aggressive und gewaltsame Auseinandersetzung zwischen dem Marxismus-Leninismus und seinen Gegnern hineinziehen will.

Es ist anzunehmen, dass „In schweren Tagen" stark autobiographische Züge trägt, was nicht nur aus der Erzählweise der ersten Ierson und den realistischen Zügen der Geschichte liegt. Denn es ist bekannt, dass Muhämmädiy Teile seiner Kindheit in abgelegenen, armen Gegenden der heutigen Provinz Almaty Kasachstans verbrachte. Die dortigen Lebensumstände dürften in etwa den in der Erzählung beschriebenen entsprochen haben. Noch heute hat sich in Teilen das Leben dort wenig verändert. Bei meinem Besuch in Žarkent im Frühjahr 2018 traf ich immer noch Menschen, die von Esel gezogene Wagen zum Transport verwendeten, auch wenn das Haupttransportmittel recht altertümliche Autos waren.

In literarischer Hinsicht hat Muhämmädiys Erzählung etwas Unfertiges. Bisweilen ist nicht klar, auf welcher Zeitebene sich der Autor bewegt. Schilderungen von konkreten, einmaligen Erlebnissen sind oft nicht von allgemeineren Aussagen zu trennen, die sich über längere Zeiträume erstrecken. Die Tempora wechseln an einigen Stellen mehr oder weniger unsystematisch. Dadurch bekommt die Erzählung etwas Traumartiges und Unbeholfenes, das aber in Verbindung mit dem gewählten Thema und der dazu getroffenen Aussage keineswegs störend wirkt, sondern ganz im Gegenteil die Wirkung noch verstärkt. Denn die Einfachheit des Stils macht die Erzählung umso glaubhafter, die ja vom unterprivilegierten, unglücklichen Leben eines Helden handelt, der sehr jung ist, über keinerlei höhere Bildung oder längerem Zugang zu Büchern verfügt. Durch die Deckungsgleichkeit von erzähltem Gegenstand und Erzählstil erreicht Muhämmädiy eine Intensität und Glaubhaftigkeit, die bei demselben Thema kaum durch einen literarisch elaborierten Schreibstil zu erzielen wären. Die Geschichte ist so gesehen nicht nur Literatur im Sinne eines literarischen Irodukts, sondern zugleich eine Reflexion über die Rolle und Bedeutung von Literatur, eine Art Meta-Literatur, vielleicht – wenn man den oben erwähnten autobiographischen Hintergrund mit einbezieht – sogar die Aufhebung der Literatur im traditionellen Sinne, da hier Schreiben und Handeln beziehungsweise Schreiben und Erleben eins werden. Zumindest dürfte die enge Beziehung

---

2 Iminov 2017 [2013]; Anonym 2017 [2016].

zur dargstellten Wirklichkeit, welche Muhämmädiy in seiner Erzählung zu erzeugen vermag, einer der Gründe sein, warum sie bis heute unter den Neuuiguren ihre Freunde findet.

Muhämmädiy wurde im Dorf (nuig.) Yeŋišär im heutigen Rayon (kas.) Eŋbekšiḳazaḳ der Irovinz Almaty geboren.[3] Wie der Vater des Helden der Erzählung soll auch Muhämmädiys Vater seinen Lebensunterhalt unter anderem dadurch bestritten haben, dass er für reiche Leute Holz sammeln ging.[4] Muhämmädiy selbst erlebte als Junge die Zeit der bolschewistischen Machtergreifung und begeisterte sich für die Ideale der Revolution. Angeblich lernte er erst 1922 in einem von der Sowjetverwaltung organisierten dreimonatigen Sprachkurs Lesen und Schreiben.[5] Später ging er nach Taschkent, dem damaligen Zentrum der sowjetischen Herrschaft über Zentralasien, wo er 1927 sein Studium absolvierte.[6] 1928 und 1929 arbeitete Muhämmädiy als Lehrer für Sprache und Literatur an einer Schule in (nuig.) Čeläk, einer mittelgroßen Stadt in der Nähe des heutigen Almaty, 1930 war er auch in einer Lehreinrichtung in der Stadt (kas.) Žarkent, nahe der heutigen sino-kasachischen Grenze, tätig.[7] Als Schriftsteller trat Muhämmädiy ab 1927 zunächst als Dichter, später als Prosa-Autor hervor.[8] Muhämmädiy starb am 14. März 1931 in Žarkent an Tuberkulose.[9] In Žarkent befindet sich auch sein Grabmal.[10]

3 Harbalioğlu/ Abdulvahit Kaşgarlı 2017: 264; Anonym 2017 [2016].

4 Harbalioğlu/ Abdulvahit Kaşgarlı 2017: 264. Vgl. Anonym 2017 [2016].

5 Harbalioğlu/ Abdulvahit Kaşgarlı 2017: 264f.

6 Harbalioğlu/ Abdulvahit Kaşgarlı 2017: 265. Nach den dortigen Angaben dauerte dieses Studium etwa vier oder fünf Jahre.

7 Harbalioğlu/ Abdulvahit Kaşgarlı 2017: 265. – Anonym 2017 [2016] erwähnen abweichend von den Angaben bei Harbalioğlu/ Abdulvahit Kaşgarlı 2017, dass Muhämmädiy in den 1920er-Jahren eine höhere Schule (nuig. *Ali mäktäp*) in Žarkent absolviert habe und von 1927 bis 1931 unter anderem Lehrer am Pädagogik-Technikum (nuig. *Pedagogika texnikomi*) in Almaty gewesen sei.

8 Harbalioğlu/ Abdulvahit Kaşgarlı 2017: 265. Vgl. Anonym 2017 [2016]. Zu seinem Schaffen als Dichter vgl. Kamalov 2017a: 169.

9 Harbalioğlu/ Abdulvahit Kaşgarlı 2017: 266; Anonym 2017 [2016].

10 Anonym 2017 [2016].

Abbildung 1: Grabmonument Ömär Muhämmädiys in Žarkent[11]

Die Inschrift auf dem Grabmal lautet:

Pilildiyan čiraḳlirim öčti ändi,
Hur hayatim ḳara yärgä köčti ändi.
Armanlirim köp edi…
M. Ömär, 10-3-1931 ž.
„Für immer verlosch meiner Lichter Geflacker,
Mein kostbares Leben, es liegt nun im Acker.
Ich hatte viele Träume…
Ömär M., 31. 3. 1931“

11 Eigene Aufnahme vom 31. 3. 2018.

4. Ein Rückblick auf schwere Tage (Nacherzählung, Feldforschungstext)

4.1. Vorbemerkung

Der folgende Text ist eine freie Nacherzählung von Ömär Muhämmädiys in Kapitel 3. wiedergegebener Erzählung. Die dem Text zugrundeliegende Audioaufnahme entstand Ende 2016 in Almaty. Interessant sind die Abweichungen, Gemeinsamkeiten und Ergänzungen, die der Nacherzähler vornimmt, auch wenn er der Originalerzählung in vielerlei Hinsicht treu bleibt. Im Rahmen der Feldforschungsarbeit aufgefordert, in seiner Muttersprache über ein Thema zu berichten, das ihm gefalle oder am Herzen liege, suchte er spontan Muhämmädiys Erzählung aus und gab sie aus dem Gedächtnis, ohne jegliche Vorbreitung, wieder.

Die vom Nacherzähler getroffene Auswahl illustriert die enorme Wirkung, die das Werk Muhämmädiys mehr als achtzig Jahre nach seinem Tod noch hat. Zweifellos behandelt Muhämmädiy Themen, die für viele Uiguren wichtig sind und die ihre Erfahrungen, ihr Fühlen, Denken und ihre Lebenswelt berühren. Dazu gehören Armut und Entbehrung, Marginalisierung und das Gefühl, von der Geschichte ungerecht behandelt worden zu sein. Der Nacherzähler war zum Zeitpunkt der Aufnahme knapp zwanzig Jahre alt, also ungefähr in demselben Alter, in dem Muhämmädiy seine Erzählung schrieb. Dies dürfte ein weiterer Faktor sein, der eine emotionale Nähe zwischen dem Nacherzähler und dem nacherzählten Werk begründet hat.

4.2. Text in Übersetzung

Ich möchte Ömär Muhämmädiys Erzählung „In schweren Tagen“ wiedergeben, die auf seinem eigenen Leben basiert. Das ist eine Erzählung, die er über sich selbst geschrieben hat:

> *„Es steht immer noch lebendig in meiner Erinnerung: Unser Haus kam mir immer hässlich vor. Es erschien uns so hässlich, weil es alt war. An der Eingangsseite gab es einen Vorbau, und wenn man in den Vorbau hineintrat, war rechts der Ofen und links ein kleiner Herd für das Zubereiten von Manta. Auf der Ostseite gab es ein klitzekleines Fensterchen, durch das aber kein Sonnenlicht hineinfiel. Das war das Haus, in dem wir wohnten.*
>
> *Jedesmal, wenn ich in das Haus von Hakims Eltern ging, wollte ich nicht wieder weg. Ich fragte meine Mutter immer: «Warum ist das Haus von Hakim schön, aber unseres nicht?» Eines Tages, als ich wieder einmal hinübergegangen war, wäre ich fast bis zum Abend bei ihnen zu Hause geblieben. Doch Hakims Mutter scheuchte uns mit den Worten «Lauft, geht nach draußen spielen!» hinaus. Ich fragte bei uns zu Hause ständig, warum wir nicht auch in so einem schönen Haus wohnten. Meine Mutter sah mich*

dann immer mit Tränen in den Augen an und streichelte mir zärtlich die Stirn. Ich dachte: Lässt Gott eigentlich nur uns so leiden?

Mein Vater arbeitete in den Bergen als Holzsammler. Er versuchte, unseren Lebensunterhalt durch den Transport von Holz zu bestreiten. Damals holte er das Holz immer aus den Bergen. Meine Mutter dagegen wusch bei reichen Leuten die Schmutzwäsche, putzte die Schuhe und buk das Brot. Sie brachte immer etwas mit, auch wenn es nur ein Stückchen Brot war. Währenddessen blieb ich immer alleine zu Hause.

Doch genau genommen war ich nicht ganz allein. Ich hatte nämlich einen Hund. Sein Name war Boynaḳ. Im Winter fuhr ich mit ihm am Hang Schlitten. Manchmal hängte ich mich auch um seinen Hals. Ich kam dann immer erst abends wieder nach Hause, wenn ich Hunger bekam.

Damals machte ich mir kaum Gedanken darüber, auf welche Weise mein Vater das Holz eigentlich transportieren musste, mit welchen Widrigkeiten er zu kämpfen hatte und welche Qualen er erlitt, wenn beispielsweise sein Esel umfiel. Wenn ich abends nach Hause zurückkehrte, kamen auch meine Eltern nach Hause. Wir saßen dann im Haus, um das Abendbrot mit Tee einzunehmen. Mein Vater heizte dann unseren altersschwachen, schon an etlichen Stellen geflickten Ofen. Ich schmiegte mich unten an den Ofen und versuchte so, mich zu wärmen. Anschließend machte meine Mutter unter dem Manta-Herd Feuer und kochte den Tee. Worauf wir uns hinsetzten und unser Mahl einnahmen. Sobald wir fertig waren, saßen meine Eltern immer noch eine Weile da und unterhielten sich. Ich spielte währenddessen mit meiner Katze, bis ich einschlief.

Als ich größer wurde und ins arbeitsfähige Alter kam, begleitete ich meinen Vater auf die Ernte. Wenn ich mir beim Ernten in den Arm schnitt, war mein Vater mir nicht böse und machte dann einfach alleine mit der Arbeit weiter. Ich war immer schnell müde.

Wir waren oft den ganzen Tag, bis zum Abend bei der Ernte. Doch gingen wir noch im Mondschein wieder hinaus, um weiterzuarbeiten. Einmal weckte mich meine Mutter am nächsten Morgen sehr früh auf. «Steh auf, Kind! Das geht nicht, dass du als einziger weiterschläfst!», sagte sie. Sie jagte mir damit einen tüchtigen Schrecken ein. Weil ich Angst bekommen hatte, quälte ich mich aus dem Bett und versuchte wachzuwerden.

Hakim, der Sohn unserer Nachbarn, schlief dagegen währenddessen mit all seinen jüngeren und älteren Schwestern in süßem Schlaf weiter. Sie standen immer erst auf, wenn die Sonne schon ganz heiß am Himmel stand. Hakim konnte sich immer richtig ausschlafen.

Eines Tages wurde mein Vater krank. Danach kam einer unserer Verwandten zu uns nach Hause, und zwar einer von den Reichen. Ich dachte, er sei gekommen, um sich nach dem Befinden meines Vaters zu erkundigen. Doch als ich reinkam, sagt er zu mir:

«Dein Vater liegt krank darnieder. Nur ein-, zweimal ist er zu uns gekommen und hat Brot gebacken, und schon hat er sich so eine Krankheit geholt! Aber du, du kannst doch für uns Wasser holen, wie wäre es denn? Wir haben zur Zeit niemanden, der uns Wasser holt.»

Ich begriff, dass diese Leute sich gar nicht nach dem Gesundheitszustand meines Vaters erkundigen, sondern mich für sich arbeiten lassen wollten. Das machte mich richtig wütend.

«Sie sind es doch gewesen, die meinen Vater krank gemacht haben!» rief ich und schleuderte die Doppa, die sie mir gegeben hatten, zu Boden. «Euren wertlosen Plunder hier könnt ihr euch wo hinstecken!»

Die Jahre gingen ins Land. Am Ende waren sowohl mein Vater als auch meine Mutter krank. Als kein einziges Stück Brot mehr im Hause übrig war, ging ich selbst zum Holzsammeln in die Berge. Meine Eltern versuchten, mich davon abzubringen: «Ist schon gut, lass nur, Kind, irgendwo findet sich schon noch ein Stückchen Brot!» Aber ich gab nichts auf ihre Worte und machte mich mit meinem Esel in die Berge auf.

Erst da begriff ich, unter welchen Mühen und Qualen mein Vater immer hatte das Holz sammeln müssen! Bis es Abend wurde, bekam ich mit Ach und Krach genug Holz zusammen, um dafür einen Brocken Brot mit nach Hause zu bringen. Menschen, die mich beim Holzsammeln sahen, sagten zu mir: «Vor ein paar Tagen hat dein Vater gesagt, er würde mir Holz bringen. Da dein Vater jetzt krankgeworden ist: Könntest du mir jetzt nicht das Holz liefern?» Doch weil ich immer noch wütend war, ging ich einfach schweigend weiter.

So gingen unser Leben seinen Gang. Ich lernte es, tüchtig auf der Arbeit zu sein, meine Kräfte entwickelten sich prächtig, und ich wurde groß und stark.

Eines Abends saß ich beim Tee. Da erschienen meine Eltern vor meinem geistigen Auge. Als ich nach ihrem Befinden fragte, antwortete mein Vater: «Ich habe keine Kraft mehr. Aber ich habe auch keine großen Schmerzen.»

Danach schlief ich ein. Irgendwann danach drang ein Weinen an meine Ohren, so dass ich davon aufwachte. Als ich die Augen öffnete, sah ich, wie mein Vater neben meiner Mutter sass und ihr irgendetwas vorlas. Dabei weinte er. Ich ging zu meinem Vater hin. Voller Ungeduld fragte ich ihn:

«Vater, was ist los?»

Er antwortete nur: «Wir haben deine Mutter verloren». Tränen flossen über sein Gesicht. Da konnte auch ich mich nicht mehr halten. Der Kummer schoss aus mir heraus. Ich vergrub meinen Kopf im Kissen und weinte auch.

Nach dem Tod meiner Mutter wurde unser Leben noch schlechter. Das Haus, in dem wir wohnten, fing an, nur noch hässlich auf mich zu wirken. Ich hatte meinem Vater schon so oft gesagt «Lass uns aus diesem kalten Haus ausziehen», aber da uns die Mittel fehlten, hatte es sich für uns nicht ergeben, das Haus aufzugeben. Später kam wieder ein Verwandter zu uns und sagte «Euer Leben ist schlechter geworden, zieht doch zu uns um!» Da sagten wir, mein Vater und ich, nicht nein, sondern zogen dorthin um.

Das Leben im Haus unseres Verwandten war für uns aber auch sehr schwer. Wenn irgendetwas wegkam, bekam ich von ihm dafür mein Fett weg. Einmal war im Haus ein Hammer abhanden gekommen. Da behauptete er, ich hätte ihn wegenommen und auf dem Markt verkauft. Danach wurde es für mich unerträglich, in dem Haus dieses Verwandten zu wohnen.

«Ich werde ein Holzsammler», sagte ich also zu meinem Vater. Ich nahm den Esel und ging in die Berge. Doch mein Vater versperrte mir den Weg. Er ergriff den Zügel des Esels und sagte: «Jetzt reicht es aber! Es ist doch genug, wenn ich diese ganze Mühsal erleide!» Danach gab er mich zu einem Schuster in die Lehre.

Ich lernte zwei, drei Monate bei dem Schuster. Doch dann verstarb mein Meister plötzlich.

Darauf ging ich in die Stadt. Dort studierte ich. Das war schon lange Zeit, nachdem ich meinen Vater zum letzten Mal gesehen hatte.

Noch als ich noch auf dem Land gewohnt hatte, hatte ich einmal auf einem Feld einen alten Mann mit einer Schultertragestange Wasser holen gesehen. Als ich diesen älteren Herren sah, wollte ich ihm um den Hals fallen und weinend «Vater» zu ihm zu sagen. Dieser alte Herr war genauso ins hohe Alter gekommen wie mein Vater, sein Bart hatte sich weiß gefärbt. Nach dieser Begegnung ging mir wieder den Sinn, was für Härten mein Vater hatte durchmachen müssen. Ich überlegte mir: «Hat Gott nur uns solche Härten auferlegt?». Darüber machte ich mir viele Gedanken."

4.3. Originaltext

Män Ömär Muhämmädiyniŋ öziniŋ hayatidin elinγan „Eγir künlärdä" hekayisini sözläp b ärmäkčimän. U özi toγruluḳ yazγan hekayisi:

„Helimu yadimdin čiḳmaydu. Bizniŋ öy közimgä sät körünätti. Män Hakimlarniŋ öyigä kirgändä öyidin čiḳḳim kälmätti. Här ḳačan apamγa «Nemiškä Hakimlarniŋ öyi čiraylik, nemiškä bizniŋ öy šundaḳ čiraylik bolmaydu» – däp sorattim.

Män ävu küni kirginimdä apisi žügürüŋlar talaγa čiḳip oynaŋlar däp ḳoγlimiγan bolsa ularniŋ öyidä käč kirgičä žürättim. Šundaḳ čiraylik öylärdä nemiškä turmaymiz – däp här vaḳitta sorattim. Šu vaḳitta apam közlirimgä möldürläp ḳarap, maŋliyimγa söyätti. Xudayim bizgila japalarni tartḳuzup ḳoydimu däp oylattim.

Meniŋ dadam taγda otunči bolup išläydu. U otun tošup öz künümizni körüškä tirišidu. U šu vaḳitlarda taγdin otun tošup žüridu. Bizniŋ öy kona bolγačḳa közümizgä sätla körünätti. Bizniŋ öygä kirgän yärdä dalan, dalanniŋ ičigä kirsäŋ oŋ täräptä mäš, sol täräptä manta očaḳ bar edi. Kün čiḳiš täräptä kün čüšmäydiγan kičikkinä derizä bar edi. Biz šu öydä turattuḳ.

Apam bolsa baylarniŋ kir-ḳatilirini žuyup, neni yeḳip, bir parčä nan bolsimu tepip kelätti. Män bolsam öydä yalyuz ḳalattim. Yalyuz degidäkla yalyuz ämäs, Boynaḳ degän ištim bar. Boynaḳ degän ištim bilän ḳišniŋ künliri döŋdün čana teyilip oynap, bir däm Boynaḳniŋ boyniya ilip oynap, käč kirgičä ḳosiyim ačḳičä öygä kälmättim. Šu vaḳlarda dadamniŋ otunlarni ḳandaḳ tošup kelivatḳanliyini, uniŋ ešigi örülüp kättimu, ḳandaḳ ḳiyinčiliḳ, azaplarni tartḳanliyini ančila oylap kätmättim. Käč kirgändä apammu, dadammu öygä ḳaytip kelätti. Biz öydä olturup čay ičättuḳ. Dadam äski, nuryun yärliri čaplanyan mäčkä ot ḳalatti. Šu vaḳitta män šu mäčniŋ tüvigä berip isinišḳa tirišattim. Keyin apam manta očaḳḳa ot yeḳip čay ḳaynitatti. Šuniŋdin keyin olturup čay ičättuḳ. Čay ičip bolyandin keyin apam bilän dadam bir däm muŋdišip oltiratti. Män bolsam özämniŋ mösügüm bilän oynap, šu yärdä uxlap ḳalattim.

Mänmu xelä čoŋ bolup ḳaldim, xelä äsḳetip ḳaldim. Män dadam bilän oma orušḳa čiḳtim.Män oma orup žürüp ḳolumni kesivalsam dadam maŋa ränjimästin, özi omini ḳaytidin orivetätti. Män bolsam čapsan herip ḳalattim.

Biz käč kirgičä oma orup, aydiŋ käčtä yänä oma orušḳa čiḳattuḳ. Ätigänligi apam meni oxitatti. Ḳop balam, yalyuz yatsaŋ bolmaydu däp meni ḳorḳutup ḳoyatti. Šu vaḳitta ḳorḳḳinimdin aranla ornumdin turup, uyḳumni aran ačattim. Xošnimiz Hakimlar u čayda hädä vä siŋilliri bilän tatliḳ uyḳida edi. Ular kün rasa ḳiziyanda orunliridin turišatti. Šu vaḳitta Hakimniŋ öziniŋ uyḳisi ḳanyan bolatti.

Bir küni apam ayirip ḳaldi. Apam ayirip ḳalyandin keyin öygä bir bay tuḳḳinimiz käldi. Bay tuḳḳinimiz kelip apamniŋ ähvalini soriyili käldimu däp kirsäm, u maŋa «Apaŋ ayrip yatidu, bir-ikkila ḳetim nan yeḳip berip äynä šundaḳ ayirivaldi, sän bolsaŋmu bizgä su äkelip bärsäŋmamdu bizgä, su äkelip beridiyan heč kim yoḳ» däp eytti. Äynä bešiŋdiki kiyivalyan dopaŋni (...) bir vaḳta (...) kiysun däp bärgän däp eytti.

Šu vaḳitta bular apamniŋ ähvalini bilmäkči bolmay, meni išḳa buyriyili kälginini bilip terikip kättim.

«Mana silär meniŋ anamni ayriḳčan ḳilip ḳoyduŋlar» – däp ularniŋ bärgän doppisini yärgä attim. «Bu bäš tiyinliḳ närsäŋlar keräk ämäs» – däp čiḳip kättim.

Šundaḳ künlär ötüvärdi. Bir künlärdä atammu, apammu ayrip ḳaldi. Män, öydä bir parčä nan yoḳ bolyandin keyin, özäm otun tošušḳa taḳḳa maŋdim. Biraḳta apam bilän dadamniŋ «Boldi balam ḳoy, bir yärdin bolsimu bir parčä nan tepilip ḳalar» deginigä ḳarimastin ešigim bilän (....) taḳḳa čiḳip kättim. Šu vaḳittila dadamniŋ šundaḳ ḳiyinčiliḳ, azaplar bilän otunni tošivatḳiniya közüm yätti. Käč čüškändä aran degändä otunni elip kelip, öygä bir parčä nan tepip käldim. Bu otun tošiyinimni körgän kišilär «Ävu küni maŋa dadaŋ otun äkelip berimän degän, dadaŋ ayrivatḳanliḳtin, sän bolsimu otunni äkelip tošup bärsäŋ bolmamdu» – däp ötündi. Män ularya ačiḳ ḳilyinim bilän gäp ḳilmastin kättim.

Šundaḳ künlirimiz ötti. Mänmu xelila išḳa yaraydiyan, küčümmu tolup, xelila čoŋ bolup ḳaldim. Šu bir küni käčtä biz čay ičip oltarduḳ. Atam bilän anam bir türlük köründi maŋa. Šu vaḳitta ähvalini soriyanda, dadam «Özämniŋ maydirim yoḳ. Ančä ayrimidim» – däp eytti. Šundin keyin biz uxlap ḳalduḳ.

Bir vaķitta ķuliyimγa bir žiγa aŋlandi. Oxunup ķarisam dadam anamniŋ bešida olturup bir närsilärni oķup žiγlavatķan ekän. Keyin män dadamγa berip soridim. «Dada, nemä boldi» – däp taķätsizlik bilän soriγan edim. Anaŋdin ayrilip ķalduķ däpla, közigä yaš elip žiγlavätti. Mänmu özämni tutalmastin öpkämni basalmay, tähiygä bešimni ķoyup žiγlidim.

Animizdin ayrilγandin keyin künümiz teximu načarlap kätti. Šundin keyin biz turivatķan öyimiz sätla körünüškä bašlidi. Bu soyaķ öydin köčüp ketäylila däp atamγa talay ķetim eyttim, biraķ mümkinčiligimiz bolmiγandin keyin bu öydin čiķip ketiškä amal yoķ edi.

Keyin bizgä bir tuķķinimiz kelip silärniŋ turmišiŋlar načarlišip ketiptu, bizgä köčü keliŋlar däp eytti. Biraķ biz yaķ demästinla, šu yaķķa köčivalduķ. Atam ikkimiz köčivalduķ. Tuķķanlirimizniŋ öyidä turuš bäk ķiyin käldi. Bir närsä žütsä meniŋdin köridiγan bolivaldi. Bir rät öydä bolķa žütkän ekän meni elip čiķip bazarγa apirip setivätti dedi. Šuniŋdin keyin u tuķķanlirimizniŋ öyidä turuš ķiyin käldi. Män atamγa otun tošišķa kirišimän däp ešäkni elip taķķa maŋdim. Biraķ atam yolumni tosidi. Ešäkniŋ čulvurini elip «Boldi mundaķ žapalarni mänla tartay» – dedi.

Keyin meni bir mozduzγa mozduzčiliķni ügünüškä ävätti. Mozduzda ikki-üč ayla ügändim. Ikki-üč aydin keyin maŋa ügätkän usta vapat bolup kätti.

Keyin män šähärgä kättim, šähärdä oķup bilim elip žürdüm. Šu vaķitta män atamni xelä vaķit körmidim. Talada oltarγan vaķtimda äpkäč bilän bir bovay suγa maŋγan ekän, šu bovayni körüpla, män ata däpla boyniγa esilγim käldi. U bovay xuddi meniŋ atamdäk ķerip kätkän, saķalliriγa aķ kirgän bovay edi. Keyin atamniŋ šundaķ ķiyinčiliķlarni tartķanliγi köz aldimγa käldi. «Xudayim mundaķ ķiyinčiliķlarni bizgila salγanmu» – däp oylandim, bu toγriliķ köp izdändim.“

5. Ziya Sämädiy: Die Drei Roten Fahnen

5.1. Vorbemerkung

Seit ihrer Konstitution als moderne Ethnie in den 1920er-Jahren haben die Uiguren eine äußerst wechselvolle Geschichte durchleben müssen. Ömär Muhämmädiys Erzählung *Eyir künlärdä* spiegelt das harte und arme Leben der im Zarenreich und der Sowjetunion auf dem Gebiet des heutigen Kasachstan lebenden Uiguren in den ersten beiden Jahrzehnten des 20. Jahrhunderts wider. Auch wenn die auf sowjetischem Gebiet lebenden Uiguren, wie die anderen Sowjetvölker auch, in der Anfangsphase der Sowjetherrschaft unvorstellbare materielle Härten und politische Repression erleiden mussten, war die politische Situation dort stabil. Dies kann man nicht über die in China lebenden Uiguren sagen.

Die chinesische Revolution von 1911 hatte die jahrtausendealte Tradition des Kaisertums beendet. An ihrer Stelle trat die Republik China. Xīnjiāng wurde fortan von Gouverneuren regiert, die den nichtchinesischen Minderheiten nicht immer freundlich eingestellt waren. Berüchtigt für seine gnadenlose Sinisierungspolitik war 金树仁Jīn Shùrén, der die „Neuen Gebiete" von 1928 bis 1933 verwaltete. In der Folgezeit errichteten die Muslime Xīnjängs unter maßgeblicher Beteiligung der Uiguren zweimal (1933 bis 1934 und 1944 bis 1949) unabhängige Republiken. Die letzte davon, genannt „Republik Ostturkestan" endete durch den Einmarsch der chinesischen Kommunisten Ende 1949. Seither ist Xīnjiāng wieder eine Provinz Chinas.

In den 1950er-Jahren waren die Beziehungen zwischen der Volksrepublik China und der Sowjetunion zunächst entspannt. Dies hatte auch positive Auswirkungen für das Leben und die Kultur der Uiguren beiderseits der Grenze. Ende des Jahrzehnts kam es aber zum Bruch zwischen den beiden kommunistischen Großmächten. Seit Anfang der 1960er-Jahre flohen viele Uiguren aus China in die Sowjetunion, wo sie bessere Lebens- und Entfaltungsbedingungen vorfanden. Auf dem Gebiet des heutigen Kasachstan, vor allen Dingen im relativ nah an der chinesischen Grenze gelegenen Almaty, etablierten sich verschiedene uigurische Oppositionsgruppen, die gegen die Regierung Chinas Stellung bezogen. Allerdings konnten sie dies nur in dem Rahmen, den die Moskauer Führung zuließ.

Einer der wichtigsten Vertreter der uigurischen Opposition in Kasachstan war Ziya Sämädiy (1914-2000), von dem der nachstehend übersetzte Text stammt. Neben seiner Tätigkeit als politischer Aktivist thematisierte Sämädiy das Schicksal der Uiguren unter kommunistisch-chinesischer Herrschaft in mehreren Romanen.

Der unten wiedergegebene Auszug ist der Beginn von Sämädiys Roman „Leid des Geplagten" (*Därtmänniŋ zari*) aus dem Jahr 1978.

5.2. Text in Übersetzung

Die Drei Roten Fahnen*

In die Kommune haben sie uns gesteckt,
Beim Stahleinschmelzen sind wir verreckt,
Beim Großen Sprung voran hat's uns*
Vor Hunger kraftlos hingestreckt.

In diesem Volkslied erklingt der Schmerzensschrei und die Wehklage des ganzen Volks.

„Was unser Volk ins Chaos gestürzt hat, was es zugrunde gerichtet hat, was es Hunger und Elend ausgesetzt hat, das sind diese verfluchten drei roten Fahnen!"

Mit diesen Worten begann Ibrahim seine tragische Erzählung. Während er sprach, glänzte seine Stirn in hellem Weiß, und in seinen Augen funkelten Flammen des Zorns. Die Finger seiner rechten Hand fingen ganz von alleine an zu zittern. Tief einatmend fuhr er mit seinem Bericht fort:

„Es war 1958, zu der Zeit, als bereits Schnee fiel und es draußen kalt war. Wir alle im Haus hatten uns schon hingelegt. Doch niemand schlief. Damals hatten wir nicht einmal genug Öl, um uns damit die Lippen einzureiben, geschweige denn, um eine Lampe anzuzünden, es war wie in dem Sprichwort: »Wenn es selbst in der Luftröhre fehlt, wo soll es dann für die Sunay* herkommen?« Daher waren wir immer bestrebt, schon früh schlafen zu gehen. Was alles noch schlimmer machte: Weil alle Familienmitglieder, die irgendwie einsatzfähig waren, bei Tagesanbruch immer auf Arbeit gingen, wurde im Haus bis zum Abend kein Feuer gemacht. Also war es dort so kalt wie in einer Eishölle. Daher machten wir dann immer schnell, dass wir in das Bettzeug kamen, und zwar ohne vorher unsere Sachen auszuziehen. Doch gleich wie müde ein Mensch auch ist – mit hungrigem Bauch kann man nicht schlafen. In der als «Gemeinschaftskessel» bekannten Kantine der Gongshe* – der Volkskommune – gab es außer sogenannten Speisen wie einem Mehlbrühen-Imitat, das aus etwas in Wasser aufgelöster Kleie bestand, oder einer Art Gemüsebrühe,* die aus Rote-Bete-Blättern mit Maismehl bestand, rein gar nichts zu essen. Einem Menschen, der vom ersten Morgenlicht an Schwerstarbeit verrichten musste, bis ihm die Augen zufielen, und dabei entsprechend der Norm nur zwei Schälchen von diesem dünnen Süppchen aß, fiel es schwer, sich überhaupt auf den Beinen zu halten. Genau wie in dem winters unbeheizten Haus herrschte auch im leeren Magen eine Eishölle, und von Ruhe und Schlaf konnte keine Rede sein.

Es war Mitternacht, und wir konnten immer noch nicht schlafen. Mein Vater hustete immer wieder mal. Manchmal gab er auch ein Stöhnen von sich, das fast in ein Aufheulen überging, und brabbelte dabei irgendwas vor sich her. Beklagte er sich vielleicht über den Kummer und die Sorgen, die ihm das Alter gebracht hatte? Oder bereute er vielleicht, jemals geboren worden zu sein?

Was meine Mutter anbetraf, so verfluchte sie sämtliche politischen Führer, deren Namen ihr einfielen, vom Vorstand der Kommune bis zu Mao Zedong selbst, und wünschte ihnen den Tod:

«Was unterscheidet uns noch von Tieren, wenn diese ungläubigen Schweine uns zusammen mit den Pferden und anderen Lasttieren in die Ställe pferchen?»

Meine Mutter konnte man mit allem Recht der Welt als mutig und furchtlos bezeichnen. Als die Kommune eingerichtet wurde und man dem Volk keinen Besitz, nicht einmal die Töpfe, das Geschirr und die Hühner, ließ, um alles im Besitz der Kommune zusammenzufassen, stellte sie sich neben die Tür des Stalls und schimpfte:

«Jetzt kommt ihr auch noch zu mir, um mir das Vieh wegzunehmen, was? Ihr wollt jetzt uns jetzt auch noch das Vieh und unseren Besitz rauben, um uns dann Frösche fressen zu lassen, ja? So wie ihr es mit diesen Chinesen aus Kule* gemacht habt, ihr Unmenschen?»

Für diese Beleidigung wurde sie zehn Tage eingesperrt und musste danach vor den versammelten Kommunenmitgliedern «bereuen». Anschließend wurde sie unter der Bedingung entlassen, sich «auf der Arbeit zu bewähren». Doch während es ihnen gelang, meine Mutter physisch in ihre Schranken zu weisen, vermochten sie nicht, ihrer Zunge Zaumzeug anzulegen. Sowohl auf der Arbeit als auch zur Essenszeit ließ sie es sich nicht nehmen, gegen das kleine und große Führungspersonal der Kommune unerbittlich ihr Gift zu versprühen. Wer weiß, was unsere unerschrockene Mutter noch so alles angestellt hätte, wäre sie nicht in Sorge gewesen, dass sonst uns – besonders mir und meinem kleinen Bruder – irgendsoein «Heini mit Eselsfresse» auf den Leib rücken würde, und hätte es nicht die beschwichtigenden Ermahnungen meines Vaters gegeben … Aber kann es sein, dass ich etwas abgeschweift bin?“

„Fahren Sie bitte fort, Ibrahim! Sie erzählen vollkommen zusammenhängend! In der Literaturwissenschaft nennt man so etwas «Digression»“, warf ich ein.

„… Also gut. Es schien so, als ob irgendwer an der Tür klopfte. Mein Vater lag fest eingewickelt in seiner Decke und steckte den Kopf etwas heraus. Er begann gleich wieder zu husten, wahrscheinlich unter der Einwirkung der kalten Luft.

«Vater, bleib liegen, ich geh schon und mach auf», sagte ich besorgt.

«Bleib bloß in deinem Bett, Sohn», rief dagegen meine Mutter und begann, sich aus dem Bett zu erheben, «das ist nur diese Spitzelsau* Heviz, der alte Chinesenscheißefresser. Dieser Kotzbrocken* kriecht von Haus zu Haus und schnüffelt herum wie ein dreckiger Latrinenköter.»

Von draußen war eine gebieterische Stimme zu hören:

«Mach auf! Mach auf, sage ich!»

Ich hörte, wie meine Mutter sagte:

«Geh nicht raus! Als ob wir irgendwelches Vieh im Stall oder Geld in der Truhe hätten, um das wir uns sorgen müssten!»

Doch ich kümmerte mich nicht um ihre Worte und stürzte aus dem Haus. Mit zitternden Händen öffnete ich die Tür einen Spalt weit. Die Person, die mir mit ihrer Taschenlampe ins Gesicht leuchtete, redete mich an:

«Sieh mal einer an, wie die Bären haben sich die rückständigen Elemente in ihrer Höhle verkrochen!»

Dann gab sie einen Schwall von Ausdrücken von sich, die nicht wiedergebbar sind. Meine Mutter hatte Recht gehabt: Wer vor mir stand, aufrecht wie die Langhalsflasche eines Friseurs, mit der man sich die Hände wäscht, war tatsächlich diese Pest namens Heviz. Er war in Begleitung von vier bewaffneten Soldaten gekommen.

«Sind die beiden vergammelten alten Wracks zu Hause?»

Heviz´ Niedrigkeit schnitt in mein Herz, als ob man mir ein Messer in die Brust rammte, so dass ich wie angewurzelt stehen blieb.

«Steh nicht rum wie´n begossener Pudel, Dreikäsehoch, sondern lass uns ins Haus!», befahl Heviz, der augenscheinlich auch Zugführer* war.

Ich ging Heviz voran in das Haus.

«Ist das hier ein Haus oder eine Grab? Warum habt ihr kein Licht angemacht?» sagte Heviz, und kaum hatte er einen Fuß über die Schwelle gesetzt, leuchtete er mit seiner Taschenlampe auch schon sämtliche Ecken und Winkel des Hauses aus.

«Du und dein Diebesgesindel, ihr habt uns doch schon alles weggenommen, was sollen wir da noch beleuchten! Halt mir dieses Ding da, was so aussieht wie ein Eselsfohlenbein, ja nicht ins Auge, ich sag´s dir, Spitzelschwein!» entgegnete meine Mutter.

«Schau dich doch mal an, du alte Schabracke, du siehst doch aus wie ein Gespenst, das gerade aus dem Sarg gekrochen ist, und hältst trotzdem nicht das Maul. Aber dir werde ich gleich beibringen, hier Töne zu spucken!»

«Ooooh, da zittere ich aber, wenn so ein Chinesenlakai mich bedroht…»

«Mutter, sag nicht irgendwelche unbedachten Worte!» warnte ich meine Mutter, denn ich fürchtete, dass die Soldaten ihr etwas antun* würden. Doch sie ließ sich nicht beirren:

«Habt bloß nicht solche Angst, ihr Feiglinge! Ihr verdient es doch gar nicht, dass man euch Männer nennt! Heute ist der Tag gekommen, wo ich sehe, was für Schlappschwänze ihr seid!»

In meinem Inneren stimmte ich meiner Mutter bewundernd zu: «Mutti, meine liebe Mutti, du hast Recht! Etwas anderes als Feiglinge kann man uns nicht ja nennen!»

Heviz ließ eine ganze Weile schweigend verstreichen. Dann sagte er: «Dir werde noch ich zeigen, was deine Weisheiten wert sind, wenn wir erst nach Sänguŋ* kommen! Steh auf, altes Weib!» und gab den Soldaten ein Zeichen.

«Nach Sänguŋ?!» fragte ich, zitternd vor Angst.

Denn mir war schon zu Ohren gekommen, dass es in dem Ort namens Sänguŋ ein Arbeitslager gab, dass die Bedingungen dort furchtbar waren und dass es ein Ort war, von dem niemand zurückkam.

«Was sonst? Oder hast du geglaubt, wir bringen diese alte Schabracke da nach Beijing, oder was?»

«Was hat sie sich denn zuschulden kommen lassen, dass Sie sie nach Sänguŋ bringen wollt?»

«Anweisung von oben! Wir bringen deine Mutter und deinen Vater dorthin.»

«Und ich? Was ist mit mir? Was auch immer mit uns passiert, wir wollen alle an demselben Ort sein.»

«Wart nur, für dich findet sich schon auch noch ein hübscher Ort, wo du hinkommst!»

Keine zehn Minuten später trottete ich hinter den Soldaten her, die meine Mutter und meinen Vater vor sich hertrieben. Die beiden konnten nichts außer einer winzigen Tasche mitnehmen. Ich begleitete sie eine gute Strecke Wegs. Als wir die Ecke erreichten, an der die Straße eine Biegung machte, blieb meine Mutter stehen, drehte sich scharf um, fixierte mich mit ihren Blicken und sagte:

«Was kommst du mir wie ein Kalb hinterhergelaufen? Pass lieber auf dein gesegnetes Heim auf, und wenn es nur für einen weiteren Tag ist!»

Den Rest konnte meine Mutter nicht mehr sagen, obwohl sie sich unglaublich anstrengte. Ihre zitternde Stimme verriet, dass ihr der Atem stockte und es ihr das Herz zerriss. Ich wusste nicht, was ich sagen sollte, und blieb wie zu einer Salzsäule erstarrt mitten auf der Straße stehen. In meinen Ohren hallten die schmerzerfüllten Worte meiner Mutter «Heute ist der Tag gekommen, wo ich sehe, was für Schlappschwänze ihr seid!» nun noch lauter wieder.

Ein Unglück kommt selten allein, wie es so schön heißt. An demselben verfluchten Abend wurden auch mein Onkel mütterlicherseits Ismayil, meine Tante* Märiyäm und meine ältere Schwester Xeličäm sowie deren Mann Ḳurvan, die man von ihren kleinen Kindern wegholte, ins Lager Sänguŋ fortgeschafft. Dies verschlimmerte meinen Kummer noch mehr. Ich war vollkommen ratlos und wusste nicht, was tun. Dass man meine Eltern und Verwandten in das Lager Sänguŋ deportierte, verwunderte mich nicht so sehr. Denn Dutzende von Arbeitslagern hatten sich mit einfachen Leuten wie meinen Eltern gefüllt. Das waren Menschen, die nicht aus ganzer Seele ihre Treue zu den «Drei Roten Bannern» bewiesen hatten, die man als «fremdartige Elemente» und «verdächtige Personen» einordnete, weil sie dem Vorsitzenden Mao nicht gleich ihre Herzen zufliegen ließen, oder die «den großen chinesischen Brüdern» mit

Zweifel und Misstrauen gegenübertraten und sich weigerten, sich unterzuordnen; und es waren Menschen, die ihre Häuser nicht auf der Stelle räumten und übergaben.

5.3. Nachbemerkung

Das Original des in 5.2. übersetzten Textes findet sich in Sämädiy 2011: 7-12.
Ziya Ibadät oγli Sämädiy (15. 4. 1914-20. 11. 2000) gilt nicht als einer der bedeutensten uigurischen Schriftsteller des 20. Jahrhunderts.[1] Er wuchs in Jarkänt (Žarkent) in Ostkasachstan auf, wo er von 1924-1929 eine russischsprachige Schule besuchte.[2] Ab 1929 wurde er an einer uigurischsprachigen Schule unterrichtet, wo zu seinen Lehrern Ömär Muhämmädiy gehörte.[3] Die Begegnung mit Muhämmädiy und anderen uigurischen Schriftstellern an der Schule soll Sämädiy zur Literatur gebracht haben.[4]

1931 zog Sämädiy mit seiner Familie nach Γulja (chin. 伊宁Yīníng) in China um.[5] Dort soll er in der ersten Zeit als Verkäufer gearbeitet haben.[6] Später machte er dort eine Lehrerausbildung, die er 1934 abschloss.[7] Im Anschluss wurde er Lehrer an der uigurischen Schule *Ümüt* („Hoffnung") in Γulja.[8] Von 1935-1936 wurde er dort dann Direktor einer anderer uigurischen Schule namens *Šärḳ* („Orient").[9]

In dieser Zeit begann Sämädiy sich auch politisch zu engagieren. Ab Ende 1936 arbeitete er in der Abteilung für Kultur und Erziehung der „Uigurischen Aufklärungsgesellschaft".[10] Doch diese Arbeit erregte Unzufriedenheit bei der Lokalregierung Xīnjiāngs, an deren Spitze seit 1933 der Warlord 盛世才Shèng Shìcái (nuig. Šiŋ Šisäy, 1897-1970) stand.[11] Am 19. Oktober 1937 wurde Ziya Sämädiy in Haft genommen.[12] Erst nachdem in Xīnjiāng die „Revolution der drei Provinzen" (nuig. *Üč vilayät inḳilivi*) am 7. November 1944 ausgebrochen war, die die Herrschaft 盛世才Shèng Shìcáis beendete, kam Sämädiy wieder frei.[13] Er beteiligte sich aktiv und führend an der revolutionären Bewegung. Auch trat er in die Armee aus der Erhebung hervorgegangenen Republik Ostturkestan ein und brachte es dort bis zum Oberst.[14]

---

1 Siehe Harbalioğlu/ Abdulvahit Kaşgarlı 2017: 321-323. Vgl. Tyler 2004: 227.
2 Harbalioğlu/ Abdulvahit Kaşgarlı 2017: 321. Vgl. Tyler 2004: 227.
3 Harbalioğlu/ Abdulvahit Kaşgarlı 2017: 321.
4 Harbalioğlu/ Abdulvahit Kaşgarlı 2017: 321.
5 Harbalioğlu/ Abdulvahit Kaşgarlı 2017: 321f. Vgl. Tyler 2004: 227.
6 Harbalioğlu/ Abdulvahit Kaşgarlı 2017: 322.
7 Harbalioğlu/ Abdulvahit Kaşgarlı 2017: 322.
8 Harbalioğlu/ Abdulvahit Kaşgarlı 2017: 322. Zu dieser Schule vgl. Ibragimov 2005: 239. Vgl. auch Tyler 2004: 227, demzufolge sich Sämädiy in 伊宁Yīníng an der Eröffnung von uigurischen Schulen beteiligt haben soll.
9 Harbalioğlu/ Abdulvahit Kaşgarlı 2017: 322.
10 Harbalioğlu/ Abdulvahit Kaşgarlı 2017: 322 geben nur eine türkeitürkische Übersetzung des Namens der Gesellschaft: „Uygur Aydınlanma Cemiyeti".
11 Tyler 2004: 227; Harbalioğlu/ Abdulvahit Kaşgarlı 2017: 322. – Zu Shèng Shìcái vgl. Avutova 2016: 6; Memtimin 2016: 124.
12 Harbalioğlu/ Abdulvahit Kaşgarlı 2017: 322.
13 Tyler 2004: 227; Harbalioğlu/ Abdulvahit Kaşgarlı 2017: 322.
14 Tyler 2004: 227.

Auch nach dem Untergang der Ostturkestan-Republik und der Machtübernahme der chinesischen Kommunisten in Xīnjiāng (1949) blieb Sämädiy politisch aktiv.[15] 1956 wurde er Kulturminister in der Autonomen Region Xīnjiāng.[16] 1958 bis 1959 kam es jedoch zum Bruch zwischen Sämädiy und der kommunistischen Führung Chinas.[17] Zusammen mit vier weiteren Uiguren wurde er in einer fünf Monate dauerenden Propagandakampagne als „rechtsgerichtete einheimische Nationalistenbande" gebrandmarkt, der man vorwarf „rechts, nationalistisch und gegen die kommunistische und sozialistische Partei gerichtet" zu sein.[18] Sämädiy wurde seines Amtes enthoben und in einem Straflager interniert.[19] 1961 konnte er aus China ausreisen und kam nach Alma-Ata (heute Almaty) in Kasachstan.[20] Dort betätigte er sich in der politischen Opposition gegen das kommunistische China, die offensichtlich die Unterstützung der sowjetischen Behörden genoss.[21] So wurde er Vorsitzender des 1963 in Alma-Ata gegründeten „Komitees für die Befreiung Ostturkestans".[22] Vor allem aber widmete er sich seiner schriftstellerischen Karriere.

In der Gorbatschowära wandte sich Sämädiy dann noch einmal der Politik zu. Hašir Vahidiy, der ebenfalls eine uigurische Exilorganisation in Kasachstan anführte, bot Sämädiy an, Anführer eines Zusammenschlusses beider Gruppierungen zu werden, was dieser jedoch ablehnte.[23] Im Unterschied zu unterstützte Sämädiy damals nicht mehr Unabhängigkeitsbestrebungen der Xīnjiāng-Uiguren, sondern setzte dafür ein, Fortschritte durch eine Demokratisierung der chinesischen Gesellschaft zu erzielen.[24]

Sämädiy war mit der 1990 verstorbenen Henipäm Äkbär ḳizi Jahanova verheiratet.[25] Gemeinsam hatten sie eine Tochter, Bilḳiz Sämädiy.[26]

Sämädiys literarische Karriere begann mit Gedichten, die der Mitte der 1930er-Jahre veröffentlichte.[27] Ab 1934 veröffentlichte er zudem eine Reihe von Dramen.[28] Einen Großteil seiner literarischen Produktion schuf Sämädiy nach seiner Ausreise aus China. Zu seinen wichtigsten Werken gehören historische Romane, darunter die Romantetralogie *Žillar Siri* („Das Geheimnis der Jahre", 1967, 1969, 1989), *Mayimxan* (1965) sowie *Därtmänniŋ Zari*

---

15 Tyler 2004: 227.

16 Harbalioğlu/ Abdulvahit Kaşgarlı 2017: 322. Dort wird auch behauptet, Sämädiy sei bereits 1951 leitendes Mitglied in der Regierung der Autonomen Region [Xīnjiāng] gewesen (*Uygur Özerk Bölgesi Hükümeti'nin Yönetim Kurulu üyesi*). Dieser Angabe steht jedoch entgegen, dass die Autonome Region erst 1955 eingerichtet wurde (siehe etwa Bellér-Hann 2014: 177).

17 Vgl. Tyler 2004: 227.

18 Harbalioğlu/ Abdulvahit Kaşgarlı 2017: 322 (*beş kişilik yerli milliyetçi çete, sağcı, milliyetçi, komünist ve sosyalist parti karşıtı*). Zu den Vorwürfen gegen Sämädiy vgl. auch Tyler 2004: 227, der in diesem Kontextz von „ethnic nationalism" spricht.

19 Harbalioğlu/ Abdulvahit Kaşgarlı 2017: 322. Vgl. Tyler 2004: 227.

20 Harbalioğlu/ Abdulvahit Kaşgarlı 2017: 322. Vgl. Tyler 2004: 227.

21 Kamalov 2017: 15.

22 Tyler 2004: 233 nennt es „Free Eastern Turkestan Movement". Bovingdon 2010: 141 bezeichnet es als „Committee for the liberation of East Turkestan".

23 Bovingdon 2010: 143.

24 Nach Bovingdon 2010: 143.

25 Sämädiy 2014: 4.

26 Die Autorin von Sämädiy 2014 (siehe Sämädiy 2014: 4).

27 Harbalioğlu/ Abdulvahit Kaşgarlı 2017: 322.

28 Harbalioğlu/ Abdulvahit Kaşgarlı 2017: 322.

(„Das Leid des Geplagten“, 1978), aus dem der in 5.2. übersetzte Auszug stammt.[29] [30] In den meisten der nach 1960 entstandenen Werke thematisiert Sämädiy das Leid und die Entbehrungen der Uiguren im 20. Jahrhundert und vor allem unter kommunistisch-chinesischer Herrschaft. Eines von Sämädiys letzten Werken war der Roman *Axmät Äpändi* („Herr Axmät“).[31]

Aus Anlass seines 80. Geburtstags ehrte die Regierung des unabhängigen Kasachstan Sämädiy 1994 mit einem Ehrentag.[32]

---

29 Kirabaev et al. 2014: 165; Harbalioğlu/ Abdulvahit Kaşgarlı 2017: 323 (die den Titel von *Žillar siri* in der Form *Yıllar Sırı* angeben). – Zu *Mayimxan* vgl. Ismayilov 2011: 4. – Zur besonderen Bedeutung des historischen Romans als Genre der modernen uigurischen Literatur vgl. Tanridagli 2017 [1998].

30 Ismayilov 2011: 4.

31 Nach Kirabaev et al. 2014: 166 wurde er 1997 veröffentlicht, nach Harbalioğlu/ Abdulvahit Kaşgarlı 2017: 323 im Jahr 1996.

32 Harbalioğlu/ Abdulvahit Kaşgarlı 2017: 323.

6. Xämit Hämraev: Die uigurische Tragödie (Auszug)

6.1. Vorbemerkung

Bis in die Gegenwart der uigurischen Literatur ist das tragische Schicksal dieses Volkes deren hauptsächliches Thema geblieben. Wenn Uiguren schreiben, dann beschäftigen sie sich in den allermeisten Fällen mit ihrer eigenen Situation und Geschichte, in vielen Fällen sehr direkt und benennend. Allein dies kann schon als Illustration für die Bedeutung gelten, welche die Härten der Staatenlosigkeit und der aus ihr resultierenden Benachteiligung im Bewusstsein der heutigen Uiguren haben.

Diese thematische Gewichtung spricht auch bereits aus dem Titel des Werks, das hier als letztes Beispiel der bereits veröffentlichten modernen uigurischen Literatur auszugsweise vorgestellt wird (während es sich bei den ab Kapitel 7. vorgestellten Texten um unveröffentlichtes Material aus der Feldforschung handelt): „Die uigurische Tragödie" (nuig. *Uyγur pajiäsi*). Vordergründig geht es um ein im Westen wenig bekanntes Kapitel der uigurischen Geschichte, das zugleich in den Kontext der russischen Revolutionen ab 1917 gehört. Das Geschehen ist mit dem Wort „Tragödie" bereits durch seinen Namen verbunden, denn es ist als „Atu-Tragödie" (nuig. *Atu pajiäsi*[1]), seltener auch „Atu-Vorfall" (nuig. *Atu väķäsi*[2]) in die Literatur eingegangen. Zweifellos dürfte die zuerst genannte Bezeichnung einer der Gründe sein, die den Autor Xämit Hämraev zur Wahl des Titels „Die uigurische Tragödie" veranlasst haben. Das gleichnamige Theaterstück, aus dem nachstehend ein kurzer Auszug gegeben wird, bezieht sich auf Strafaktionen, die die Bolschewiki im Jahr 1918 gegen ihre Feinde, vor allem Zivilisten, in der Gegend östlich des heutigen Almaty durchführten. Bei diesen sogenannten „Erschießungen" (nuig. *Atu*, daher der Name) sollen mehrere Tausend Menschen aus Dörfern zwischen Almaty und Žarkent ums Leben gekommen sein.

Hämraevs Drama ist aber nicht nur als Versuch der Aufarbeitung dieses furchtbaren Kapitels der kasachischen, uigurischen und sowjetischen Geschichte lesbar. Vielmehr lassen sich viele Elemente aus dem Stück auch auf spätere historische Perioden und nicht zuletzt die Gegenwart beziehen. „Die uigurische Tragödie" bezeichnet so gesehen nicht nur die historische Katastrophe von 1918, die eines der zahlreichen entsetzlichen Unglücke der uigurischen Geschichte im 20. Jahrhundert darstellt. Der Ausdruck kann vielmehr auf unglückliche Konstellationen und, auch selbstverschuldete, Fehler bezogen werden, die die Geschichte dieses Volks durchziehen. So klagt eine der Figuren in dem Drama:

> „Die Tragödie der Uiguren, der Grund, warum wir niemals in eine für uns gedeihliche Lage kommen, ist nicht die Entwicklung der Umstände. Die Tragödie der Uiguren liegt darin, dass die Führer, die das einfache Volk anleiten, einander nicht verstehen.

---

1 Siehe etwa Anonym 2018; Zulfiyä Kerimova in Anonym 2018a.
2 Zulfiyä Kerimova in Anonym 2018a.

Dadurch unterstützen diese Anführer einander nicht. Als Folge führen sie das Volk in alle möglichen Richtungen auseinander."[3]

Diese in das dramatische Geschehen eingeflochtene Äußerung kann als Mahnung zur nationalen Geschlossenheit über die behandelte konkrete historische Periode hinaus gelesen werden.

Nachstehend sind zwei Ausschnitte aus dem Drama wiedergeben. Der erste stammt aus dem zweiten Akt und thematisiert in Form einer Diskussion zweier uigurischer Würdenträger (Rozi Tämbür und Savutaxun) das Verhältnis der Uiguren zum Islam – im Übrigen auf eine Weise, die nicht nur in die Zeit um 1918 passt, sondern die auch in vielen Punkten für heutige sogenannte Islamdebatten von Aktualität ist. Der zweite Aussschnitt ist dem dritten Akt entnommen und befasst sich mit dem Verhältnis der Uiguren zum Islam. Auch hier wird die Frage wieder in Form eines Zwiegesprächs erörtert. Diesmal tritt die historische Figur des bolschewikischen Funktionärs Abdulla Rozibaḳiev auf (1897-1937), der in der Geschichte und Ethnogenese der Uiguren eine wichtige Rolle spielte. Sein Gesprächspartner ist der Uigure Ismayil Tayirov.

6.2. Textauschnitte in Übersetzung (Auszug)

[Zweiter Akt]

ROZI TÄMBÜR: [...] Verehrter Meister! Vor 16 Jahren nahm mein Vater mich einmal von Bayseyit* nach Ḳoram* mit. Ich erinnere mich noch gut, dass ich eine Woche lang Ihren religiösen Unterweisungen zugehört habe. Mein Name ist Rozi. Weil ich oft auf dem Tämbür,* dem uigurischen Musikinstrument, dessen Ton so melancholisch klingt, spiele, nennt mich das Volk auch Rozi Tämbür.

SAVUTAXUN: Da hat das Volk Ihnen genau den passenden Namen gegeben. Sie spielen wahrlich mit höchster Meisterschaft, vollkommen passend zum jeweiligen Anlass. Die Melodie, die Sie da eben gespielt haben, hat in mir Gedanken und Vorstellungen wachgerufen, die mir bis zum Ende meiner Tage unvergessen bleiben werden.

ROZI TÄMBÜR: Ich fühle mich sehr geehrt, Meister! Genau um diese Ihre Gedanken zu hören, bin ich ja von weit her gekommen! Ihre tiefsinnigen Einsichten und erhellenden Worte beleuchten die von Dunkel überzogene Zukunft unseres Volks wie eine Fackel. In schweren Tagen ist das Volk darauf angewiesen, dass Sie es unterstützen und ihm Kraft spenden. Und genau so eine Zeit ist jetzt. Also sagen Sie bitte: Was muss das Volk tun, um sich aus der heutigen schwierigen Situation ein für alle Mal zu befreien?

SAVUTAXUN: Mein Sohn, wenn wir einen Blick in die Seiten der Geschichtsbücher werfen, sehen wir, dass unser Volk schon viele Prüfungen hinter sich gebracht hat. Und mit wie viel unermesslichem Kummer und ungezähltem Leid gingen all die unfreiwilligen Abschiede und Katastrophen einher! Tausende unserer strahlendsten Kinder wurden viel zu früh aus

3 Übersetzung aus Hämraev 2014: 71.

unserer Mitte gerissen. Doch all dem Chaos zum Trotz haben wir dennoch alles stets mit Geduld ertragen. Und all dies dank unseres geheiligten Glaubens! Solange es in den Herzen der Menschen einen ehrlichen Glauben an Allah gibt, wird der Schöpfer dies niemals unbeachtet lassen, ganz gleich, welchen schwierigen Umständen die Menschen auch ausgesetzt sein mögen.

ROZI TÄMBÜR: Das ist wohl wahr, Meister. Ich schließe mich Ihren Überlegungen voll und ganz an. Es ist aber so, dass es mir – und nicht nur mir, sondern auch anderen – schwerfällt das, was sich heutzutage abspielt, zu verstehen. Die Kommunisten, die weder an die Existenz Allahs glauben noch an sie glauben *wollen*, verbreiten ganz offen und unverblümt unter ihren Anhängern die Vorstellung, dass Religion von übel sei und dass Menschen, die an Gott glaubten, rückständig seien. Und ausgerechnet diese Religionsfeinde sind jetzt an die Regierung gekommen!

SAVUTAXUN: Mein Sohn, ich kann mich nicht wirklich in die Politik einmischen. Ich bin ein Mann der Religion. Das einzige, was mir gegeben ist, ist, an Allah zu glauben und andere zu diesem Glauben zu ermuntern. Die Gegner der Religion zu bekämpfen, dazu reicht meine Kraft nicht aus. Gegen solche Leute stehen mir keinerlei Mittel zu Gebote, und ich habe auch kein Verlangen, sie zu zwingen. Der Mensch muss ehrlich an Allah glauben und darf nur aus freien Stücken zur Religion kommen!

ROZI TÄMBÜR: Das ist doch selbstverständlich. Aber wenn die Bolschewiki-Kommunisten die ganze Zeit öffentlich verkünden, dass es Gott gar nicht gebe, dann bedeutet das doch auch, dass sie uns daran hindern, unseren Gottesdienst zu verrichten.

SAVUTAXUN: Wieso denn? Wenn wir so weise sind, der neuen Regierung keinen Widerstand zu leisten, und wenn wir uns an die Zivilgesetze halten, dann werden sie als die vernunftbegabten Menschen, die sie sind, unserer religiösen Überzeugung keine Hindernisse in den Weg legen.

ROZI TÄMBÜR: Und warum werden die Uiguren dann gerade jetzt zu Flüchtlingen gemacht, Meister? Jeden Tag fliehen Hunderte unserer Brüder eilig über den Ғulja-Weg* Richtung Yarkänt.* Einige von ihnen brechen sogar in noch weitere Fernen. Denn sie haben vor dieser unübersichtlichen Situation Angst! Sie fürchten, dass ihr Menschenrecht mit Füßen getreten werden könnte, und sie sorgen sich, dass man ihnen nicht mehr erlauben könnte, ihrer Religion sowie ihren Bräuchen und Regeln nachzugehen.

SAVUTAXUN: Diese Lage erfüllt natürlich auch mich mit großer Sorge. Auf der anderen Seite hat eine große Mehrheit unseres Volks ja bereits am Ende des vorigen Jahrhunderts schon genau solche Migrationswellen erlebt. Sie sind als *Köč-köč** in die Geschichte eingegangen. Damals fanden wir in der Gegend des Ili* Zuflucht. Es war ungewiss, wohin wir unterwegs waren, und wir machten uns nur mit einer vagen Vorstellung von unserem Schicksal auf den Weg. Trotzdem haben wir es verstanden, überall, wohin es uns verschlug, unser Leben zu leben. Wir haben es geschafft, Moscheen zu bauen und sowohl unsere Religion als auch unsere Sitten und Gebräuche zu bewahren. Unglücklicherweise sind wir am Ende alle zu Opfern der Politik geworden. Aus diesem Grund versuche ich mich auch von ihr fernzuhalten. Ich bin ein Diener der islamischen Religion.

[Dritter Akt]

Erneut ist der melancholische Klang des Tämbür zu hören. Wieder laufen Flüchtlinge in Gruppen vor dem Vorhang vorbei. Dann hebt dieser sich langsam.

Szene aus der Revolutionszeit. Rote Fahne mit Hammer und Sichel. Stühle und Tisch aus Staatsbeständen. Auf dem Tisch ein Wählscheibentelefon. Ein Leninportrait.

Auf der Bühne sind Abdulla Rozibaḳiev und Ismayil Tayirov.*

ABDULLA ROZIBAḲIEV: Die neue sowjetische Regierung ist die Regierung des einfachen Volkes! Wir brauchen diese Regierung wie die Luft zum Atmen. Endlich bekommt jetzt das arbeitende Volk sein Recht an dem Land, das es ja selbst erschlossen hat.

ISMAYIL TAYIROV: Aber gibt es eine Garantie dafür, dass die Regierung ihre Versprechen gegenüber dem Volk auch einhält?

ABDULLA ROZIBAḲIEV: Aber sicher! Ich habe nicht den geringsten Zweifel daran.

ISMAYIL TAYIROV: Und warum verlassen dann die Uiguren ihre Wohnorte und gehen in die Fremde?

ABDULLA ROZIBAḲIEV: Meiner Meinung gehen momentan in erste Linie diejenigen fort, die nicht voll hinter der Sowjetregierung stehen. Auch diejenigen, die auf antisowjetische Stimmungsmache und Propaganda hereinfallen, und die Ungebildeten verhalten sich so.

ISMAYIL TAYIROV: Das sehe ich auch so. Allerdings macht sich in Čeläk* immerhin die Mehrheit der Bevölkerung zum Weggang fertig. Es ist völlig unklar, was dort eigentlich los ist! Ich verstehe wirklich nicht, was dort vor sich geht!

ABDULLA ROZIBAḲIEV: Weißt du, Ismayil, die sowjetische Regierung ist die Regierung des arbeitenden Volks. Unser Volk ist noch in der Unwissenheit gefangen. Sie glauben sogar diesem Mullah- und Axundenpack!* Doch man darf in erster Linie nur sich selbst glauben! Unsere Aufgabe ist es, die Uiguren nicht zum Gottesdienst, sondern zum Erwerb von Kenntnissen und zur Wissenschaft aufzurufen und zu ermutigen.

ISMAYIL TAYIROV: Abdulla, da stimme ich dir ja vollkommen zu. Aber die Uiguren sind schon seit Jahrhunderten Anhänger des Islams und verehren ihren Gott in dieser Religion. Sobald unsere Vorfahren im letzten Jahrhundert in das Siebenstromland kamen, begannen sie damit, Moscheen zu errichten. Das sollte man auch nicht vergessen.

ABDULLA ROZIBAḲIEV: Stimmt, und das *wird* ja auch niemand vergessen. Auf der anderen Seite müssen wir den Anforderungen der Zeit gerecht werden. Das heißt, dass wir uns heutzutage bemühen müssen, uns Wissenschaft anzueignen. Wir sind ja im Jahr 1918, also am Beginn des 20. Jahrhunderts. Wenn wir unser ganzes Leben lang nur der Religion anhängen, dann werden wir mit Sicherheit weit hinter anderen Völkern zurückbleiben. Schau, unser Volk hat ja nicht einmal einen gemeinsam Namen! Wie traurig! Stattdessen nennen wir uns immer noch «Kaschgarer», «Turpaner», «Ғuljaer» oder «Tarantschi». Dabei haben wir doch einen unglaublich schönen aus der Geschichte erwachsenen Namen: Uiguren. Weißt du, Ismayil, ich beabsichtige irgendwann einmal eine große Versammlung zu organisieren und für alle Uiguren* diesen Namen wieder einzuführen.

ISMAYIL TAYIROV: Da hast du meine volle Unterstützung, Abdulla. Wenn deine Idee erst einmal Wirklichkeit geworden ist, dann wirst du einen ewigen Platz in der Erinnerung des Großteils unseres Volks haben.

ABDULLA ROZIBAḲIEV: Das Schicksal unseres Volkes ist extrem hart. Es hat so manche Zeit des Kummers durchlebt. Und nun ist erneut völlig ungewiss, welche Bestimmung die Zukunft für uns bereithält. Das einzige, woran ich glaube, ist, dass die Sowjetregierung uns die beste historische Gelegenheit verschafft, um unsere Wünsche und Träume, Absichten und Bestrebungen zu erreichen. Wir dürfen uns diese Gelegenheit, das Volk zu überzeugen und es aufzuklären, nicht entgehen lassen! Deswegen müssen wir konsequente Methoden zur Bekämpfung der Rückständigkeit, des religiösen Aberglaubens und der Klasse, die die arbeitenden Massen unterdrückt, ergreifen.

6.3. Nachbemerkung

Die in Kapitel 6.2. übersetzten Abschnitte stammen aus Hämraev 2014: 67-68 und 72-73. Xämit Hämraev gilt als einer der profiliertesten uigurischen Prosaautoren und Dichter des sowjetischen und gegenwärtigen Kasachstan.[4] Eines seiner bekanntesten Werke ist der Roman „Der Ғulja-Weg" (nuig. *Ғulja yoli*, russ. *Kul'džinskij trakt*),[5] der sich derselben Thematik wie das oben vorgestellte Theaterstück „Die uigurische Tragödie" (nuig. *Uyyur pajiäsi*, 2014) widmet. Ein weiterer historischer Roman aus seiner Feder ist „Die Mission der Hodschas" (russ. *Missija chodžej*), der 2016 in Almaty erschien.[6] Auch dieser Text befasst sich mit einem Thema aus der Geschichte der Uiguren, das diesmal allerdings aus dem Mittelalter stammt.

Dem Text von Hämraevs *Uyyur pajiäsi* ist direkt zu entnehmen, dass die Handlung zwischen März und Mai des Jahres 1918 spielt.[7] Diese Datierung, der Ort der Handlung, diese selber sowie das Wort „Tragödie" (nuig. *pajiä*) im Titel des Dramas machen deutlich, dass der Gegenstand des Stücks die sogenannte „Atu-Tragödie" oder „Atu-Katastrophe" (nuig. *Atu pajiäsi* hat beide Bedeutungen) ist, die sich im Mai und Juni 1918 ereignete.[8]

Gemeint ist ein von den Bolschewiki unmittelbar im Anschluss an die russischen Revolutionen von 1917 begangener Massenmord. Die Umwälzungen des Revolutionsjahrs erfassten bekanntlich sofort auch den russisch beherrschten Teil Zentralasiens. Bereits im März

4 Kirabaev et al. 2014: 163. Über Hämraev konnten keine gesicherten biographischen Daten ermittelt werden. Ushurova 2018: 14 erwähnt ihn als Autor einer Broschüre über die Uiguren, die im Jahr 1977 in Moskau erschienen sei. Hieraus kann man schließen, dass der Beginn der 1960er-Jahre ein ungefährer *terminus ante quem* für seine Geburt sein könnte. Daraus, dass Hämraev sich auch in jüngster Zeit noch als Internetautor betätigt (seine etwa Xamraev 2018), darf man wohl folgern, dass er noch am Leben ist.

5 Kirabaev et al. 2014: 166. Das genaue Erstveröffentlichungsjahr des Romans war nicht zu ermitteln, es dürfte um 1997 liegen. – Der Dichter Abdumäjit Dölätov (1949-2008) veröffentlichte (wahrscheinlich zu einem früheren Zeitpunkt) ein Gedicht mit dem Titel „Auf dem Ғulja-Weg" (nuig. *Ғulja Yolida*; siehe Harbalioğlu/ Abdulvahit Kaşgarlı 2017: 74; zu Dölätov vgl. die Erläuterung auf S. 157).

6 Siehe Hämraevs eigene Darstellung des Romans in Xamraev 2018.

7 Hämraev 2014: 60.

8 Zum historischen Hintergrund allgemein siehe Kabirov 1975: 119-163 (aus sowjetischer Sicht), Iminov 2017 [2013].

1917 hatten sich in Vernyj (heute Almaty) und Džarkent (heute Žarkent) Arbeiterräte gebildet.[9] An vielen Orten jener Gegend, an denen es russische Militärgarnisonen gab, entstanden ungefähr gleichzeitig auch Soldatenräte.[10] Diese Arbeiter- und Soldatenräte schlossen sich in einer gemeinsamen Sitzung am 16. April zusammen.[11] In der sowjetischen Geschichtsschreibung wird behauptet, dass nach der Februarrevolution bereits im Sommer 1917 die Bolschewiki den größten Zuspruch aus der Bevölkerung der russischen Provinz Siebenstromland (russ. *Semireč'e*) bekommen hätten.[12] Ob dies tatsächlich so war, sollte allerdings noch durch unabhängige Quellen und Darstellungen nachgeprüft werden.

Fakt ist, dass auch die Muslime Russlands bald nach der Februarrevolution mit ihrer politischen Selbstorganisation begannen. So gründete sich im Mai 1917 in Vernyj der „Vereinigte Verband der muslimischen Arbeiter" (russ. *Ob'edinennyj sojuz musul'manskich rabočich*), in dem ungefähr 600 Menschen Mitglied gewesen sein sollen.[13] Es würde hier zu weit führen, die Selbstorganisation der russischen Muslime nach der Februarrevolution ausführlich darzustellen. Was Kasachstan betrifft, so fand vom 21. bis 26. Juni 1917 in Orenburg der erste „Allkirgisische Kongress" (russ. *Obščekirgkizskij Sezd*) statt[14] – die Kasachen wurden damals im Russischen noch als „Kirgisen" bezeichnet. Vorsitzender des Kongresses war (russ.) Chalil' Dosmuchamedov, führend beteiligt auch der berühmte kasachische Vordenker (russ.) Achmed Bajtursunov (1873-1937) sowie (russ.) A. Kutebarov.[15] Der Kongress fasste eine Reihe von erstaunlich fortschrittlichen Resolutionen. Sie beinhalteten unter anderem die Gleichstellung von Mann und Frau, ein Verbot von Kinderehen (Altersgrenze: 16 Jahre) und Inzest sowie immerhin eine Einschränkung der Mehrehe.[16] In Resolution Nr. 12 wurde auch die Gründung einer „kirgisischen" (d.h. kasachischen) Partei angeregt.[17] Diese Partei gründete sich im Juli 1917 in Orenburg tatsächlich, und zwar unter dem Namen (russ.) *Alaš* (oder *Alaš Orda*). Entsprechend ihrem Gründungsmotiv setzte sie sich für eine nationale Unabhängigkeit der Kasachen ein.[18]

Durch die Oktoberrevolution weiteten sich die politischen Spannungen in Russland schlagartig zum Bürgerkrieg aus. Landesweit, also auch in den zentralasiatischen Gebieten, standen sich nunmehr die „Roten" (Bolschewiki) und ihren Hauptgegner, die „Weißen" (Anhänger der alten Ordnung), in nicht selten gnadenlosen und entgrenzten militärischen Auseinandersetzungen gegenüber.

Am Schauplatz von Hämraevs „Uigurischer Tragödie", dem Siebenstromland, waren nach der Machtergreifung der Bolschewiki zunächst die Kosaken die wichtigste antikommunistische Kraft. Sie kommen in dem Stück auch wörtlich vor.[19] Bereits am 14. November

---

9 Kabirov 1975: 120.
10 Kabirov 1975: 120.
11 Kabirov 1975: 120.
12 Kabirov 1975: 120.
13 Kabirov 1975: 121.
14 Das Sitzungsprotokoll des Kongresses ist in Karažanov/ Takenov 1998: 18-27 wiedergegeben.
15 Karažanov/ Takenov 1998: 18-27.
16 *Resolution Nr. 9,* zitiert in Karažanov/ Takenov 1998: 22f.
17 *Kirgizskoj političeskoj partii* (zitiert in Karažanov/ Takenov 1998: 26).
18 Akiner 1986: 290f. Vgl. Kreindler 1983: 100; Botschaft der Republik Kasachstan in der Bundesrepublik Deutschland 2009: 15.
19 Hämraev 2014: 64.

1917, also nur eine Woche nach dem Ausbruch der Oktoberrevolution, wählten die Kosaken des *Semireč'e* zur Abwehr der drohenden Gefahr einen „Truppen-Rat" (russ. *Vojskovoj Sovet*), aus dem eine „Truppenregierung" (russ. *Vojskovoe Pravitel'stvo*) hervorging.[20] Viele der Kosaken versammelten sich in Vernyj, das damals die wichtigste Stadt der Gegend war.[21] Dort stellte die *Alaš*-Partei ein Regiment gegen die Bolschewiki auf.[22] Auch an der Kosakenstation (russ.) Nadeždinskij, die unter ihrem heutigen Namen (nuig.) Išiktä auch in Hämraevs Text vorkommt, versammelten sich im November 1917 Vertreter der russischen Kosaken sowie Angehörige der muslimischen Oberschicht und verbündeten sich zum Kampf gegen die Bolschewiken.[23] Schon bald kam es zu heftigen Schusswechseln zwischen den Kosaken und den prosowjetisch eingestellten Militäreinheiten Vernijs.[24]

Im Januar 1918 wurde dann von den Kosaken, Kasachen und Taranči der gegen die Bolschewiki gerichtete Widerstand formal in der „Militärregierung des Siebenstromlandes" (nuig. *Yättisu härbiy hökümiti*) zusammengefasst.[25] Die antisowjetische Front erlitt jedoch einen entscheidenen Rückschlag, als es den Bolschewiki am 3. März 1918 gelang, Vernyj zu erobern.[26] Diese sowjetische Triumph führte zur Errichtung einer sowjetischen Regierung für das gesamte Siebenstromland.[27]

Gegen die sowjetische Machtübernahme im Siebenstromland erhob sich im April 1918 ein großangelegter Aufstand der „Weißen".[28] Eines der auslösenden Ereignisse fand an der Kosaken-Stanitza (russ.) Sofijskaja statt. Sie befand sich an der Stelle der heute etwa 45.000 Einwohner zählenden Stadt (kas.) Talγar, etwa 25 Kilometer östlich von Almaty entfernt. Eine bolschewikische Militärabteilung wurde in die Nähe der Stanitza entsandt, um die Übergabe von 1000 Pud, also knapp 17 Tonnen, Brot sowie Kriegsausrüstung zu verlangen. Doch statt das Verlangte zu erhalten, wurden die Soldaten der Bolschewiki von den Kosaken niedergemacht.[29] Diese konnten anschließend Sofijskaja sowie die Stanitzas Nadeždinskaja und Malaja Almatinskaja in ihre Gewalt bringen.[30] Den Sowjets gelang es jedoch bereits am 21. April 1918 unter ihrem General E. Muraev, Malaja Almatinskaja zurückzuobern, wobei sie an die 100 Kosaken töteten.[31] Wenig später gerieten auch die Stanitzas Nadeždinskaja und Sofijskaja wieder unter sowjetische Kontrolle.[32] Damit war der „weiße" Versuch, die sowjetische Herrschaft über das Siebenstromland zu beseitigen, gescheitert.

Nachdem sie die militärische Oberhoheit in Südostkasachstan errungen hatten, gingen die sowjetischen Truppen zu Massenerschießungen an zahlreichen Orten des Siebenstromlandes

20 Abylchožin et al. 2010: 150.
21 Abylchožin et al. 2010: 150.
22 Abylchožin et al. 2010: 150.
23 Iminov 2017 [2013].
24 Abylchožin et al. 2010: 150.
25 Iminov 2017 [2013].
26 Iminov 2017 [2013].
27 Iminov 2017 [2013].
28 Iminov 2017 [2013].
29 Iminov 2017 [2013].
30 Iminov 2017 [2013].
31 Iminov 2017 [2013].
32 Iminov 2017 [2013].

über, was als Rache- und Vergeltungsmaßnahme interpretiert werden kann.[33] Muraevs Einheiten drangen mordend, vergewaltigend und plündernd entlang des „Wegs nach Ƣulja" (nuig. *Ƣulja yoli*) nach Osten vor.[34] Das mörderische Vordringen der Kommunisten und die Flucht der Taranči- beziehungsweise uigurischen Bevölkerung stellt das Hauptthema von Hämraevs „Uigurischer Tragödie" dar.

Den wenigen Angaben aus der Sekundärliteratur zufolge soll es in dem Dorf (nuig.) Yeŋišär, das in Hämraevs Text eine wichtige Rolle spielt, seitens der Einheiten Muraevs zu einem fürchterlichen Massaker an der dortigen Zivilbevölkerung gekommen sein. Nach Ismayil Iminov lebten in dem Dorf damals an die 660 Familien (nuig. *ailä*).[35] Was sich nach Ankunft von Muraev in Yeŋišär ereignete, beschreibt Iminov folgendermaßen: Zuerst umzingelten die sowjetischen Soldaten die Siedlung. Sodann trieb man die männlichen Bewohner am Flussufer zusammen und eröffnete auf sie das Feuer aus Maschinengewehren. Auf diese Weise seien etwa 800 Menschen umgebracht worden. Danach seien die Soldaten in das Dorf zurückgekehrt und hätten Frauen und Mädchen vergewaltigt.[36] Anschließend seien die Truppen in das Dorf (nuig.) Taštiķara (im heutigen Rayon (kas.) Eŋbekšiķazaķ) weitergezogen, wo weitere 750 Männer getötet hätten.[37] Der in Taštiķara aufgestellte Gedenkstein für die Opfer datiert das Massaker dort auf den 20. Mai 1918.[38] In den Dörfern (nuig.) Täškänsaz und (nuig.) Keyikvay seien nach dem Massenmord von Taštiķara jeweils weitere 1000 Menschen getötet worden sowie eine unbekannte Zahl in den Dörfern (nuig.) Bayanday und (nuig.) Ķarituruķ~Ķaraturuķ.[39] In dem Dorf (nuig.) Lavar sollen die sowjetischen Truppen sogar an die 3000 Menschen erschossen haben,[40] in (nuig.) Čoŋ Aķsu im Uigurischen Rayon

33 Kamalov 2017: 23. Vgl. Iminov 2017 [2013].

34 Iminov 2017 [2013].

35 Iminov 2017 [2013].

36 Iminov 2017 [2013].

37 Iminov 2017 [2013]. Die Zahl der Opfer von Taštiķara stimmt mit der auf dem dort 1997 errichteten zweisprachigen (Uigurisch der kasachstanischen Varietät, Kasachisch) Gedenkstein genannten überein. Dessen Inschrift lautet (nuig.) *Bismilla Raxim Raxman* (kas.) *1918 žïlï mamïrdïŋ 20 žuldïzïnda Taštïķara awïlïnda atïlɣan 750 awïldastarïmïzɣa ķoyïlɣan eskertkiš* (nuig.) *1918 žili 20 baharda Taštiķara yezisida Atu pajiäsidä 750 beguna ķurvan bolɣan žutdašlirimizɣa ornitilɣan yadikarliķ 1997* „(Nuig.) Im Namen Allahs des Barmherzigen, des Allerbarmers! (Kas.) Denkmal, das für die 750 unserer Dorfmitbewohner errichtet worden ist, die am 20. Mai 1918 im Dorf Taštiķara erschossen wurden. (Nuig.) Denkmal, das für unsere am 20. Mai (?) des Jahres 1918 im Dorf Taštiķara in der Atu-Tragödie umgekommenen unschuldigen Mitbewohner aufgestellt wurde. 1997" (nach dem Foto in Anonym 2018). Bemerkenswert an dieser zweisprachigen Inschrift sind die Unterschiede im Wortlaut der beiden Versionen. So fehlt im kasachischen Teil der Inschrift der Hinweis auf die „Atu-Katastrophe bzw. -Tragödie" sowie der die Opfer beschreibene Zusatz „unschuldig". Auch sprachlich werfen beide Textteile Fragen auf. So wird das Wort (kas.) *žuldïz* in der kasachischen Version offensichtlich in der Bedeutung „Tag" verwendet, während es im Standardkasachischen nur die Bedeutung „Monat" hat (siehe Sïzdïkova/ Xusayïn 2008: 341, s.v. *žuldïz*). Um welchen Monat es sich handelt, ist aufgrund des kasachischen Monatsnamens *Mamïr* „Mai" zwar eindeutig bestimmbar, woraus auch folgt, dass das im uigurischen Teil verwendet Wort *bahar* dieselbe Bedeutung haben muss. Allerdings konnte dieses uigurische Wort nirgends in der Bedeutung „Mai" nachgewiesen werden, sondern es bedeutet in der uigurischen Standardsprache „Frühling".

38 Siehe Fußnote 37.

39 Iminov 2017 [2013]. Schreibweise „Ķaraturuķ": Anonym 2018a.

40 Iminov 2017 [2013]. Dazu passt, dass Lavar in Anonym 2018a als der Ort bezeichnet wird, an dem währen der Atu-Katastrophe die meisten Menschen getötet worden seien.

mehr als 200.[41] Auch in der relativ bedeutenden Siedlung Ḳoram verübten die roten Truppen Massaker an der Zivilbevölkerung.[42] Aus dem datierten Gedenkstein in Taštiḳara sowie der Angabe, dass das Massaker in Lavar ebenfalls im Mai 1918 stattfand, kann man ungefähr auf die Daten der Massenerschießungen in den anderen Dörfern schließen,[43] die ebenfalls im Mai 1918 gelegen haben dürften. Wenn man allein die von Iminov gegebenen Zahlen zusammenaddiert, kommt man auf mindestens 6750 Ermordete allein in den oben genannten Ortschaften, sehr wahrscheinlich deutlich mehr.[44] Zulfiyä Kerimova schätzt die Zahl der Todesopfer auf zwischen 7.000 und 15.000 liegend ein.[45] Ein großer Teil der Überlebenden der Massaker floh in Richtung Ғulja,[46] so, wie es auch im Theaterstück Hämraevs dargestellt ist.

Nach Ismayiljan Iminov sind die fürchterlichen Massaker während der „Atu-Katastrophe" bis heute kaum aufgearbeitet.[47] Immerhin gibt es neben dem in Taštiḳara 1997 errichteten Denkmal[48] auch in Čoŋ Aḳsu und Ḳoram.[49] Auch wurde im März 2018 ein Projekt zur Errichtung eines weiteren Denkmals in Lavar bekannt.[50] Dennoch kann die Erforschung des Massenmordes nicht als zufriedenstellend bezeichnet werden.[51] Dies hat auch mit der Quellenlage zu tun. Aus naheliegenden Gründen haben sich die sowjetischen Behörden der Erinnerung an dieses Verbrechen und seiner wissenschaftlichen Aufarbeitung bisher weitgehend verweigert. Die Beschäftigung mit diesem Thema war während der Sowjetzeit verboten.[52] Der 1920 geäußerten Bitte von lokalen Würdenträgern (nuig. Sg. *aḳsaḳal*) um Errichtung eines Denkmals für die Mordopfer wurde damals von offizieller Seite nicht entsprochen.[53] Iminov zufolge ist bisher nur eine einzige Quelle aufgetaucht, die die Verbrechen von 1918 aktenkundig macht. Dabei soll es sich um ein Dokument aus dem heutigen Archiv des Präsidenten der Republik Kasachstan handeln.[54] Diese Quelle berichtet, dass im Jahr 1921 Soldaten aus der Einheit Muraevs wegen Teilnahme an „verbrecherischen Handlungen" (nuig. *jinai išlar*) aus der KP Russlands ausgeschlossen worden seien.[55] Diese verbrecherischen Handlungen könnten im Rahmen der Atu-Massenmorde stattgefunden haben. Der sowjetische Historiker Malik Kabirov hat diese immerhin in einem starken Ausdruck als „roten Genozid" (nuig. *ḳizil genocid*) bezeichnet.[56] Erst in der Gorbatschowära begann in der

41 Iminov 2017 [2013].
42 Iminov 2017 [2013]. Zur Lage Ḳorams und anderer von der Atu-Katastrophe betroffener Orte siehe die Karte im Anhang, Abbildung 3.
43 Anonym 2018a.
44 Allerdings kaum die „mehr als eine Million", von der in Anonym 2018 die Rede ist. Diese Zahl scheint bei Weitem übertrieben.
45 Zulfiyä Kerimova in Anonym 2018a.
46 Iminov 2017 [2013].
47 Iminov 2017 [2013].
48 Siehe den Text der Inschrift auf dem Denkmal in Fußnote 37.
49 Anonym 2018a.
50 Anonym 2018a.
51 Vgl. Anonym 2018a.
52 Kamalov 2017: 23; Zulfiyä Kerimova in Anonym 2018a.
53 Iminov 2017 [2013].
54 Die Signatur lautet nach Iminov 2017 [2013] „AP RK F.1. Op. 1 D. 307. L. 7-8 ob."
55 Iminov 2017 [2013].
56 Zitiert in Iminov 2017 [2013].

Sowjetunion ein zaghaftes Umdenken, und dort erschienen verschiedene Presseartikel über das Verbrechen.[57]

Mit den Atu-Massenmorden endet Hämraeves Tragödie. In der Wirklichkeit waren die Auseinandersetzungen zwischen den Bolschewiki und ihren Feinden im Siebenstromland damit jedoch noch lange nicht abgeschlossen. Im Juni 1918 erließ die *Alaš*-Regierung unter Führung von (russ.) Alichan Bukejchanov/ kas. Älixan Bökeyxanov (1866-1937) eine Reihe von Dekreten, die sämtliche Dokumente und Verordnungen der Sowjets für nichtig erklärten. Die *Alaš*-Regierung gründete außerdem einen „Kriegssowjet“ (russ. *Voennyj Sovet*), dessen Funktion der eines Kriegsministeriums gleichkam, und hob die Bodenreformen der Sowjets wieder auf.[58] In etwa zur gleichen Zeit griffen „weiße“ Truppen die sowjetischen Truppen des Siebenstromlands von Norden, von der Provinz Semipalatinsk her, an.[59] Es gelang ihnen dabei, die Stadt (russ.) Sergiopol′, das heutige (kas.) Ayagöz, einzunehmen.[60] Die Sowjets versuchten nunmehr, den Vormarsch der Weißen durch Bildung eines speziellen Militärstabs für die Front des Siebenstromlands (22. Juli 1918) zum Halten zu bringen.[61] Es gelang ihnen zwar nicht, die Weißen aus Semireč′e zu vertreiben, doch immerhin hielten die Sowjets im Sommer 1918 noch den größten Teil davon.[62]

Hämraevs „Uigurische Tragödie“ hat insgesamt somit mindestens drei Sinnebenen. Zum einen geht es darum, das schreckliche Geschehen der „Atu-Katastrophe“ dem Vergessen zu entreißen. Auf einer zweiten Bedeutungsebene ist das Stück auch als Parabel auf die spätere beziehungsweise heutige Situation der Uiguren lesbar. Und drittens schließlich kann man von diesen konkreten Zeitebenen abstrahierend das Stück als Teil einer inneruigurischen Selbstbefragung über ihr schweres Schicksal und die Gründe dafür lesen. Dabei geht es auch um die Bedeutung der Religion beziehungsweise des Islams. Hierbei werden in dem Stück Argumente und Sichtweisen vorgebracht, die auch in den heutigen Debatten um den Stellenwert des Islams nicht ohne Interesse sind.

57 Zulfiyä Kerimova in Anonym 2018a.
58 Abylchožin et al. 2010: 152.
59 Abylchožin et al. 2010: 151.
60 Abylchožin et al. 2010: 151.
61 Abylchožin et al. 2010: 151.
62 Abylchožin et al. 2010: 151.

Teil II: Die uigurische Sprache und Kultur im heutigen Kasachstan

7. Über den *Žigitbeši* (Feldforschungstext)

7.1. Vorbemerkung

Der folgende kurze Text stellt eine der wichtigsten immateriellen Institutionen der Uiguren vor. Hierbei handelt es sich um den sogenannten *Žigit beši* (eingedeutscht: *Žigitbeši,* Mehrzahl *Žigitbašliri*). Das Wort ist eine Zusammensetzung von (nuig.) *žigit* „junger Mann“ und *baš* „Kopf, Führer, Anführer“. Es kann in etwa mit „Anführer der jungen Männer“ übersetzt werden. In der Praxis muss allerdings weder der *Žigit beši* noch die von ihm angeleiteten Menschen unbedingt jung sein, vielmehr handelt es sich häufig um ältere Respektpersonen.

Wie aus dem Text hervorgeht, gibt es eine ganze Hierarchie von *Žigit bašliri* (Plural von *Žigit beši*) auf nachbarschaftlicher, lokaler, regionaler und landesweiter Ebene. Die Funktionen und Aufgaben der *Žigit bašliri* sind überaus komplex und vielseitig. Zu ihren Grundtätigkeiten gehört einerseits die Vermittlung und Bewahrung uigurischer Kultur – da die Uiguren über keinen eigenen Staat verfügen, spielen die *Žigit bašliri* hierbei eine besonders wichtige Rolle. Anderseits sind sie auch mit zahlreichen praktischen Aufgaben innerhalb der jeweiligen uigurischen Community betraut, wie der Organisation von Feiern, dem Schlichten von Streit oder, wie im vorliegenden Text, dem Anwerben von Abonnenten. In jedem Fall ist der *Žigit beši* innerhalb der konkreten uigurischen Gemeinschaft eine Autoritätsperson, an der kaum jemand vorbeikommt. In Kasachstan kann man das System der *Žigit bašliri* als eine Art vom Staat anerkannte und unterstützte, aber von ihm unabhängig operierende Form der lokalen Selbstverwaltung in bestimmten kulturellen und anderen Belangen beschreiben.

Untrennbar verbunden mit der Institution des *Žigit beši* ist die des (nuig.) *mäšräp*, die es ebenfalls nur bei den Uiguren gibt. *Mäšräp* wurde im Jahr 2010 in die Liste des Schutzbedürftigen Immateriellen Kulturellen Erbes der UNESCO aufgenommen.[1] Man kann es als eine uigurische Kulturveranstaltung definieren, bei der es zugleich um die Regelung bestimmter sozialer, ethischer und anderer die Gemeinschaft bewegender Fragen geht. Dies geht beispielsweise aus der Definition des *Mäšräp*-Experten Yadikar Sabitov hervor:

> „Das Wort *Mäšräp* ist in der gegenwärtigen uigurischen Sprache der zusammenfassende Name für eine breitgefächerte Kunstform, in der verschiedene kulturelle und künstlerische Bestandteile wie Volksliteratur, Gesang und Musik, Tanz, epische Dichtung, Erzählungen, Witze und Humor, alle möglichen lustigen Unterhaltungsspiele, dramatisierte nachgespielte Szenen, Sitten und Moral sowie gesellschaftliche Regeln und Vorschriften miteinander verwoben sind.“[2]

---

1 Sabitov 2018: 10.

2 … *Hazirḳi zaman uyγur tilidiki «mäšräp» degän bu söz xäliḳ ädäbiyati, naxša-muzïka, ussul, dastan, hekayä, latipä-čaḳčaḳ, härxil häjviy köŋül ečiš oyunliri, teatrlašturulγan täḳlidiy körünüšlär, ädäp-äxlaḳ, ijtimaiy ḳaidä[-]nizamlar ḳatarliḳ türlük mädäniyät vä sän´´ät tärkipliridin žuγurilγan ammibap sän´´ät*

Etymologisch wird (nuig.) *mäšräp* auf das arabische beziehungsweise persische Wort *mašrab* zurückgeführt.[3] Dieses von der arabischen Wurzel *š-r-b* „trinken" abgeleitete *nomen loci* hat unter anderem die Bedeutungen „Trinken", „Ort, wo man trinkt", „Gefäß, Reservoir usw., aus dem man trinkt", aber auch „Charakter, Naturell, Stimmung" (im Sinne der mittelalterlichen Humoraltheorie – hier liegt offenbar eine Verbindung zwischen der flüssigkeitsbezogenen Grundbedeutung von *š-r-b* und der Theorie von der den Charakter bestimmenden Mischung der Körpersäfte vor).[4]

Der *Žigit beši* hat nun auf der einen Seite die Aufgabe, die *mäšräp*-Veranstaltungen (von denen es über dreißig verschiedene Typen geben soll) zu leiten,[5] sondern er tritt auch außerhalb dieser Rituale als Autorität der uigurischen Selbstverwaltung auf.

Der nachstehende Text ist ein Auszug aus einem Interview, das im Rahmen der Feldforschungen mit einem uigurischen Journalisten, Schrifsteller und Turkologen geführt wurde.

7.2. Text in Übersetzung

Die *Žigit bašliri* werben Kunden für Zeitungen und Zeitrschriften an und verteilen diese. Die *Žigit bašliri* gehen von Haus zu Haus und werben an. Viele Leute gehen nicht mehr zur Post, um Abonnent zu werden. Das haben sich die Leute schon abgewöhnt. Viele Uiguren werden auch deshalb keine Abonnenten, weil sie glauben, sie könnten kein Uigurisch. Zu solchen Leuten gehen die *Žigitbašliri* nach Hause, klären sie auf, führen Gespräche mit ihnen und bringen sie so dazu, Abonnenten der uigurischen Zeitungen zu werden. Als ob es nicht schon schlimm genug wäre, dass die Eltern ihre eigene Sprache nicht beherrschen, vergessen auch deren Kinder die uigurische Sprache. Wenn sie ihre Sprache und ihre Kultur vergessen... Dass sie andere Kulturen kennelernen, ist schon gut, aber ihre eigene sollten sie niemals vergessen. Das halten wir für absolut notwendig. Das ist eine aus alter Zeit auf uns kommende Wahrheit: Ohne Kultur ist ein Volk kein Volk.

Hier hat es jetzt da so eine Renaissance* gegeben: Jetzt gibt es in allen Stadtvierteln zusätzlich zu den Imamen, die sich um die religiösen Angelegenheiten kümmern, auch noch einen Haupt-*Žigitbeši*. Die Stadtviertel sind nach Straßen aufgeteilt, und jede Straße hat ihren *Žigitbeši*. Also [gibt es] in einem Stadtviertel eine Reihe von kleinen *Žigitbašliri*, und einen großen *Žigitbeši*, der sich um sie kümmert. Diese veranstalten alle zwei Jahre einmal einen Kongress der *Žigitbašliri* ganz Kasachstans. Auch die *Žigitbašliri* Usbekistans und Kirgistans kommen zu ihnen. Sie legen voreinander Rechenschaft ab, wie sie arbeiten, und sie tauschen ihre Erfahrungen aus.

šäklinin̡ ortak̡ nami. (Sabitov 2018: 11)

3 Etwa von Sabitov 2018: 11.

4 Vgl. Steingass 2005:1245, s.v. *mashrab*. Rein phonetisch betrachtet, ließe sich das nuig. *mäšräp* theoretisch wohl nicht nur auf das arabische/ persische *mašrab* zurückführen, sondern auch auf das in denselben beiden Sprachen vorkommende *mašraf* „Ehrenplatz" (vgl. Steingass 2005:1245, s.v. *mashraf*), da arabisches und persisches ursprüngliches /f/ im Neuuigurischen in der Regel ebenfalls als /p/ repräsentiert ist. Unter dem semantischen Aspekt scheint diese Interpretation aber weniger überzeugend zu sein als die Herleitung von *mašrab*.

5 Vgl. Sabitov 2018: 17.

Wenn es Streitigkeiten gibt, dann bringen sie die Sache nicht vor Gericht, sondern der Seniorenrat* löst sie unter sich.

7.3. Transkription des Originaltextes

Žigit bašliri gezit-žurnallarγa muštur toplap tarḳitidu. Žigit bašliri öymu-öy kirip toplaydu. Köp adämlär počtiγa berip yezilmaydu. Adämlär šuniŋγimu ügünüp ḳaldi. Köp uyγurlar uyγurčä bilmäymiz däp yezilmaydu. Žigit bašliri šundaḳlarniŋ öylirigä berip, ulaγra čüšändürüp, söhbät ötküzüp uyγurčä gezitlärgä yazidu. Öz tilini ata-anisi bilmigänni az däp balilirima uyγur tilini untivatidu. Tili bilän mädäniyitini untisa, bašḳa mädäniyätni körgän ügängän yaxši, biraḳ özäŋnikini untimas šärt däp hesaplaymiz, buruntin kelivatḳan häḳiḳät uniŋsiz xäliḳ, xäliḳ bolmaydu.

Mana šundaḳ bir oyγunuš boldi. Hazir hämmä mähällilärdä diniy išlarγa ḳaraydiγan imamlarin sirt baš žigit beši bar, mähällilär koča-kočilarγa bölünüp här bir kočiniŋ žigit beši bar. Bir mähällidä bir näččä kičik žigit beši vä ularγa ḳaraydiγan čoŋ žigit beši. Ular özliriniŋ ikki žilda bir pütün Ḳazaḳstanniŋ žigit bešiliri ḳurultayini ötküzidu. Özbäkstandiki, Ḳirγizstandiki žigit bašliri häm kelidu ularγa. Bir-birigä hesap berip, ḳandaḳ iš ḳilivatidu, bir-biri bilän täžribä almašturidu

Aḳsaḳallar keŋiši uruš-jedäl[6] bolup ḳalsa uni sotḳa yätküzmäy öz ara yešip alidu.

---

6 Oder *uruš-žedäl*. Die Lautung des Binoms ist nicht genau auszumachen, es konnte auch nirgends in der Sekundärliteratur belegt werden.

8. Geschichte und Literatur der Uiguren (Feldforschungstext)

8.1. Vorbemerkung

Der folgende Text stammt aus einem Interview mit einer Lehrerin an der Nach Abdulla Rozibaḳiev benannten Uigurischen Schule Nr. 153 Almatys. An dieser Schule und ihrer Umgebung wurde der Großteil der Feldforschungsinterviews für das Projekt an der Justus-Liebig-Universität Gießen durchgeführte Projekt „Uighurisch im multiethnischen Kasachstan. Eine allochthone Minderheitensprache im Spannungsfeld zwischen Sprachnorm und Sprachgebrauch" in den Jahren 2016 und 2017 aufgezeichnet.

Der Text ist nicht nur, wie im Vorwort bereits angedeutet worden ist, inhaltlich aufschlussreich. Vielmehr ist er auch sprachlich interessant. Denn die Sprecherin bemüht sich einerseits, reines Hochuigurisch der in Almaty so genannten „literarischen Sprache" (nuig. *ädäbiy til*) zu verwenden. Anderseits benutzt sie an einigen Stellen russische Lehn- und Fremdwörter. Dies verdeutlicht den starken Einfluss des Russischen auf das Neuuigurische in Kasachstan, der auch in der *ädäbiy til* häufig zu spüren ist (im Text sind entsprechende Passagen kursiv markiert).

Der Text bietet einen *tour d'horizon* durch die uigurische politische und Geistesgeschichte ders 20. Jahrhunderts. Der Leser wird mit einen wichtigen Figuren vertraut gemacht, die die geistige Orientierung der Uiguren Kasachstans bis heute prägen. Da es sich um einen Teil eines längeren Gesprächs handelt, in dem verschiedene Gesprächsgegenstände in freier und zwangloser Abfolge angeschnitten wurden, fehlen bisweilen Übergänge zwischen den verschiedenen thematischen Bereichen. Mehrere Passagen, die schwer verständlich waren oder zu viel an Erläuterungen benötigt hätten, wurden weggelassen.

8.2. Übersetzung

Dieser Sadir Palvan* lebte von 1798 bis 1871. 1944 fand im Sultanat von Ili die „Revolution der drei Provinzen"* statt. Haben Sie von ihm gehört? Er ist der Held der Uiguren, die dort [am Kampf?] teilgenommen haben.* Er selbst konnte weder Lesen noch Schreiben. Er hat nichts studiert. Doch er war ein ungeheuer starker Recke. Ein Held. Als die nationale Freiheitserhebung der Uiguren war – Sie kennen doch die chinesische Mauer* – als die Chinesen hineingingen, verminte er diese Mauer und sprengte eine Bresche in sie. Er war ein Gelehrter, der solches Heldentum zeigte.

Auch Älaxan Sultan* lebte ungefähr in jenen Jahren. Bei uns gibt es jetzt ein Stadtviertel namens Sultanḳoryan.* Das bezieht sich auf Älaxan Sultan. In den Jahren 1881 bis 1884 wurden unsere Uiguren* infolge der *russisch*-chinesischen Politik ins Vaterland* ausgesiedelt. Und in dieser Zeit siedelte auch Älaxan Sultan hierher nach Almaty um. An der Stelle des jetzigen Viertels Sultanḳoryan hat er ein Stadtviertel gegründet. Ihm zu Ehren nennt man es auch Sultanḳorγan. Es befindet sich innerhalb Almatys. Unser Stadtviertel ist Dostluḳ,* und dieses eben Sultanḳorγan. Dort gibt es das Uigurische Gymnasium Nr. 101.* Seine Rektorin ist Xuršidäm Niyazova. Die Rektorin ist eine Uigurin. Es ist ein rein uigurisches Gymnasium.* Dort gibt es neunhundert oder achthundert Kinder. Das sind etwas weniger als bei uns. Aber es ist eine rein uigurische Schule. In der Gegend da leben viele Uiguren.

Dann gibt es da noch ein Viertel von uns, das Zarja Vostoka* heißt. Es gibt doch die Baracholka,* den Markt, neben der, dort gibt es noch eine uigurische Schule. Dort studieren vierhundert Kinder oder so. *Auch* dort ist das eine rein[uigurisch]e Schule. Das ist die nach Murat Hämraev benannte Schule.* Die Schule Nr. 101 dagegen ist die nach Mäsim Yaḳupov* benannte Schule. Dieser Mäsim Yaḳupov ist ein uigurischer Held, der am Großen Vaterländischen Krieg* teilgenommen hat. Murat Hämraev dagegen ist ein Gelehrter der Uiguren. Murat Hämraev hat außerordentlich viele Werke über die Sprache und Literatur der Uiguren geschaffen, er hat Forschungsarbeiten durchgeführt. Nach ihm ist sie also benannt. Unsere Schule dagegen hat ihren Namen von Rozibaḳiev.*

[…]

Äxmätjan Ḳasimiy* war ein Führer der Uiguren. Von 1944 bis 1949 hatten die Uiguren zum letzten Mal ein Vaterland, in Ost-Turkestan.* Danach haben es die chinesischen Kommunisten eingenommen. Äxmätjan Ḳasimiy war der Leader ((Erste Mann?)) dieses Staates.* Heutzutage nennen wir das ja „Präsident". Aber damals nannte man es nicht „Präsident". Unter kommunistischer *Herrschaft* nannte man ihn „Oberhaupt" der Republik. Äxmätjan Ḳasimiy starb in einem *Flugzeugunglück.** Was sie auslöste, ist nicht klar, nein. Er ging von Yīníng* aus nach Moskau, und da irgendwo stürzte das *Flugzeug* in den Bergen ab.

[…]

Also, diese Personen in dem Buch dürften Verwandte von Herrn Bahavudun sein.* Über diese Menschen weiß ich absolut nichts. Das hier sieht aus wie seine Familie. Aber diese hier, die kennen Sie, nicht wahr?[1] Das sind Balasaγuniy* und Bilal Nazim,* das sind berühmte Schriftsteller der Uiguren. Jener dort ist Sultan Satuḳ Buγra xan,* er war ein Herrscher der Uiguren. Er war der Herrscher des Reiches der Uiguren, das in Ostturkestan gegründet worden war. Jene sind Maḥmūd al-Kāšγarī* und Yūsuf Ḫāṣṣ Ḥāğib*. Sie lebten in der Zeit jenes Herrschers und schufen damals ihre Werke.* Sie haben zum ersten Mal ihre Werke in uigurischer Sprache geschrieben. Über sie müssen Sie Bescheid wissen. Bilal Nazim hat viel über Sadir Palvan und Nazugum* geschrieben. Haben Sie von Nazugum gehört? Sie ist eine tapfere Tochter der Uiguren. Sie leistete gegen die Chinesen Widerstand. Über sie hat Bilal Nazim eine Erzählung geschrieben; dieser Dichter ist ein Dichter der Klassik, der unglaublich schöne Ghaselen* schrieb. Er schrieb im metrischen System des Aruz.* Eine weitere Seite an Bilal Nazim ist, dass er selbst an den nationalen Befreiungserhebungen teilgenommen hat. Er hat die nationalen Befreiungserhebungen mit seinen eigenen Augen gesehen. Er hatte einen älteren Bruder, der ist im Krieg gefallen. Bilal Nazim hatten mit

---

1 Während die Sprecherin die beiden letzten Sätze aussprach, wurden ihr Illustrationen aus dem Buch (Bahavudun 2016) gezeigt, die Familienangehörige Iminjan Bahavuduns sowie die Figuren aus der uigurischen Geschichte und Literatur zeigen, von denen in den nachfolgenden Sätzen die Rede ist. [M. R. H.].

seinem älteren Bruder namens Jalal an dieser Erhebung teilgenommen. Er hat mit seinen eigenen Augen gesehen, wie man den Chinesen Widerstand leistete. Er war selbst auch ein Religionsgelehrter.* Er war ein Meister. Und er war ein *begabter* Dichter.

[…]

Ich bin Sprach- und Literaturwissenschaftlerin. Ich unterrichte uigurische Sprache und Literatur. Bei uns bringen wir in „Uigurischer Literatur" den Kindern auch die uigurische Geschichte bei. Der Grund ist, dass es in unseren Schulen kein eigenes Fach namens „Uigurische Geschichte" gibt. Ich habe es selber zusätzlich gelernt und bringe es im Fach „Literatur" den Kindern, den Schülern bei. Wir erklären die Geschichte über die Literatur. Der Grund ist, dass die von den Schriftstellern geschriebenen Werke historische Werke sind. Weil es historische Werke sind, müssen wir ihnen auch die Geschichte bebringen. So ist das.

Alles davon ist wichtig. Wenn die Kinder (?)[2] die klassische Literatur nicht kennen, dann wissen sie sie nicht zu schätzen. Die Kinder verstehen nicht, was sie eigentlich ausmacht. Wir[3] haben in Kasachstan nur noch wenige Schriftsteller und Dichter übrig, aber dort[4] gibt es jetzt welche. Wir haben keinen von unseren Schriftstellern und Dichtern mehr übrig, die in den 1960er und 1970er Jahren geschrieben haben.

8.3. Transkription des Originaltextes

Bu Sadir Palvan 1798-1871 žilliri yašiɣan. 1944-žili Ili sultanatliɣida «Üč vilayät inḳilavi» bolɣan. Aŋliɣanmusiz? *Vot* šu yärdä ḳatnašḳan Uyɣurlarniŋ ḳährimani. Bu özi savatsiz bolɣan. Oḳimiɣan. Biraḳ nahayiti küčlük batur bolɣan. Ḳähriman. Bu Uyɣurlarniŋ milliy azatliḳ ḳozɣilaŋ bolɣanda, Xitay sepilini bilisizɣu, xitaylar kirgändä šu sepilni mina ḳoyup yarɣan. Äšundaḳ ḳährimanliḳ körsätkän alim.

Älaxan sultan *tože* Mušu žillarda yašiɣan. Bizdä hazir Sultanḳorɣan degän mähällä bar. Mana Mušu Älaxan Sultan. 1881-1884-žilliri *Rossiya*-Xitay säyasiti arḳisida bizniŋ Uyɣurlar Vätängä köčürülüp čiḳirilidu. *Vot* šu vaḳitta Älaxan Sultan Mušu Almutiɣa köčüp kälgän. Haziṛḳi Sultanḳorɣan mähällisi ornida mähällä ḳurɣan, šuniŋki hörmitigä Sultanḳorɣan däp ataydu. U Almutniŋ ičidä. Bizniŋ «Dostluḳ» mähällisiɣu, u «Sultanḳorɣan» mähällisi.

U yärdä 101-Uyɣur gimnaziyasi bar. Mudiri Xuršidäm Niyazova. Mudiri Uyɣur. Taza Uyɣur gimnaziyasi. U yärdimu toḳḳuz yüz yaki säkkiz yüz bala bar. Bizdin säl aziraḳ. Biraḳ taza Uyɣur mäktivi. U yärdä Uyɣurlar žiḳ yašaydu. Uniŋdin bašḳa Zaryavostoka degän mähällimiz bar. Baraxolka barɣu bazar, šuniŋ yenida, u yärdä yänä bir Uyɣur mäktivi bar. U yärdä tört yüz balimekin oḳuydu. U yärdä *tože* taza mäktäp. U Murat Hämraev namidiki mäktäp. Hä ändi 101-mäktäp bolsa Mäsim Yaḳupov namidiki mäktäp. U Mäsim Yaḳupov Uluḳ Vätän Urušiɣa ḳatnašḳan, ḳähriman Uyɣur. Murat Hämraev Uyɣurlarniŋ alimi. Murat Hämraev Uyɣurlarniŋ til vä ädäbiyati boyiča nahayiti köp ämgäklärni ḳilɣan, tätḳiḳat išlirini žürgäzgän. Äšuniŋ namida atalɣan. Bizniŋ mäktäp Rozibaḳiev namida.

---

2 Dies ist die Übersetzung des unsicheren Wortes *balilar* (siehe Fußnote 7).
3 D.h. die Uiguren [M. R. H.].
4 D.h. in China beziehungsweise Xīnjiāng [M. R. H.].

[…]

Äxmätjan Ḳasimiy Uyɣurlarniŋ lideri bolɣan. 1944[5]-1949-žilliri axirḳi ḳetim Uyɣurlarniŋ vätini bolɣan Šärḳiy Türkstanda. Andin keyin Čin kommunistliri besip alɣan. Šu dölätniŋ *lider*i bolɣan. Hazir *prezident* däp ataymizɣu. U vaḳitlarda *prezident* däp atimatti. Kommunistlik *režim*da uni räisi däp atiɣan. U *aviakatastrofi*din[6] ḳaytiš bolup kätkän. Sävävi eniḳ ämäs, yaḳ. U Yinindin Moskvaɣa barɣan šu yärdä *samolet* taɣlar arisidin čüšüp kätkän.

[…]

Ändi kitaptiki monu kišilär Bahavudun akiniŋ tuḳḳanliri bolsa keräk. Bu kišilär häḳḳidä män heč närsä bilmäymän. Monu ailisi oxšaydu. Bularni tonuysiz hä? Bu Balasaɣuniy, Bilal Nazim, bular uyɣurlarniŋ ataḳliḳ yazɣučiliri, monu Sultan Satuḳ Buɣra xan. Uyɣur padišasi bolɣan. Šu Uyɣurlarniŋ Šärḳiy Türkistanda ḳurulɣan dölätniŋ padišasi bolɣan. Mana monu Maxmut Ḳäšäḳäriy bilän Yüsüp Xas Hažip. Mušu padišaniŋ dävridä hayat käčürüp ijat ḳilɣan. Birinči ḳetim Uyɣur tilida äsärlirini yaratḳan. Bular häḳḳidä bilišiŋiz keräk. Bilal Nazim Sadir Palvan, Nazugum häḳḳidä köp yazɣan. Nazugum - siz aŋliɣanmu, Uyɣurlarniŋ batur ḳizi. Xitaylarɣa ḳarši čiḳḳan. Šu häḳḳidä Bilal Nazim ḳissä yazɣan. Bu šair, ɣäzällirini nahayiti čirayliḳ yazɣan, klassika šair. Aruzda yazɣan. Durus däysiz aruz väznidä yazɣan. Bu kišiniŋ yänä bir täripi u özi milliy azatliḳ ḳozɣilaŋlarɣa ḳatnašḳan. Milliy azatliḳ ḳozɣilaŋlarni öz közi bilän körgän. Akisi bolɣan, jäŋdä ḳaytiš bolup kätkän. Jalal dägän akisi bilän šu ḳozɣilaŋɣa ḳatnašḳan. U Činɣa ḳandaḳ ḳarši turɣan öz közi bilän körgän. Özi diniy ölüma bolɣan. Ḳarim bolɣan. Häm *talant*liḳ šair bolɣan.

[…]

Män til-ädäbiyatči. Män Uyɣur tilini vä ädäbiyatini oḳutimän. Biz Uyɣur ädäbiyatida balilarɣa Uyɣur tarixini ügütimiz. Sävävi bizniŋ mäktäplärdä Uyɣur tarixi dägän pän yoḳ. Män özäm ḳošumčä ügünüp balilarɣa ädäbiyat pänidä oḳuyučilarɣa ügütimän. Biz ädäbiyati arḳiliḳ tarixni čüšändürimiz. Sävävi yazɣučilarniŋ yazɣan äsärliri tarixiy äsärlär. Tarixiy äsär bolɣanliḳtin biz ularɣa tarixni sözläp berišimiz keräk. Šu.

    Hämmisi muhim. […][7] klassik ädäbiyatni bilmisä uni ular ḳädirlimäydu. Balilar mahiyitini čüšänmäydu. Ḳazaḳstanda bizniŋ yazɣuči-šairlirimiz az ḳaldi, ändi u yaḳta bar. XX äsirniŋ 60-70 žilliri ijat ḳilɣan yazɣuči vä šairlirimiz ḳamidi.

---

5 Im Original *1945*.
6 Im Original *avtokatastrofidin*.
7 Im Original steht hier ein unverständliches Wort, vielleicht *balilar*.

9. Die Bedeutung der Uigurischen Schulen

9.1. Die Stellung des Neuuigurischen an Schulen (Feldforschungstext)

9.1.1. Vorbemerkung

Der nachstehende Text stammt von einem Akademiker, der sich über lange Jahre mit neuuigurischer Sprache, Literatur und Geschichte beschäftigt hat.

Auch hier sind Übernahmen aus dem Russischen wieder kursiv markiert. Deren Anteil ist relativ gering. Dies dürfte zum einen daran liegen, dass der Sprecher sich bemüht, deren Standardform möglichst korrekt zu bewahren. Zum anderen kann er auf eine jahrzehntelange aktive Karriere als Schriftsteller und Wissenschaftler mit zahlreichen Publikationen auf Neuuigurisch zurückblicken, er besitzt also höchst professionelle Erfahrung im Umgang mit dieser Sprache.

9.1.2. Übersetzung

Das ist ein ungeheuer komplexes Problem. Unsere Regierung hat dazu ihre eigene Meinung, sie sagt: „Wir wollen aus unseren Schulen zu einheitlichen Schulen machen." Sie sagt: „Wir werden in drei Sprachen unterrichten." Aber wie sie es mit der vierten Sprache* machen wird, hat sie nicht gesagt. Aus diesem Grund habe ich, als ein Mensch ganz allein in Kasachstan, gesagt: „Vergesst nicht diese Den Haager Empfehlungen!* Es gibt drei Empfehlungen, die zwanzig Jahre zuvor niedergeschrieben worden sind, die Empfehlungen von Oslo, Den Haag und Ljubljana."* Man hat gesagt: „Ihr seid Mitglied in der OSZE. Wenn ihr eine Reform vollzieht, dann beachtet diese Dinge doch!" Aber diese Leute haben es nicht beachtet. Wir Uiguren müssen die Frage auch selbst zur Sprache bringen. Doch wir bringen es nicht fertig, es zu sagen, sondern während einer sagt, wir brauchen das, sagen zehn, dass wir es nicht brauchen. Sie kennen das *Problem* nicht, sie wissen nicht, worin das *Problem* besteht.

Wie muss es nach den Haager Empfehlungen ablaufen? Also wenn es mir gelingt, ein *Stipendium* zu bekommen, wenn die OSZE mich unterstützt und wenn ihr Geld gebt,* dann werde ich die Beine in die Hand nehmen und und alle dafür erforderlichen *Materialien* zusammentragen, und dann gebe ich Kasachstan eine Empfehlung. Ich werde dann entsprechend den Haager Empfehlungen eine *Konferenz* eröffnen. Wir bekommen Unterstützung aus dem Volk. Auch wenn es nicht die Mehrheit ist, gibt es Leute, die mich unterstützen. Ich werde der Regierung diese Empfehlung unterbreiten: „Achten Sie auf Folgendes: Wo ist hierbei der Ort der vierten Sprache? Wir können jetzt drei Sprachen, aber die vierte Sprache können wir nicht."* Wird man in der Lage sein, alles miteinander zu verschmelzen? Wenn sie unsere Sprache nicht würdigen, wird sie verschwinden. Wir lernen jetzt in drei Sprachen. Vorläufig ist noch unklar, wie alles werden wird. Gottseidank hat unser *Minister* gesagt: „Damit fange ich im Jahr 2019 an." Für den Augenblick können wir aufatmen, denn wir hatten ziemliche Angst gehabt, er wolle schon dieses Jahr, 2016, anfangen.

Unser Schicksal ist bemitleidenswert. Ich betrachte [die oben beschriebenen Aktivitäten] als meine selbstgestellte Aufgabe, ich bin sowohl in politischer als auch in kultureller Hinsicht ein aktiver Mensch, und da ich ein aktiver Mensch unter den uigurischen Intellektuellen bin, erachte ich das als meine Pflicht. Doch meine Kraft ist nur gering. Das Uigurische Kulturzentrum* unterstützt mich nicht, die sagen, das sei ein politisches Problem. Der Bildungs*verein* von Šävkät Ömärov* unterstützt das auch nicht, denn dort sind sie Anhänger der Mehrsprachigkeit. Er sagt: „Dieser Weg hier ist richtig. Wir werden ihn gehen." Ich dagegen sagte: „Geh, aber schau nicht zurück!". Und warum? Weil er nicht darauf achtet, was infolgedessen morgen sein wird. Das ist falsch. Er ist ja auch kein Gelehrter, er ist nur *Direktor*. Aber er hat auch gesellschaftlichen Einfluss. Er wird von der Regierung emporgehoben, ich nach unten gedrückt. Er und das Zentrum* sind eins, mich lassen die nicht an sich ran. Ich bin eine „*Andersdenkende*", ich vertrete eine andere Meinung. Sie würdigen mich und das, was ich sage, nicht. Nicht nur das. Ich sage ja sogar: „Nun gut, dann würdigt meine Meinung eben nicht, aber es gibt eben gerade eine solche Meinung, teilt diese doch wenigstens dem Volk mit!" Aber das lehnen sie ab, sie haben vor mir Angst. Dass meine Meinung die richtige ist, führt dazu, dass ihre eigene Meinung ad absurdum geführt wird. Deshalb lassen sie meine Meinung nicht zu. Und deshalb versuche ich, sie sehr „lautstark" zur Sprache zu bringen, immer zu späteren Zeitpunkten. Im Bereich der Ideale gibt es zwischen mir und ihnen Krieg. Gut möglich, dass ich auch meine Arbeit verliere, diese Menschen haben gesagt: „Entweder die Literatur *oder* die Politik".

Literatur ist etwas Schönes. Es gibt viele, die im Bereich der Literatur schreiben, es wäre gut möglich, dass ich dort tätig werde. Was soll ich tun, da ist das Schicksal. Das Schicksal unseres Volkes. Das gibt mir zu denken. In meinem Herzen gibt es beides: Eine Seite sagt „Literatur", eine Seite sagt „das Schicksal meines Volkes". In meiner einen *Person* gibt es zwei Menschen. Also welches von beiden ist für mich richtig: bei meinem Volk zu sein oder Gelehrter, *Professor* zu sein?

9.1.3. Transkription des Originaltextes

Bu nahayiti muräkkäp mäsilä, hökümitimiz bir xil oylaydu, mäktäplärni bir tiplịk mäktäp ḳilimiz däydu. Üč tilda oḳitimiz dedi, ämma törtinči tilni ḳandaḳ ḳilidu demidi. Šu säväptin biz šäxsän män, Ḳazaḳstanda yeganä bir adäm, avu Gaaga tävsiyäsini untimaŋlar dedim, uniŋdin žigirmä žil burun yezilγan Oslo, Gaaga, Lyublyan, tävsiyäliri, üč tävsiyä bar. Silär reformiγa ötkändä silär OBSEγa äza monuniŋγa diḳḳät ḳiliŋlar dedi, bular diḳḳät ḳilmayvatidu. Biz Uγγurlar özimizmu mäsälini kötürüšimiz keräk. Biz dälälmäyvatimiz, biri keräk däydu, oni keräk ämäs däydu. Bilmäydu *problemi*ni, *problemi*niŋ nemidin ekänligini bilmäydu.

Gaaga tävsiyäliri boyičä ḳandaḳ boluši keräk? Ändi män *grant* tapalisam, OBSE ḳollisa, silär pul bärsäŋlar, män žügräp-žürüp *material*larin toplap män Ḳazaḳstanγa tävsiyä ḳilimän dedim. Gaaga tävsiyäliri boyičä *konferenciya* ačimän, xäliḳniŋ ḳollišiγa erišimiz, köpčilik bolmisima, meni ḳollaydiγanlar bar. Män hökümätkä sunimän bu tävsiyälärni. Monuγa diḳḳät ḳiliŋlar, törtinči tilniŋ bu yärdä orni ḳandaḳ? Hazir üč tilni bilimiz, hä ändi törtinči tilni bilmäymiz. Hämmisini žuγurvetämdu. Bizniŋ tilni inavätkä almisa bu yoḳ bolidu. Biz üč tilda oḳuymiz. Eniḳ ämäs hazirčä. Xudaya šükri *ministr*imiz buni 2019-žildin bašlaymän dedi. Ärkin näpäs elivatimiz, sävävi ḳorḳḳanduḳ, biyil 2016-žili bašlimaḳčidi.

Bizniŋ täγdirimiz ečinišlik̡. Meniŋ šäxsän özämniŋ aldiγa k̡oyγan väzipäm, Uyγur ziyaliliri arisida paal adäm bolγanlik̡tin, säyasiy jähättinma, mädäniy jähättinma aktiv adämmän, meniŋ borčum däp hesaplaymän. Birak̡ meniŋ küčüm ajiz. Meni k̡ollimaydu, Uyγur mädäniyät märkizi k̡ollimaydu, ular bu säyasiy mäsilä däydu, Šavkät Ömärovniŋ maarip *associaciya*si buni k̡ollimaydu, nemiškä degändä u k̡oštillik̡ täräpdari, u Mušu yol durus ketimiz dedi, män kät ark̡aŋγa k̡arima dedim. Säväνi u ark̡isida ätiki kündä nemä bolidu, uniŋγa k̡arimaydu. Bu durus ämäs, u alim ämäs, u *direktor*. Birak̡ uniŋma täsiri bar jämiyätkä. Uni hökümät kötüridu, meni päsläštüridu. Ular märkäz bilän bir, meni ular yek̡in kältürmäydu. Män «*inakomïslïyaščiy*», män bašk̡ičä oylaymän. Meniŋ deginim inavätkä almaydu meni. Hätta hä meniŋ pikirimni inavätkä almaŋlar, lekin šundak̡ pikir bolivatidu, xälik̡k̡ä yätküzüp beriŋlar däymän. Yak̡ däp meniŋdin k̡ork̡idu. Meniŋ pikirimniŋ durus ekänligi alarniŋ pikirini yok̡ k̡ilišk̡a elip kelidu. Šuniŋ üčün uni otturiγa k̡oymaydu. Šuniŋ üčün män k̡attik̡ «jaraŋlik̡» deyiškä tirišivatimän, keyinki vak̡itlarda. Ideallar bilän arisida, bizniŋ arimizda sok̡uš bar. Meniŋ bu ištinma ketišim mumkin, bular dedi «yä ädäbiyat, yä säyasät».

Ädäbiyat yaxši, ädäbiyatta yazidiγanlar köp, äšuniŋ bilän šuγullansam bolatti. Amal k̡anča täγdir bar. Xälk̡imizniŋ täγdiri. Oylanduridu. Iškisi žürigimdä bar. Bir yak̡ ädäbiyat däydu, bir yak̡ xälk̡imniŋ täγdiri däydu. Bir meniŋ *obraz*imda ikki adäm bar. Ändi meniŋ üčün k̡aysi toγra: xälk̡im bilänmu yaki alim, *professor* bolγinimmu?

9.2. Ein Beispiel aus der Unterrichtspraxis (Feldforschungstext)

9.2.1. Vorbemerkung

Der folgende Text soll einen allgemeinen Eindruck von der neuuigurischen Standardsprache vermitteln, wie sie heutzutage an den uigurischen Schulen Almatys verwendet wird. Im Vergleich zu den vorher besprochenen Texten spielt diesmal das Dialogelement eine größere Rolle. Der formelle Rahmen der Unterrichtsstunde erklärt den relativ geringen Anteil an kasachischen, russischen und sonstigen Fremdelementen sowie an Abweichungen von den Regeln der neuuigurischen Standardgrammatik in dem Text.

Konkret ist der untenstehende Text die Umschrift eines Teils einer Geologiestunde für Fünftklässler, die am Nach Abdulla Rozibak̡iev benannten Gymnasium Nr. 153 (nuig. *Abdulla Rozibak̡iev namidiki No 153 mäktäp-gimnaziya*) Almatys im Oktober 2016 abgehalten wurde.

9.2.2. Text in Übersetzung

[Lehrerin:] Also gut, dann schreiben wir unser Thema nicht auf, sondern besprechen kurz das Neolithikum. Auf dem Staatsgebiet Kasachstans sind an die 800 neolithische Lagerstätten gefunden worden. Wie ihr gesagt habt, hat im Zeitalter des Neolithikums die Handarbeit Fortschritte gemacht. Sie wussten, wie man Keramikschüsseln herstellt, sie wussten, wie man aus Knochen Werkzeuge herstellt, und vieles andere mehr. Mit anderen Worten, sie lernten alles herzustellen, was man im Leben braucht. Eine große Neuerung des Neolithikums war, dass an die Stelle des Zeitalters des Matriarchats langsam, aber sicher die Anzeichen des Patriar-

chats traten. Matriarchat heißt Abstammung über die Mutter, das hatten wir gemeinsam schon gelernt, nicht wahr? Das heißt, in diesem Zeitalter ermittelte man über die mütterliche Linie, ob man Verwandte hatte. [...]
Wir schlagen unsere Hefte auf und schreiben das heutige Datum auf. Heute ist der 10. Oktober. Thema: „Die Kupfersteinzeit: das Äneolithikum". Wir schreiben schnell. Du, wo hast du dein Buch und dein Heft? Wo hast du deine Tasche, wie wäre es, wenn du sie jetzt mal holst. Habt ihr aufgeschrieben „Die Kupfersteinzeit: das Äneolithikum"? Also dann. Das Äneolithikum gilt nicht als eines der großen Erdzeitalter. Doch es gilt als ein Erdzeitalter, das durchaus seine eigene Rolle hatte. Lasst uns uns beim Lernen des Äneolithikums ein Ziel vor Augen setzen. Wir müssen heute alles über das Äneolithikum erfahren. Wir müssen zuerst über Arbeitsgeräte, dann über die Arbeitsgeräte der Kupfersteinzeit und die Denkmäler der Kupfersteinzeit sprechen. Als wir zusammen mit Geschichte angefangen haben, haben wir gesagt, dass die Geschichte als solche sich in drei Zeitabschnitte einteilen lässt, also wir haben damals gesagt, dass sie unter dem Gesichtspunkt der Arbeitsgeräteherstellung in drei Zeitabschnitte zerfällt. Wir haben sie „Steinzeit", „Bronzezeit" und die danach folgende „Eisenzeit" genannt. Also jetzt gibt es da am Ende der Steinzeit nach dem Neolithikum, in der Zeit, in der der Übergang zum Bronzezeitalter stattfindet, noch das ‚kleine' Äneolithikum. Es wird nicht unter die großen Zeitalter der Geschichte gerechnet. Vielmehr ordnet man es als zusätzliches Zeitalter der Steinzeit zu. Wie war dieses Zeitalter, was meint ihr? Warum wird es Kupferzeitalter genannt? Wer will etwas sagen? [...]
Es wird in Geschichte „Kupferzeitalter" genannt, weil darin Geräte und Werkzeuge sowohl aus Stein als auch aus Kupfer gemacht wurden. Jetzt schauen wir an die Tafel. Die Kupfersteinzeit umfasst anders als die Steinzeit, das Mesolithikum und das Neolithikum keinen langen Zeitraum. Was den vom Äneolithikum eingenommenen Zeitraum betrifft, so endet um 3000 vor unserer Zeitrechnung das Zeitalter des Neolithikums, und die Zeit zwischen 3000 und 2800 vor unserer Zeit wird als Äneolithikum gerechnet. Die hervorstechendste Besonderheit dieses Zeitalters war es, dass die Menschen zum ersten Mal die Nutzung von Metall erlernten. Das heißt, sie lernten, wie man es sich aus der Natur holt.
[...]
Die Menschen haben das Kupfer aus der Natur geholt, indem sie es bei hoher Temperatur zum Schmelzen brachten und Formen herstellten. Wenn sie ein Beil herstellen wollten, dann haben sie zuerst aus Holz eine Form hergestellt und das Kupfer dort hineingegossen, wie wenn sie Blei gießen würden, dann verschlossen sie die Öffnung, ließen es abkühlen und das Metall so aushärten. Nachdem es hart war, haben sie den Gegenstand aus der Form geholt und konnten ihn dann benutzen. Warum war dieses Zeitalter... warum war es eigentlich so kurz? Der Grund ist, die aus Kupfer hergestellten Geräte verbogen sich leicht und brachen, denn Kupfer ist ein Weichmetall. Am Ende lernten sie, durch die Vermenung von Kupfer mit Zinn Bronze herzustellen, und damit beginnt dann die Bronzezeit. Haben wir das verstanden? Welches war das erste Metall, das der Mensch benutzte?

[Schüler:] Kupfer.

[Lehrerin:] Stimmt, man nimmt an, dass es Kupfer war. Als Kupfersteinzeit gilt die Zeit zwischen 3000 und 2800 vor unserer Zeitrechnung. In der Kupfersteinzeit tritt auch die Arbeitsteilung zum ersten Mal auf. Nachdem die Arbeitsteilung aufgekommen war, teilte man die Arbeit auf: Hier die Arbeit der Frauen, da die Arbeit der Männer. Was waren damals die Hauptbeschäftigungen der Menschen?

[Schüler:] Jagd und Ackerbau.

[Lehrerin:] Richtig habt ihr das gesagt, es war Jagd und Ackerbau. Die Frauen beschäftigten sich mit dem Ackerbau, alle Männer beschäftigten sich mit der Jagd. Auch kamen zusätzliche Berufe auf. Handarbeit, die Herstellung von Geräten, die Erzeugung von Keramikschalen und das Nähen entstanden. Damit wurde zugleich auch die Arbeit der Frauen und der Männer vollkommen voneinander getrennt. Auf die Jagd zu gehen und schwere Arbeiten zu verrichten wurde als den Männern zugehörig betrachtet. Zu Hause das Essen zuzubereiten und kleinere Verrichtungen wurde den Frauen zugerechnet. Während die Aufteilung der Arbeit in die der Frauen und die der Männer vorgenommen wurde, begann gleichzeitig auch das Ansehen der Männer zu steigen. Denn derjenige, der das Essen nach Hause brachte, war der Mann, daher begann die Patrilinearität an die Stelle der Matrilinearität zu treten. An die Stelle des Matriarchats trat das Patriarchat. Alle Familien wurden patrilinear. Wir bekommen ja auch jetzt noch den Nachnamen unseres Vaters. So ähnlich. Also, wie wurde die patrilineare Abstammung eingeschätzt?

[Schüler:] Höher.

[Lehrerin:] Obwohl das Zeitalter des Äneolithikums also nur eine kurze Zeitspanne umfasste, kam es im Leben des Menschen zu vielen Veränderungen: Die Patrilinearität kam auf, der Mensch lernte die Nutzung des Metalls, und die Arbeitsteilung entstand. Aus der Kupfersteinzeit wurde eine große Lagerstätte gefunden. Dies ist eine Siedlung aus dem dritten und zweiten Jahrtausend vor unserer Zeitrechnung in Nordkasachstan. Ihre Fläche beträgt 15 Hektar, ihre Lagerstätte wurde gefunden. Dort wurden 118 Häuser entdeckt. In sämtlichen dieser 118 Häuser wurde Werkzeug sowohl aus Kupfer als auch aus Stein aufgefunden. Nachdem die Menschen in den Besitz des Kupfers gekommen waren, warfen sie die Steine nicht nach dem Motto ‚Das war´s, jetzt verwenden wir keinen Stein mehr!' einfach weg. Vielmehr stellten sie sowohl aus Stein als auch aus Kupfer Gerätschaften her, das heißt, sie verwendeten beides gleichberechtigt. Aus diesem Grund hat man auch den Namen ‚Kupfersteinzeit' eingeführt. Man sieht die Botaj-Kultur* als eine Kultur an, die in der Geschichte Kasachstans von großem Wert gewesen ist. Dort wurden Überreste von Vieh sowie Gerätschaften gefunden. Man geht davon aus, dass die Bewohner Botajs als allererste in der Eurasischen Steppe das Pferd zähmten und züchteten. Habt ihr das verstanden? Also, am Standort der Botaj-Kultur hat man die Knochen von siebzigtausend Pferden gefunden. Mit anderen Worten geht man davon aus, dass diese Leute so viele Pferde hatten. Das ist das besondere an diesem Ort.

9.2.3. Transkription des Originaltextes

Ḳeni u vaḳitta mavzuni yazmay turup neolit dävrigä ḳisḳičä toxtulup ötäyli. 800-gä yeḳin neolitlik turaḳlar Ḳazaḳstan territoriyasidin tepilγan. Neolit dävridä silär eytḳandäk ḳol hünärvänčilik täräḳḳiy ätti. Sapal ḳačilarni yasašni bildi, süyäklärdin ḳural-saymanlarni yasašni bildi vä bašḳimu närsilärni. Yäni hayatta keräk barliḳ närsini yasašni ügändi. Neolit dävrniŋ čoŋ bir yeŋiliγi u matriarxat dävrniŋ orniγa asta-asta patriarxatniŋ bälgüliri orniši. Matriarxat aniliḳ uruḳ däp biz silär bilän tonušḳan hä. Yäni bu dävirdä adäm uruḳ-tuḳḳanliriniŋ barliγini ana täripidin hesaplatti.

[...]

Däptirimizni ečip bügünki künni yazmimiz. Bügün 10-oktyabr Mavzu: Misliḳ-taš dävri – ėneolit. Čapsan-čapsan yazimiz. Seniŋ ḳeni kitap-däptiriŋ? Ḳeni sumkaŋ, almamsän ändi. Misliḳ taš dävri – ėneolit däp yazdiŋlarma, ändi ėneolit dävri čoŋ dävirlärniŋ biri bolup hesaplanmaydu. Biraḳ öziniŋ roli bar dävir bolup hesaplinidu. Ėneolit dävrini ügünüš boyičä özimizniŋ aldiγa mäxsät ḳoyayli. Biz bügünki därisimizdä ėneolit dävri toγriliḳ bilip čiḳišimiz keräk. Äŋ birinči ämgäk ḳuralliri, uniŋdin keyin misliḳ-taš dävriniŋ ämgäk ḳuralliri vä misliḳ-taš dävriniŋ yadikarliḳliriγa toxtilišimiz keräk. Biz silär bilän tarixni bašliγan vaḳitta tarix özi üč dävirgä bölünidu deduḳ, yäni ämgäk ḳuralliriniŋ yasilišiγa ḳarap, üč dävirgä bölünidu deduḳ. Taš dävri, bronza dävri, uniŋdin keyin tömür dävri deduḳ. Ändi Mušu taš dävriniŋ axirida, neolit dävridin keyin, bronza dävrigä ötidiγan dävridä «kičikinä» ėneolit dävri bar. U tarixniŋ čoŋ dävriligä kirmäydu. Biraḳ taš dävrigä ḳošumä dävir bolup hesaplinidu. Bu dävir ḳandaḳ oylaysilär nemä üčün misliḳ taš dävri däp ataldi? Kim eytidu?

[...]

Taštin vä mistin ḳural-sayman yasiγanliḳtin tarixta misliḳ-taš dävri däp atilidu. Ändi taxtiγa ḳaraymiz. Misliḳ-taš dävri bu taš dävri, mezolit vä neolitlarγa oxšaš köp vaḳitni öz ičigä almaydu. Ėneolit dävriniŋ özniŋ ičigä alidiγan vaḳti u bizniŋ zamanimizdin ilgärki 3-miŋ žilliḳta neolit dävri ayaḳlišidu, 3-2800-miŋ žilliḳlar ėneolit dävri bolup hesaplinidu. Bu dävirniŋ asasiy alahidiligi, adämlär birinči ḳetim metalni paydlinišni ügünidu. Yäni uni täbiättin elišni ügünidu.

[...]

Misni adämlär žuḳuri temperaturida eritiš arḳiliḳ täbiättin alγan vä ḳelip yasap, ägär palta yasimaḳči bolsa aldi bilän yaγačtin ḳelip yasap, uniŋγa ḳoγušun ḳuyγandäk ḳuyup, aγizini yepip, sovutup metalni ḳatturγan. Ḳatḳanda ḳeliptin čiḳirip, paydilanγan. Nemä üčün bu dävir nemä üčün ḳisḳa boldi? Sävävi mistin yasalγan ḳurallar oŋay ägilip, sunup kätti sävävi mis u yumšaḳ metal. Axirida mis bilän ḳäläyni arilašturup bronzini eliš ni ügünidu šuniŋ bilän bronza dävri bašlinidu. Čüšänduḳma? Adämzatniŋ äŋ birinči paydilanγan metali ḳaysi metal ekän?

[...]

Mis.

Mis bolup hesaplinidikän. Mislik̦ taš dävri 3-2800 miŋ žillik̦larni öz ičigä alɣan dävir ekän. Mislik̦-taš dävridä ämgäk bölünüši päyda bolidu ekän. Ämgäk bölünüši päyda bolɣandin keyin mana ayallarniŋ iši mana ärkäklärniŋ iši däp bölündu ekän. Adämlärniŋ asasiy käspi nemä edi?

Očilik̦ vä terimčilik.

Durus eytisilär, očilik̦ vä terimčilik käspi bolɣan. Ayal kišilär terimčilik bilän šuɣullinidu, är kišilärniŋ barliɣi očilik̦ bilän šuɣullinidu. K̦ošumčä yänä käsiplär päyda bolušk̦a bašlaydu. K̦ol hünärvänčilik, k̦ural-sayman yasaš, sapal k̦ačilarni yasaš, tikinčilik päyda bolidu. Šuniŋ bilän ayallar bilän är kišilärniŋ iši bölünüpla čik̦ti. Očilik̦k̦a čik̦ip, eɣir išlarni atk̦uruš u är kišilärniŋ bolup hesaplinidu. Öydä tamak̦ etiš vä ušak̦-ušak̦ ok̦ätlär u ayal kišiniɣ bolup hesaplinidu. Ämgäk bölünüši ayalniŋ vä ärkäkniŋ däp bölünidudä, bu yärdä är kišilärniŋ abroyi ösüškä bašlaydu. Sävävi öygä tamak̦ elip kelivatk̦an är kiši, anilik̦ ruvniŋ orniɣa atilik̦ ruv päyda bolidu ekän. Matriarxatniŋ ornida patriarxat päyda boldi. Här bir ailä atilar täripidn boldi. Biz hazir dadimizniŋ familiyasini alimizɣu. Šuniŋɣa oxšaš. Yäni atilik̦ ruv k̦andak̦ boldi?

Žuk̦uri.

Ändi ėneolit dävri az vak̦itni öziniŋ ičigä alɣiniɣa k̦arimastin adämzat hayatida köp özgürüšlär boldi, atilik̦ ruv päyda boldi, adäm metalni paydlinišni ügändi, ämgäk bölünüši yüz bärdi. Bu mislik̦-taš dävriniŋ čoŋ makani tepildi. Bu šimaliy K̦azak̦standa bizniŋ zamanimizdin burunk̦i 3-2 miŋžillik̦lardiki turalɣu, uniŋ mäydani 15 gektar yär, makani tepildi. Bu yärdin 118 öy tepildi. Bu 118 öyniŋ hämmisidin, mistin vä taštin yasalɣan k̦urallar tepildi. Adämlär misni alɣandin keyin boldi biz tašni paydilanmaymiz däp tašni čik̦irvätmidi. Ular taštinmu, mistinmu k̦ural sayman yasidi, yäni ikkilisini täŋ paydilandi. Šuniŋ üčün mislik̦-taš dävri däp ataldi. Botay mädäniyiti K̦azak̦stanniŋ tarixiɣa baha beridiɣan mädäniyät bolup hesaplinidu. U yärdin malniŋ k̦alduk̦liri, k̦ural-saymanlar tepildi, Botaylik̦lar Evraziya dalasida äŋ birinči atni k̦oliɣa ügütüp, atni bak̦k̦an makan bolup hesaplinidu. Čüšändiŋlarma? Yäni Botay mädäniyiti ornidin 70 miŋ atniŋ süyigi tepilɣan. Yäni šunčilik at bularniŋ k̦olida bolɣan bolup hesaplinidu. Alahidiligi mana Mušu.

10. Uigurisch und Kasachisch (Feldforschungstext)

10.1. Vorbemerkung

Für die Uiguren Kasachstans war spätestens seit der Sowjetzeit das Russische die wichtigste Sprache neben ihrer eigenen. Kasachisch spielte bis zum Ende der Sowjetunion (1991) sowohl für sie als auch für die restlichen Bewohner Kasachtans, einschließlich der Kasachen selbst, eine im Vergleich zum Russischen untergeordnete Rolle. Durch die Erlangung der Unabhängigkeit Kasachstans im Jahr 1991 begann sich diese Situation zu ändern. Die Rolle des Kasachischen im öffentlichen Leben wurde immer wichtiger, es wurde zur Staatssprache (kas. *memlekettik til*) erhoben. Dies hat dazu geführt, dass sich auch im Neuuigurischen der Einfluss des Kasachischen immer deutlicher bemerkbar macht. In den letzten Jahren hat die Führung Kasachstans außerdem entschieden, dass das Englische neben der Staatssprache und dem immer noch als Kultursprache dominierenden Russischen zur dritten wichtigen Sprache im öffentlichen Leben des Landes werden soll. Auch dies hat Folgen für die Neuuigurische Sprache.

Der nachfolgende Text unterscheidet sich von den zuvor wiedergegebenen Feldforschungstexten dadurch, dass er nicht nur zahlreiche Elemente aus dem Russischen, sondern auch aus dem Kasachischen und Englischen aufweist. Der Grund für diese Besonderheit liegt nicht allein nur in der im vorausgehenden Absatz beschriebenen gesamtgesellschaftlichen Sprachensituation. Vielmehr kann sie auch durch den biografischen und persönlichen Hintergrund der Sprecherin erklärt werden. Sie ist neuuigurische Muttersprachlerin, hat jedoch ihre Schulbildung an einem kasachischen Gymnasium erworben und zur kasachischen Sprache wissenschaftlich gearbeitet. Durch ihre Arbeit an einer Hochschule hat sie zudem einen im Vergleich zur Durchschnittsbevölkerung intensiveren Kontakt mit dem Englischen. Außerdem ist die Autorin Turkologin, was gewisse Mischformen beziehungsweise Formen, die keiner Turksprache eindeutig zugeordnet werden können, erklärt.

Im Ergebnis handelt es sich bei der unten wiedergegebenen Äußerung um eine recht kreative Sprachmischung. Während die russischen Elemente sich im Rahmen des in neuuigurischer Sprache, insbesondere Umgangssprache, Üblichen halten, kann der Sprachwechsel von und aus dem Kasachischen mit der besonderen Kasachischkompetenz der Sprecherin erklärt werden. Einige der Formen können auf eine kreative Handhabung des turkologischen Berufs zurückgeführt werden.

Die russischen Elemente werden in der nachstehenden Übersetzung und dem Transkriptionsteil wie zuvor durch Kursivsetzung hervorgehoben. Kasachische Einflüsse werden durch Unterstreichung gekennzeichnet. Dabei werden Beeinflussungen, die sich allein auf der phonetischen Ebene auswirken, durch einfache Unterstreichung markiert. Wenn es sich nicht nur um eine phonetische Beeinflussung, sondern ein aus dem Kasachischen übernommenes grammatisches oder lexikalisches Element handelt, wird dieses zusätzlich zur Unterstreichung noch kursiv gesetzt. Englische Elemente sind mit doppelter Schlangenlinienunterstreichung gekennzeichnet. Formen, die keiner der bisher genannten Sprachen eindeutig zugeordnet werden können, sind durch Kapitälchen hervorgehoben. Wo sich die Sprachen überschneiden und dieses Referenzsystem allein nicht zur Klärung ausreicht, wird jeweils eine erklärende Fußnote eingefügt.

Die in dem nachstehenden Text besonders zahlreichen Auslassungen ([…]) ergeben sich zu einem Groteil daraus, dass viele Wörter und Phrasen im Original wiederholt sind.

10.2. Übersetzung

Haben Sie eingeschaltet? Ich spreche über mich? Ich […] spreche […] Uigurisch. Wie? Was sagen Sie? […] Ich weiß nicht.

Also, Michael, dass Sie gekommen sind, freut mich sehr, darüber bin ich glücklich. Dass in Europa Gelehrte sind, die die Sprache unseres, meines Volkes lernen und die sie studieren wollen, ist für uns eine große Ehre. Deshalb bin ich Professorin an dieser […]-Universität. Ich habe die *Fakultät* für Kasachisch und Literatur an der *Universität* […] absolviert.

Danach, nachdem ich diese *Universität* absolviert hatte, habe ich am *Pädagogischen*[1] Institut, Pädagogischen *Institut* von […] Kasachischunterricht erteilt. *Drei* Jahre. Nach *drei Jahren* kam ich nach Almaty zurück und an die […]-Universität zur Post-Doc-Phase, ich studierte in der Post-Doc-Phase. In der Post-Doc-Phase verteidigte ich meine Habilitation über die VERBphraseologie[2] des Neuuigurischen. Mein wissenschaftlicher Betreuer, mein wissenschaftlicher Betreuuer in Kasachisch ist *Professor* […]. Er hat das Alttürkische, die Sprache der *Runen*[inschriften] erforscht. Dieser Mann ist einer der Turkologen, die in der ganzen Welt bekannt sind. Ich bin eine Schülerin dieser Persönlichkeit.

Danach habe ich über sehr lange Jahre hinweg an der *Fakultät* für *Philologie* unterrichtet. Ich habe *Theorie* der Sprache, *turkologische* Wissenschaften, und die „Alttürkische Sprache" von […]evič[3] unterrichtet. *Bachelor*- und *Magisterstudenten*. DANACH, so im JAHR 2007 […], 2006 oder 2008, habe ich in *Moskau Studenten* die kasachische Sprache unterrichtet. Das Zentrum, *Center*, für kasachische Sprache und Literatur an der […]-*Universität* wurde auf diese Weise eröffnet. Dort habe ich *Moskauer Studenten* in Kasachisch unterrichtet, zwei Jahre lang.

Als ich dort in *Moskau* war, hat mich die nach […] benannte *Universität* eingeladen, und ich habe dort den *Doktoranden* […] Unterricht erteilt […]. Danach hat mich die dort in *Moskau* lebende kasachische *Diaspora*,* unsere Botschaft, einladen lassen, und dort in der

1 Das Wort *pedagogikalïḳ* enthält das kasachische Suffix *-lïḳ*. Da der restliche Teil des Wortes mit der russischen Form übereinstimmt, kann entweder das ganze Wort als kasachisch interpretiert werden, oder man betrachtet den ersten Teil als russisch und nur das Suffix als kasachisch.

2 Das Wort *fiil* „Verb" ist formal eine türkeitürkische oder osmanische Form, die so weder im Neuuigurischen noch im Kasachischen vorkommt. Möglicherweise hat die Autorin sie aufgrund ihrer Kompetenz als Turkologin unbewusst eingefügt.

3 An dieser Stelle steht der Vatersname des zuvor genannten Professoren, dessen Namen hier zur Wahrung der Privatsphäre nicht wiedergegeben ist. Ich habe die *Endung* des Vatersnamens jedoch im Text des Transkripts belassen. Denn die Sprecherin fügt an ihn ein kasachisches (kein neuuigurisches) Genitivsuffix an, was unter sprachlichen Aspekten interessant ist.

Botschaft habe ich Unterricht erteilt, ich habe Kasachischunterricht erteilt. Danach habe ich dort UNSEREN[4] Diplomaten Unterricht in Kasachisch erteilt. Danach habe ich dort UNSEREN[5] *Diplomat*en Kasachischunterricht erteilt. Doch als ich in *Moskau* lebte, gab es noch viel mehr Menschen, die die kasachische Sprache studieren und lernen wollten. Sie waren zahlreich. Diese Menschen, die da in *Moskau* lebten, [...] das waren unsere Kasachan aus dieser *Diaspora*, die dort arbeitende Intelligenz, ferner russische *Geschäftsleute*, die dort zusammen mit Kasachen Geschäfte machten. Sie waren zahlreich. Diesen Menschen habe ich Unterricht in Kasachisch gegeben. Danach kam ich im Jahr 2008 nach Almaty an die [...]-Universität zurück, und WECHSELte an die *Fakultät* für *Orientkunde*, Orientalistik. Denn dort gab es einen *Lehrstuhl* für türkische Sprache und Literatur, und es war erforderlich, diesen *Lehrstuhl* zu erweitern. [...] Aus diesem Grund kam ich hierher, und wir machten einen großen *Sonderbereich*, ein großes *Spezialgebiet* auf, unter dem Namen *Turkologie*. Im ersten Jahr danach wurde der *Bachelorstudiengang* eröffnet, im zweiten Jahr wurde der *Masterstudiengang* eröffnet, im dritten Jahr wurde der *Masterstudiengang* in *Turkologie* eröffnet.* Jetzt haben zwei [...] *Gruppen* [von Studenten] den *Bachelorstudiengang* unserer Abteilung für *Turkologie* absolviert, im Jahr 2015 und im Jahr 2016, zwei *Gruppen*, zwei Haufen haben ihn absolviert, und den *Masterstudiengang* hat eine ganze Reihe Haufen [...] beendet. Im *Doktorstudiengang Turkologie* hat jetzt, am heutigen Tag die erste *Doktorandin* ihre *Dissertation* verteidigt. Ihre Dissertation hat den Titel „Phraseologismen im Türkeitürkischen, Kasachischen und Englischen sowie deren kognitive Analyse".

Ich selbst stamme aus Almaty. Ich bin in Almaty geboren. Meine Eltern haben lange Jahre in Almaty gewohnt, aber sie sind an einem Ort [...] in dieser Provinz Almaty hier, geboren, der Narïnķol* heißt. Dort bin ich aufgewachsen, doch ich kam hierher nach Almaty zum Studium und bin dann dageblieben. [...] Wir haben zu Hause Neuuigurisch gesprochen, daraus bestand unser ganzes Neuuigurisch. Der Grund ist, dass zu unserer Zeit noch keine *Mode* für das Neuuigurisch- und Kasachischsprechen entstanden war. [...] Damals [...] gab es eine einzige kasachische Schule in Almaty, die Schule Nr. 12. Das war, als ich zur Schule ging. Ich [...] bin in den 1970er- und 1980er-Jahren in die Schule gegangen. Damals gab es nur eine Schule. Auf diese Schule bin ich gegangen, auf dieser Schule bin ich auf Kasachisch unterrichtet worden. Wenn Sie mich fragen, warum mein Vater seine ganzen Kinder, vier Kinder – bei uns waren es [insgesamt] fünf Kinder – auf die kasachische Schule gehen ließ, wo doch damals[6] die kasachische Sprache niemand brauchte und niemand mit dieser kasachischen Sprache irgendeine Art von *Karriere* einschlagen konnte, dann [kann ich nur antworten, dass] mein Vater dazu Folgendes sagte: „Wenn sie Kasachisch können, dann werden sie auch mit dem Neuuigurischen ZURECHTKOMMEN, vielleicht werden sie es auch sprechen." Aus diesem ist das Neuuigurische, das es bei uns zu Hause gab, nur so viel. Wir haben Neuuigurisch [] gesprochen, weil es die Mutter meines Vaters gab, unsere *Mama*. Unsere *Mama* sprach Neuuigurisch. Doch das Neuuigurisch unserer *Mama* wies Unterschiede zu der

---

4 Im Original steht eine türkeitürkische Form.

5 Im Original steht eine türkeitürkische Form.

6 Im Text steht eigentlich „jetzt" (*hazir*), aber die Angabe kann sich tatsächlich kaum auf die Jetztzeit der Sprecherin beziehen, da das Kasachische in dieser Zeit ja sehr wohl zu einer karrieretauglichen Spache geworden ist.

Sprache der Uiguren, die bei uns in Almaty im Uigurischen *Rayon** wohnen oder die in *Panfilov*,* in *Žarkent* wohnen, auf. Denn in Narïnḳol sind viele Kasachen, viele. Unsere Sprache hat sich mit der der Kasachen vermengt. Es handelt sich um eine *assimilierte* Sprache.

Daher muss man mein Neuuigurisch auch nicht für eine furchtbar dicht an einer literarischen *Norm* angesiedeltes Neuuigurisch halten. Mein Neuuigurisch, das ist ein *umgangssprachliches* [...] Neuuigurisch, das wir da zu Hause sprachen, auf Kasachisch sagt man dazu *awïzeki*.[7]

Jetzt, von diesem Jahr an, [bringen] wir den diesJÄHRigen *Studenten* das Neuuigurische als zweite [...] Turksprache [bei]. Ich geben ihnen Neuuigurischunterricht. Bis jetzt habe ich ihnen zu allererst das *Alphabet* und Vokabeln beigebracht, und ich denke, dass mein Neuuigurisch auf dem *Niveau* A1, A2 reicht. [...] Die *Studenten* aus dem ersten *Studienjahr* [...] lernen sowohl das Türkeitürkische als auch das Neuuigurische *zur gleichen Zeit*. Mein Vater und meine Mutter leben hier in Almaty. [...] Mein Vater ist achtzig, meine Mutter ist fünfundsiebzig. Sie sind *Rentner*, *Pensionäre*. Ich habe drei jüngere Brüder und eine jüngere Schwester. Der *jüngere* Sohn meines Vaters und meiner Mutter, Aγïmjan, [...] hat die *Fakultät* für Orientalistik absolviert, Persisch. Momentan dient er in Aḳtaw.* Meine restlichen vier Geschwister wohnen hier in Almaty. Die meisten unserer Verwandten wohnen in Almaty und Narïnḳol, das jetzt im [Bezirk] Rayïmbek* ist.

Wann, zu welcher Zeit wir aus dem Vaterland* gekommen sind, das wissen wir nicht. Der Grund dafür ist, dass unser Vater [herausgefunden hat,] dass sieben Generationen unserer Vorfahren hier gewesen sind, hier in diesem Kasachstan, er hat die *genealogische* Abstammung, den *genealogischen Stammbaum* von sieben Generationen unserer Vorfahren *gemacht*. Diesem zufolge sind wir von nirgendwoher eingewandert, sondern wir sind der Meinung, dass wir offenbar zu den seit alter Zeit hier wohnenden Uiguren gehören. Dies hat seinen Grund darin, dass zwischen Narïnḳol, dem Ort, wo wir gelebt haben, und der chinesischen Grenze so große Nähe besteht. Dort gibt es schon die Grenze. Als ich klein war, habe ich die [...] überall herumlaufenden Chinesen und ihre [...] Waren dort immer gesehen. Daher glaube ich, dass wir, dass meine Eltern, an dem Ort namens Sümbe* wohnten, in Narïnḳol. Ich glaube, dass sie von nirgendwoher eingewandert waren. Sie sind nicht aus Ost-Turkestan eingewandert, und sie sich auch nicht aus China eingewandert. Mit anderen Worten: Das Vaterland, in dem ich *geboren* wurde, ist genau dort [in Sümbe]. Denn nach der Berechnung[...] unseres Vaters sind sieben [...] Generationen unserer Ahnen, sieben Generationen unserer Vorfahren an diesem [...] Ort *geboren* [...] worden. Sie wohnen dort [...] in Narïnḳol, an diesem Ort namens Sümbe, sehr zahlreich.

In Kasachstan teilen sie uns in zwei Gruppen ein, nämlich „einheimische Uiguren" und „Uiguren aus China". Die einheimischen Uiguren können die aus China nicht besonders gut ausstehen, und die Uiguren aus China können die einheimischen Uiguren von hier auch nicht so gut ausstehen. Möglicherweise hat dies seine Gründe in der Politik gehabt, ich weiß nicht. Wenn sie miteinander sprechen, dann fragen sie: „Sind Sie Einheimischer oder aus China?" Wenn ich ein Einheimischer bin, dann sprechen wir mit ihnen nicht offen, selbst wenn derjenige, mit dem ich mich unterhalte, mit dem ich spreche, der *wundervollste* Mensch aus

---

7 Wörtlich „mündlich".

China ist. Wir fragen nach dem Wetter. „Wie *geht's*, wie steht's?“, solche Dinge sagen wir. [...] In der *Sowjet*zeit, in der SU-Zeit, *lebten* die *sowjet*ischen Uiguren und die Uiguren, die aus China gekommen waren, wie in zwei getrennten Welten. Sie gaben einander keine Mädchen zum Heiraten, und sie nahmen keine. Und selbst wenn sie ein Mädchen zum Heiraten annahmen oder wenn von ihnen ein Mädchen wegging, dann sagten sie: „Die ist zu den Chinastämmigen gegangen“ beziehungsweise „Der hat von den Chinastämmigen ein Mädchen angenommen“. Solche beleidigenden Reden führten beide Seiten wechselseitig. Mittlerweile haben sich die Zeiten geändert. Möglicherweise gibt es einen solchen Unterschied nicht mehr, aber unsere Eltern und unsere Verwandten zu Hause sondern sich immer noch von ihnen ab, indem sie sagen: „Die sind aus China stammende Uiguren.“

Es gibt noch einen *Umstand*, über den ich sprechen möchte: Gegenwärtig sind die kasachischen Schulen in Almaty zahlreich, zugleich gibt es zusammen mit den kasachischen Schulen in Almaty auch zwei uigurische Schulen. Auf diese uigurischen Schulen gehen die Uiguren, die hier bei uns in Almaty wohnen. Aber es ist für die Kinder, die eine uigurische Schule beenden, [...] absolvieren so überaus schwer, ein Studium zu beginnen. Dies liegt daran, dass die Sprachen der Prüfungen,* die man für das Studium ablegen muss, Kasachisch und Russisch sind. Aus diesem Grund ist es für sie so schwer, hier ein Stipendium zu erhalten, zu studieren und auf Kasachisch oder Russisch diese Prüfung abzulegen. Eltern, die [...] denken, haben keine besonders große Lust, ihre Kinder auf eine uigurische Schule zu geben. Denn wenn sie eine uigurische Schule abgeschlossen haben, haben sie nur wenige *Gelegenheiten*, *irgendetwas* zu studieren oder *in* irgendetwas eine höhere Bildung zu erwerben. Viele [...] müssen ohne ein staatliches *Stipendium* mit dem Geld ihrer Eltern, mit ihrem eigenen Geld oder durch Aufnahme eines Kredits studieren. Aus diesem Grund frage ich meine uigurischen Freunde, ob wir diese uigurischen Schulen wirklich brauchen. Denn die Kinder, die die uigurischen Schulen abschließen, haben keine Zukunft. Doch[8] wenn ich sage: „Würde es nicht möglicherweise reichen, wenn sie auf die kasachischen Schule gehen und trotzdem das Uigurische belegen, als nationalitätenspezifische *Komponente*, wenn sie die uigurische Sprache als *fakultativ*es Fach, als *Wahl*fach lernten?“, dann [sagen] unsere Uiguren hier: „Ihr Herz schlägt nicht als das einer Uigurin, Ihr Herz schlägt als das einer Kasachin. Doch wir möchten unsere Kinder auf Uigurisch unterrichten lassen. Wir sind der Meinung: Sie sollen Uigurisch sprechen und auf Uigurisch denken, sie sollen sich auf Uigurisch unterhalten. *Wenn* wir die uigurischen Schulen schlössen, dann würden wir die uigurische Sprache in Almaty zum Verschwinden bringen.“ Vielleicht ist es nicht so [...], ich weiß nicht. Doch das Uigurische zu absolvieren und dann in Amerika *Karriere* zu machen, das ist für die Uiguren in Almaty, aber auch für die Kasachen in Almaty, alles andere als *einfach*. Die Kinder, die gut lernen und eine hohe *Punktzahl erreichen*, legen die Prüfung auf Kasachisch ab, sie legen die Prüfung entweder auf Kasachisch oder auf Russisch ab und bekommen ein *Stipendium*. Eines von ihnen ist *Dil'naz*, die Sie kennengelernt haben. An unserer [...]-Abteilung hier gibt es uigurische Mädchen, die haben dieses *Stipendium* bekommen und uigurische Schulen absolviert, doch dies sind *Studenten*, die das *Stipendium* durch Ablegen der Prüfung auf Kasachisch erhielten. Die Zahl dieser *Studenten* ist allerdings nur außerordentlich gering.

---

8 Im Original „denn“.

Doch werden bei uns Lehrer für die uigurische Sprache und Literatur an der Nach Abay benannten *Pädagogischen* Universität* ausgebildet. Dort werden zur Zeit *Experten* herangebildet, die das Uigurische und das Russische oder das Uigurische und das Englische, also zwei, drei Sprachen können. *Nun*, das ist vielleicht das Richtige, das Sinnvolle, denke ich, wenn man sie so ausbildet [...]. Aufgrund der Politik unseres Staats müssen die Menschen unseres Kasachstans, müssen jetzt unsere Kinder drei Sprachen gleich gut können. Das sind Kasachsich, [...] Russisch und Englisch. Der Grund dafür ist, dass Englisch eine Weltsprache ist. Die Menschen, die diese Sprache sprechen, sind zahlreich, die Leute sind zahlreich. Dahinter steckt der Gedanke, dass, wenn man diese drei Sprachen ganz beherrscht, die *Gelegenheiten* gut sind, um an allen *Ecken und Enden* der Welt zu studieren, zu arbeiten und sich zu bewerben. Vielleicht stimmt das ja auch.

Wenn wir nun auf diese unsere Sprachpolitik in Kasachstan [...] heute zu sprechen kommen wollen [...], dann sind 87 *Prozent* der Kinder, die dieses Jahr in die Schule gegangen sind, auf kasachische Schulen gegangen. Wenn wir es auf der Basis von einhundert *Prozent* sehen, sind 87 *Prozent* der Kinder dieses Jahr auf eine kasachische Schule gegangen. Dies zeigt, dass Kasachisch als Staatssprache unter diesem Aspekt gewachsen ist. Sie ist gewachsen, doch meiner Meinung nach werden die jetzt [zur Schule] gegangenen Kinder auf einmal in drei Sprachen unterrichtet werden. Der Unterricht wird sowohl auf Kasachisch als auch auf Russisch und Englisch auf einmal vonstatten gehen. [...] Mein eigenes Kind ist schon groß, aber ich habe mit [...] Eltern von Kindern, die in die erste Klasse gehen [...] gesprochen, sie sagen, dass das Lernen außerordentlich schwer sei. Der Grund ist, wenn wir ein Kind in drei Sprachen unterrichten und „*bir , iški, üč, tört, bäš, altä, yättä, säkkiz, toḳḳuz, on*" sagen, dann kommt danach noch „*bir, eki, üš, tört, bes, segiz, toyïz, on*"; „*raz, dva, tri, četïre, pyat', šest', sem', vosem', devyat', desyat'*" und „*one, two, three, four, five and ten.*"[9]

Man sagt, dies sei extrem schwer; es ist für ein Kind schwer, von einer [...] Sprache auf eine zweite Sprache überzugehen. Zugleich sagt man, auch wenn es schwierig sei, könne man den *Lehrplan* vielleicht durchziehen, wenn dieser etwas geringer im Umfang werde. Es heißt, der Unterricht sei sehr umfangreich. Sie geben viel Unterricht auf *Englisch*, auf Kasachsich und auf Russisch, heißt es. Das ist für die Kinder rein *physisch* extrem anstrengend. Aus diesem Grund sagen viele Eltern: Wenn es beispielsweise in einer *Klasse* zwanzig Schüler gibt, dann lernen sechs von ihnen, sechs Kinder dies SCHNELL, und vierzehn Kinder können den *Lehrplan* nicht bewältigen. Aus diesen Gründen kann es sein, dass die sogenannte Dreisprachigkeit gut ist, es kann aber auch sein, dass man sie in der ersten, zweiten, dritten und vierten *Klasse* nicht braucht. Ich denke, es könnte richtig sein, dass, wenn man die mittleren, in der Mitte liegenden *Klassen* zusammenstellt, die dritte [Sprache] einführt, dass man die zweite Sprache jeweils von der dritten *Klasse* an einführt und dass man erst danach, wenn sie die kleinen *Klassen* beenden und auf die Mittelschule gehen, die englische Sprache einführt. Denn um sie[10] einzuführen, muss man alle *psychologischen*, *medizinischen*, *soziologischen Forschungen*, Wissenschaften und Gelehrten, alles davon, versammeln, und dann muss man untersuchen, bis zu welchem Grad es für unsere Kinder nützlich oder nutzlos ist. Denn alle

9 Die Sprecherin nennt Grundzahlen zunächst auf Neuuigurisch, dann auf Kasachisch, Russisch und Englisch.
10 Der Text gibt nicht zu erkennen, ob die Dreisprachigkeit, die englische Sprache oder etwas anderes gemeint ist.

Kinder sind verschieden. Es kann manchmal vorkommen, dass die Kinder intelligent sind, und manchmal sind die Eltern des Kindes unter *genet*ischem Gesichtspunkt* [...] höherstehend, bei Eltern, die studiert haben, ist das *intellektuelle* Potential höher, bei den Kindern von Arbeitern, die irgendwo niedere Tätigkeiten verrichten oder beispielsweise den Kinder von Köchen gibt es nicht dieselben *Gelegenheiten* und *Möglichkeiten* wie bei den Kindern von *Gelehrten*. Daher ist das, was ich sage, das Folgende: Von zwanzig Kindern bewältigen sechs diese drei Sprachen, vierzehn können sie nicht bewältigen. Möglicherweise könnte es sein, dass man diese sechs Kinder unterrichten muss. Das nennt man *Spezialgruppen*, man muss vielleicht *Spezial*klassen einrichten und sie getrennt von den anderen unterrichten. Wenn Sie mich fragen, wenn jemand sein Studium beendet hat [...] und hier in unserem Kasachstan *Installateur* werden will oder *Koch* werden will, wozu braucht er dann drei Sprachen? Wenn er Schuster werden will, wozu *braucht* er dann Englisch? Wenn jemand, der Englisch kann, kommt, um sich die Stiefel oder Schuhe *reparieren* zu lassen, dann kann er sich auch so verständlich machen. „Hier ist mir was abgerissen, machen Sie mir das wieder dran!“ Daher bin ich der Meinung, dass man vonseiten des Staates für den Unterricht in drei Sprachen nicht so viel Geld bereitstellen sollte. Bei uns müssen die Lehrer noch einmal eine Umschulung machen, man nennt das *Umqualifikation*. Denn damit der Lehrer die Kinder in den drei Sprachen unterrichten kann, muss der Lehrer, muss der Lehrende diese drei Sprachen GUT beherrschen. Aus diesem Grund bin ich der Meinung, diese, Dings, unsere Dreisprachenpolitik ist nicht schlecht, doch wir müssen sie ohne Hast umsetzen. Es gibt gar keinen Grund, hastig zu sein. Denn soweit *ich* weiß, bringen die Eltern mittlerweile den Kindern *schon* vom Kindergarten an, von Kindesbeinen an, von drei Jahren an das Englische bei. Das Russische zu erlernen, STELLT in Almaty und Kasachstan überhaupt *kein Problem* DAR. Denn hier sind die *kommunikative Kraft* und die *Funktionalität* des Russischen extrem hoch. Auch an den Schulen gibt es [...] Leute, die Russisch sprechen, auch [russischsprachige] Eltern sind sehr zahlreich. [...]

10.3. Transkription des Originaltextes

Sïz ḳošup ḳoydïŋïzmu. Meniŋ toγruluḳ sözläymän? Uyğurčä [1-2] sözläymän [1-2] kanday nimä sözläysiz? [...] Bilmäymän.

Ändi sizniŋ, Michael, kälginiŋizgä män xürsätmän, šuniŋčün xošal. Bizniŋ, Yevropida mineŋ xälḳiniŋ tilini üginidiγan šuni oḳusï kälidiγan alimlarniŋ bolγini biz üčün čoŋ bir märtivä. Šuniŋ üčün män mušu [...] *universitet*ida professor. Özäm [...] *universitet*iniŋ Ḳazaḳ vä ädäbiyat *fakultet*ini pütärdim.

Uniŋdin *soŋ*, u *universitet*ni pütärgändin keyin, män [...] *pedagogika*lïḳ,[11] [...] *pedagogika*lïḳ *institut*ida Ḳazaḳ tilidin däris bärdim. *Üš* yïl. *Üš* yïldïn kiyin Almutiγa ḳaytip kirip [...] *universitet*iγa *aspiranturi*γa *aspiranturi*da oḳudïm. *Aspiranturi*da üč žilda Uyγur tiliniŋ FIIL *fraziologiyasi*din *kandidat*liḳ *dissertaciya* yaḳlidim. Mineŋ ilmiy jetäkčim

11 Der Form nach ist dies eine kasachische Form, da die im Neuuigurischen obligatorische Vokalveränderung des Stammauslautes des russischen Worts *pedagogika* „Pädagogik“ unterblieben ist.

Ḳazaḳša ilmiy jetäkčim u *professor* […]. […] ḳadimiy Türk tili, *runika* tilini […] *zerttegen*. Mušu adämgä[12] aläm bilidiɣan türkšünaslarniŋ biri. Män šu kišiniŋ šagirti.

Šuniŋdin keyin köp uzaḳ žillar boyi män *filologiya fakultet*ida däris bärdim. Til *teoriya*sidin, *tyurkologiya* pänliridin, […]evič<u>tiŋ</u> ḳädimiy Türki tilidin däris bärdim. *Bakalavr*larɣa *magistratura*ɣa.[13] UNDÏŊ SOŊRA[14] ïškï mïŋ yättinči […], ïškï mïŋ altïnčï, ïškï mïn säkkizinči YÏLlarda[15] män *Moskva*da[16] Ḳazaḳ tilidin däris bärdim, *studentlar*ɣa. […] *Universitet*idä Ḳazaḳ tili vä mädäniyiti ortaliḳ *centr* šundaḳ ečildi. Šu yärdä män *Moskva*niŋ[17] *student*liriɣa Ḳazaḳ tilidin däris bärdim, iški žil.

Šu *Moskva*da[18] žürgändä <u>mini</u> […] namidiki *universitet* čaḳirdi, šu yärdä *aspirant*larɣa […] däris bärdim […], unïŋdïn <u>kiyin</u> šu *Moskva*diki[19] Ḳazaḳ *diaspori*si […] BIZIM[20] älčilik […] <u>mini</u> čaḳirtti, šu älčilikkä däris bärdim, Ḳazaḳ tilidin däris bärdim, unïŋdïn keyin äšädä BIZIM[21] <u>diplomat</u>larɣa däris bärdim Ḳazaḳ tilidin. *Moskva*da žürgändä Ḳazaḳ tilini oḳiymän ügünümän degän insanlar lekin žiḳ boldi. Käŋri boldi. Ular bizning šu *diaspora*niŋ Ḳazaḳliri išlä<u>p</u> <u>turɣan</u> *intelligenciya*, unïŋdïn keyin äšädä Ḳazaḳlar bilän birgä *biznes* yasa<u>p</u> <u>žürgän</u> *Rus*niŋ *biznesmen*l<u>ä</u>ri […] šu *Moskva*da turidiɣan adämlär. Käŋri boldi. Män šularɣa Ḳazaḳ tilidin däris bärdim. Uniŋdin keyin iški mïŋ säkkizinči žili män Almutiɣa […] *universitet*iɣa ḳaytip keldimdä, *Šäriḳtanuw* šärikšunas *fakultet*iɣa AVUŠtum,[22] säväví bu yärdä Türk tili vä

---

12 Das Dativsuffix (*-gä*) in diesem Wort macht syntaktisch keinen Sinn. Hier dürfte ein Anakoluth vorliegen.

13 In dieser Form dürfte erneut ein Kasachismus zu sehen sein. Nach den neuuigurischen Grammatikregeln wäre **magistraturiɣa* zu erwarten. Das Ausbleiben der Vokalschwächung in der finalen Silbe des aus dem Russischen übernommenen Wortes *magistratura* lässt diese Form den kasachischen Grammatikregeln entsprechen.

14 Diese Phrase ist ein Fantasieprodukt, das in keiner lebenden oder historischen Turksprache so existiert, wiewohl ohne Weiteres verständlich bleibt. Das erste Element ist als Ablativform des Personal- beziehungsweise Demonstrativpronomens der dritten Person interpretierbar, die auf Nuig. korrekt *uniŋdin* (realisierbar als /unïŋdïn/) und auf Kasachisch *ondan*. *Sonra* ist eine türkeitürkische (und osmanische) Postposition mit der Bedeutung „nach", die semantisch dem kasachischen *soŋ* und dem neuuigurischen *keyin* entspricht.

15 Auf Neuuigurisch und Kasachisch wäre für das Wort „Jahr" eine mit /ž/ anlautende Form zu erwarten. Die hier vorliegende Form könnte auf das Xīnjiāng-Neuuigurische oder eine andere Turksprache (wie Osmanisch oder Türkeitürkisch) hinweisen.

16 Aus analogen Gründen wie den in Fußnote 13 dargelegten handelt es sich um keine korrekte neuuigurische, der Form nach einer kasachischen entsprechende Form.

17 Vgl. die Fußnoten 13 und 16.

18 Vgl. die Fußnoten 13 und 16.

19 Vgl. die Fußnoten 13 und 16.

20 Hierbei handelt es sich um eine türkeitürkische Form.

21 Siehe Fußnote 20.

22 Kontext und Verbrektion zufolge hat das hier verwendete erfundene Verbum **avuš-* die Bedeutung „wechseln, überwechseln (zu)". Im Neuuigurischen existiert jedoch kein derartiges Verb. Das neuuigurische Verbum *avu-*, von dem **avuš-* eine Ableitung (konkret: die reziprok-kooperative Form) darstellen könnte, scheidet als Quelle schon aus semantischen Gründen aus, da es „sich vermehren, mehr werden" bedeutet (siehe Schwarz 1992: 28, s.v. *awu-*. Yaḳub et al. 1990-1998, Bd. 1: 202-205), abgesehen davon, dass es auch von diesem Verbum keine reziprok-kooperative Form **avuš-* zu geben scheint (Schwarz 1992: 28, s.v. *awu-*. Yaḳub et al. 1990-1998, Bd. 1: 202-205). Offensichtlich verwendet die Sprecherin das von ihr erfundene „neuuigurische" Verbum **avuš-*, weil es semantisch und etymologisch scheinbar dem kasachischen *awïs-* „wechseln (intransitiv)" entspricht (hierzu siehe Sïzdïkova/ Xusayïn 2008: 94, s.v. *awïsuw*). Zu dem Schluss, dass es neben dem kasachischen *awïs-* auch ein neuuigurisches

ädäbiyatiniŋ *kafedrasi* boldi, u *kafedrani* käŋäytiš keräk boldi. [...] Šuniŋ üčün män mäšädä kelip *tyurkologiyä* degän bir yoγan bir *mamandi̇ḳ*, *special'nost'* aštuḳ. Uniŋdi̇n birinči žili *bakalavr* ečildi, iškinči žili *magistratura* ečildi, üčinči žili *tyurkologiyä* boyičä *magistratura* ečildi. Hazir bizniŋ *tyurkologiyä* bölüminiŋ *bakalavr*di̇n iški [...] *gruppa* pütärdi iški mi̇ŋ on bäštä iški mi̇n on alti̇da iški *gruppa* iški top pütärdi, *magistratura*din bir näččä top [...] ayaḳlidi. *Doktarantura*din *tjurkologija* boyinčä hazir bugünki küni birinči *doktorant* *doktor*luḳ *dissertaciya*ni yaḳlaydu. Uniŋ *doktur*luḳ *dissertaciya*si «Türk, Ḳazaḳ vä Ingliš tillärdiki *frazealogiya*lar, uniŋ *kognitiv*tik *kognitiv*liḳ *analiz*. [...]

Män özäm Almutiliḳ. Män Almutida tuγulγan. Ata-anam Almutida uzaḳ žillar turidu, ular mušu Almuta *oblas*tiki Nari̇nḳol däp atalγan šu [...] yärdä tuγulγan. Šu yärdä öskän, biraḳ mušu Almutiγa oḳušḳa kelip mäšädä ḳalγan. [...] Biz üydä Uyγurčä sözliduḳ, bar Uyγurčimiz mušu. Sävävi bizniŋ vaḳitta Uyγurčä vä Ḳazaḳčä sözläš u *moda* bolmidi. [...] Almutida kenar bolγan mäktäplärniŋ hämmsi orusčä mäktäplär boldi. Šu zamanda [...] bir Ḳazaḳ mäktäp boldi Almutida, on iškinči mäktäp. Män oḳiγan vaḳtlarda. Män [...] mi̇ŋ toḳḳuz züz yätmišinči mi̇ŋ toḳḳuz žüz säkkizinči žillarni oḳi̇di̇m. Šu zamanda bir mäktäp boldi. Šu mäktäpkä min bardi̇m, šu mäktäpni Ḳazaḳčä oḳi̇di̇m. Mineŋ dadam siz nemigä hazir Ḳazaḳ tili hič kimgä kerägämäs bu Ḳazaḳ tilidin hič kim hič ḳandaḳ *kar'eriya*si̇ almaydu, siz balalarni hämmisini, töt bala, bizdä bäš balilar, töt balini Ḳazaḳ mäktäpkä bärdi, nimigä bularni Ḳazaḳ mäktäbidä oḳutti̇ degändä dadam degän Ḳazaḳčä bilsä Uyγurčimu sözläp kečiŠÄJÄK,[23] bälkim sözläp ketidu däp. Šuniŋ üčün [...] öydiki Uyγurčimiz mušu. Biz Uyγurčä [...] sözliduḳ, sävävi bizniŋ dadamniŋ anisi boldi, bizniŋ *mami*miz boldi, u *mami*miz Uyγurčä sözlidi. Biraḳ u *mami*mizniŋ Uyγurčisima u bizniŋ Almutidiki Uyγur *Rayoni*da turidiγan vä Panfilovta Yärkänttä turidiγan Uyγularniŋ tilidin ayri̇m bar. Sävävi Nari̇nḳolda köp Ḳazaḳlar köp. Bizniŋ til Ḳazaḳlar bilän arilašḳan. *Assimilyaciya*lanγan til.

Šuniŋ üčün miniŋ Uyγur tilimni šunčilik käŋri ubdan bir ädäbiy *normi*diki Uyγur tili däp ḳobul ḳilišniŋ kerigi yoḳ, miniŋ Uyγur tilim šu öyniŋ ičidä sözläydiγan Ḳazaḳčä *awi̇zeki* däp *razgovorni̇y* [..] Uyγur tili. Hazir bu YİLḲİ,[24] mušu žildin bašlap *student*lärgä iškinči [...] Türk tili däp Uyγur biz tilini []. Män ularγa Uyγur tilini berivatimän. Haziryičä šu äŋ beši *alfavit*ni bašlap sözlärni ügütüp, A bi̇r A iški däŋgäydä meniŋ Uyγurčäm yetidu däp oylaymän. [...] Birinči *kurs student*liri [...] ular häm Türk tilini häm Uyγur tilini katar oḳi̇vatidu. Mineŋ dadam bilän apam mušu Almutida turidu. [] Dadam säksändä, apam yätmiš bäš yašta. Ular zeynetker, *pensioner* ular. Meniŋ üč inim bir siŋlim bar. Hämminiz mušu tötimiz mušu Almutida turumiz. Dadamniŋ bilän apamniŋ känžä oγli Aγi̇mjan u [...] Šäriḳšunas *fakultet*ini pütärgän Farsi tilini. Hazir Axtauda xizmät ḳilidu. Ḳalγan tört mineŋ ḳerindašlirim mušu Almutida turidu. Bizniŋ tuḳḳanlar köpi Almutida vä Nari̇nḳolda turidu. Hazir Rayimbäktä.

Biz ḳay zamanda ḳay vaḳitta vätändin kälduḳ, uni bilmäymiz, sävävi bizniŋ dadam, mäšädä bizniŋ yättä atamizniŋ mäšä u Ḳazaḳstanda bolγanini yättä atamizniŋ *geniologiya*liḳ šäjirisini *yasidi*, *genealogičekoe drevo*, šuniŋγa ḳariγanda biz heč yaḳtin köčüp kälmigän, biz

---

**avuš-* in derselben Bedeutung soll, dürfte die Sprecherin aufgrund der lautlichen Entsprechung von neuuigurischem /š/ und kasachischem /s/ in vielen Wörtern gekommen sein (vgl. etwa nuig. *baš* „Kopf", *bäš* „fünf" zu kas. *bas*, *bes*).

23 -*Äjäk* ist ein türkeitürkisches Futursuffix.

24 Vgl. Fußnote 15.

mäšädä burundin turɣan Uyɣurlarmikin däp oylaymiz. Sävävi Narïnḳol bilän biz turɣan yär bilän Xitayniŋ čegarisi šunčilik yeḳin. Šu yärdä čegara bar. […] žügräp žürgän xitaylarni ularniŋ […] mallirini biz äšu kičik čaɣimizda äšädä körättuḳ. Šuniŋ üčün män oylay<u>mïn</u>, biz Sümbä degän dadamlar anamlar šu Sümbä degän yärdä turɣan Narïnḳolda. Män oylay<u>mïn</u> ular hič yärdinmu köčäp kälmigän. Šärḳiy Türkistandinmu köčäp kälmigän Xitaydinmu köčäp kälmigän. Özäm <u>tuwɣan</u> vätänim šu yärdä däp. Sävävi bizniŋ dadamnïn <u>hesap</u>[…] bizniŋ yättä […] bavimiz yättä dadimiz äšu […] yärdä <u>tuwɣan</u> […]. Ular mušu […] Narïnḳolda šu Sümbä degän yärdä käŋri turidu.

Bizni Ḳazaḳstanda yärlik Uyɣurlar yä Xitayliḳ Uyɣurlar däp özümüzni iškigä böl[ü]du. Yärlik Uyɣurlar Xitayliḳlarni ančä yaḳturmaydu. Xitayliḳlar Uyɣurlarni, mašu yärlik Uyɣurlarni ančä yaḳturmaydu. <u>Mümkin</u> u säyasät boldimu, bilmäymän. Vä bir-biri bilän sözläškändä siz yärlikmu yä Xitayliḳmu däp sözlišidu. Xitayliḳla, <u>yeger</u> män yärlik bolup, <u>min</u> sözlišidiɣan, sözläp turɣan tonušup turɣan än *ädämi* Xitayliḳ bolsa biz ular bilän očuḳ očuḳ sözläšmäymiz. Hava rayini soraymiz, *žaɣdayï*ŋ ḳandaḳ äxvaliŋiz däp šundaḳ šundaḳ sözläymiz […]. *Sovet* Keŋäš zamanida *sovet*tik Uyɣurlar bilän Xitaydin kälgän Uyɣurlar iškisi iški duniya oxšaš *ömür sürdi*. Ular bir-birigä ḳiz bärmidi, ḳiz almidi. Ḳiz alsima yä ḳiz kätsima u Xitayliḳḳa kätiptu vä bolmisa u Xitayliḳtin ḳiz aldi däp šunčilik bïr ränjip bir-birigä äštaḳ sözläydiɣan bolɣan. Hazir zaman özgärdi. Vaḳt özgärdi. <u>Mümkin</u> undaḳ ayrim yoḳtu, biraḳ bizniŋ öydiki dadamiz bilän apimiz yä bizniŋ tuḳḳanlarimiz äšu Xitayliḳ Uyɣurlar däp ularni bölüp sözläydu […].

Yänä eytidiɣan bir *žayday*: hazir Almutida Ḳazaḳ mäktäpliri käŋri, šuniŋda Ḳazaḳ mäktäpliri bilän bir ḳatarda Almutiniŋ özidä iški Uyɣur mäktivi bar. Äšu Uyɣur mäktivigä bizniŋ mušu Almutida turidiɣan Uyɣurlar mäktäpka baridu. Biraḳ Uyɣur mäktivini pütärgän […] ayaḳliɣan balilarɣa oḳušḳa čüšüš šunčilik ḳiyin. Sävävi oḳušḳa tapšïrdiɣan imtihanlarniŋ tili Ḳazaḳ tili vä Rus tili. Šuniŋ üčün mäšädin *grant* elip oḳuš vä äšu Ḳazaḳ, Orus tilidä imtihan tapšuruš ularɣa šunčilik ḳiyin. […] oyliɣan ata-anilar balilirini ančä Uyɣur mäktävigä bärgüsi kälmäydu. Sävävi Uyɣur mäktivini pütärgändin *kiyin* uniŋ *niyä ḳaray* oḳušiɣa *niyä ḳaray* žuḳuri bilim alidiɣanɣa *žayday* az. Köp […] dölätniŋ *grant*<u>tïk</u> ämäs ata-anisiniŋ axčisiɣa vä öziniŋ axčisiɣa vä *kredit* elip oḳušḳa toɣra kelidu. Šuniŋɣa […] özämniŋ Uyɣur dostlirimɣa män däymän, mušu Uyɣur mäktäpliri bizgä <u>kiräk</u>mu däp. […] Sävävi Uyɣur mäktäplärini pütärgän balilarɣa kiläčägi yoḳ ularniŋ. Čünki <u>mümkin</u> ular Ḳazaḳ mäktäbidä oḳup Uyɣur tilini millätlik *komponent* däp šuni yänä alsa Uyɣur tilini Uyɣur ädäbiyatini *ėliktiv*<u>tik</u> [korrigiert sich:] *ėliktiv*lik pän retidi oḳisa šu yätmämdu desäm, bizniŋ Uyɣurlar däydu sizniŋ žüriginiz Uyɣur däp soḳmaydu, sizniŋ žürigüŋiz Ḳazaḳ däp soḳidu, biz balilirimizni Uyɣurčä oḳutḳimiz kälidu, Uyɣurčä sözlisun Uyɣurčä oylansun Uyɣurčä gäp ḳilsun däp oylaymiz, <u>yeger</u> biz Uyɣur mäktäplirini yapsaḳ biz Uyɣur tilini yoḳ ḳilip ketättuḳ, Almutidiki. Bälkim šundaḳ […] ämäs, män bilmäymän. Biraḳ Uyɣurčini pütürüp Amerika<u>da</u> *kar´era* yasaš Almutidiki Uyɣular üčün Almutidiki Ḳazaḳlar üčün nahayiti <u>onay</u> ämäs. Yaxši oḳiɣan käŋri *ball*ɣa *šik*ḳan balilar Ḳazaḳčä imtihan <u>tapsïrïp</u> ya Ḳazaḳčä ya Orusčä imtihan tapšurup *grant* alidu. Mušularniŋ biri siz körgän Dil´naz. Mušu bizniŋ […] bölimidä Uyɣur ḳizlar bar, ular šu *grant*ni elip Uyɣur mäktäplärini pütürüp biraḳ Ḳazaḳčä imtihan tapšurup *grant* alɣan *student*<u>lär</u>. *Nu* nahayiti u *student*<u>lär</u>niŋ sani käŋri ämäs.

Šuniŋ bilän Uyɣur tiliniŋ, Uyɣur tili bilän ädäbiyatiniŋ muällimlirini bizdä Abay namidiki *Pedagogika*<u>lïk</u> *Universitet* täyyarlaydu. U yärdä hazir Uyɣur tili vä Orus tili, Uyɣur tili vä <u>Ingliš</u> tili däp iški üč tilni bilidiɣan *maman*larni täyyarlaydu. *Nu* bälkim u durus toɣra däp oylaymän, aštaķ täyyarliγan [..]. Hazir bizniŋ dölätniŋ säyasiti boyičä bizniŋ Ķazaķstanniŋ insanlari hazir bizniŋ balilar üč tildi birdäk sözläši keräk. Bu Ķazaķ tili, [...] Orus tili vä Ingliš tili. Säväviа Ingliš tili u duniyaniŋ tili, u tilda sözläydiγan adämlär köp, insanlar köp. Čünki bu üč tilni bilip čiķsa duniyaniŋ tört *burïšïda* oķušķa, dunyaniŋ tört *burïšïda* išläškä, duniyaniŋ tört *burïšïda* özini tonutušķa *žayday* yaxši däp oylaydu. Mümkin umu durustu.

Ändi hazirķï zamanda bizniŋ hazir Ķazaķstandiki [...] mušu til sayasitiya ketidiγan bolsaķ [...] biyil [...] mäktäpkä barγan balilarniŋ säksän yättä *procenti* u Ķazaķ mäktäplirigä beriptu. Yüz *procent* däp alsaķ säksän yättä *procent* balilar biyil Ķazaķ mäktäbigä barγan. Bu Ķazaķ tiliniŋ dölät tili retidä šu yaķidin öskinini körsitidu. Östi u, biraķ mineŋ oyimča hazirķi barγan balilarγa birdin üč til maŋidu. Häm savaķ Ķazaķ tilidin maŋidu häm Orus tili vä Ingliš tili birdin maŋgidu. [...] Miniŋ *üzämniŋ* balam čoŋ bala, biraķ birinči sinipķa barγan [...] balilarniŋ [...] ata-anilar bilän sözläštim, ular däydu, nahayiti ķiyin däydu oķuš. Säväviа bala üč tildä savaķni ügütvatsaķ; bir , iški, üč, tört, bäš, altä, yättä, säkkiz, toķķuz, on desäk andin *bir, eki, üš, tört, bes, segiz, toγïz, on, raz, dva, tri, četïre, pyat', šest', sem', vosem', devyat', desyat', van, tu, θri, for, fayf änt tän*. Šunčilik ķiyin däydu bu, balilar baliniŋ bir [...] tildin iškkinči tilγa ötüši ķiyin. Ķiyin bolγandima, mümkin *programma* aziraķ bolsa elip ketiškä bolidu däydu. Savaķ šunčilik käŋri däydu. *Ayilšïnšïmu* käŋri savaķ beridu, Ķazaķčimu savaķ beridu Orusčimu savaķ beridu däydu. Balilarγa *fizičeski* šunčilik ķiyin. Šuniŋ üčün köp ata-anilar däydu, uniŋ ičidä mäsilän *klassta* žigirmä oķuγuči bolsa, uniŋ altisi, *altï* bala äšuni YÏLDAM[25] elip ketiptä on töt bala *programmini* elip ketälmäydu däydu. Šuniŋ üčün mümkin üč til degän u yaxši, mümkin uniŋ birinči, iškinči, üčünčü, tötinči *klasslarda* kerigi yoķtu, mümkin middle ottura *klass* ķilivalγanda üčünčü, [...] iškinči tilni üčünči *klasslardin* bašlap, uniŋdin keyin kičik *klasslarni* pütürüp ottura mäktäpkä barγanda Ingliš tilini kirgizgän durustu tip däp oylaymän. Säväviа uni kirgüzüš üčün *psixolgiyalïķ*, *medicinaliķ*, *sociologiyalïķ* hämmä *zerttewler*, ilimlär, alimlar hämmisi birikip täkšüräš keräk, ķančilik därijidä u bizniŋ balilarγa paydiliķ ya paydisiz däp. Säväviа balilarniŋ hämmisi birdäy ämäs. Gayi balilar eķilliķ boluši *mümkin*, ä gayi baliniŋ ata-anisi *genetikalïķ* yaķtïn [...] žuķuri, oķiyan ata-anilarniŋ baliliri ularniŋ *intellektuali*[26] žuķuri boluptä, bir yärdä tövän išlarda išläydiγan iščilarniŋ baliliri vä bolmisa *aspazčilarniŋ*[27] baliliri bälkim *yalïmlarnïŋ*[28] balilaridäk ularda *žayday*mu yoķ, *mümkindik*mü yoķ, šuniŋ üčün bizniŋ eytķan šu: Žigirimä

25 Diese Form gibt es weder im Neuuigurischen noch im Kasachischen. Es handelt sich offenbar um eine auf der Grundlage des kasachischen *žïldam* „schnell" per Analogie gebildete pseudo-neuuigurische Form. Dahinter steckt die Beobachtung, dass einige kasachische Wörter, die mit /ž/ beginnen (wie *žer* „Erde", *žol* „Weg"), tatsächlich mit /y/ anlautende Entsprechungen im Neuuigurischen haben (*yer* „Erde", *yol* „Weg").

26 Diese Form, die es auf Russisch so nicht gibt, steht offenbar für „Intellekt".

27 Diese Form ist aus dem kasachischen Wort *aspaz* „Koch" durch Hinzufügung neuuigurischer Suffixe, darunter des Berufe bezeichnenden Suffixes *-či*, gebildet. Abgesehen davon, dass es sich um eine aus zwei Sprachen erzeugte Mischform handelt, die in keiner der beiden Ausgangssprachen so existiert, ist sie auch noch redundant, da *aspaz* „Koch" bereits ohne das einen Beruf bezeichnende Suffixe *-či* einen Beruf benennt. Derartige Formen sind zwar in der kasachischen Standardsprache nicht üblich (vgl. Sïzdïkova/ Xusayïn 2008: 80, die nur die Form *aspaz* und keine nomen-agentis-Erweiterung verzeichnen), kommen jedoch gelegentlich auch vor, so etwa bei Bekžigitova 2017: 91 (*aspazšï*, wobei das kasachische nomen-agentis-Suffix *-šï* dem neuuigurischen *-či* entspricht).

28 Hier wird an ein kasachisches Wort (*yalïm*) die neuuigurische Form des Genitivsuffixes angefügt.

baliniŋ altisi šu üč tilni elip kitiptä, on tört elip ketälmäydu degän. Mümkin äšu altä balini ügütüš keräktu. *Specgruppa* däydu, *spec*siniplarni ečip, mümkin böläk oḳutuš keräktu. Mineŋ oyimča iger u oḳušni pütärgändin kiyin […] mušu bizniŋ Ḳazaḳstanda *santexnik* bolidiγan bolsa ya *aspas*či[29] bolidiγan bolsa uniŋγa üč tilniŋ nemä kerigi bar. […] Ötükči bolidiγan bolsa uniŋγa Ingliš tiliniŋ nemä kerigi *bula*. Ägär bir Ingilizčä bilidiγan adäm öziniŋ ötügini ya put kiyimini *žöndit*idiγanγa kälsä u äytävir čüšändüridu. Mineŋ mäšälirim üzülüp kätti, maŋa yasap beriŋ. Šuniŋ üčün män oylaymän üč tilda ügütüš üčün u dölättin šunčilik jïḳ aḳča bölünüši keräk ämäs. Bizniŋ muallimlärni ḳaytidin *perikvalifikaciya* däydu ularni ḳaytidin oḳutuš keräk. Säväví balini üč tilda oḳutuš üčün muallim, ustaz šu üč tildi JAXŠI[30] biliši keräk. Šuniŋ üčün män oylaymän, bu nimä bizniŋ üč tillik säyasät u yaman ämäs, biraḳ biz uni aldïrmay yasišimiz keräk. Aldïrašniŋ kerägi yoḳ. Säväví hazir balilarni mineŋ bilimčä ata-anilar *uže* bala baγčidin bašlap kičik čeγidin iški üč yešidin bašlap […] Ingliš tilini ügitivaditu. Orus tilini ügíniš Almutida vä Ḳazaḳstanda hič *ḳanday problema* TUḲḲUZmaydu. Säväví bu yärdä Orus tiliniŋ *kommunikaciya*si, orus tiliniŋ *funkciya*si nahayiti žuḳuri. Mäktäplärdimu bar Orus tilida […] sözläydiγan, ata-anilarmu nahayiti käŋri. [...]

---

29 Vgl. Fußnote 27.

30 Diese Form ist weder kasasch noch neuuigurisch, sondern scheint eine Hybridform zu sein, die aus Elementen beider Sprachen gebildet wurde (vgl. nuig. *yaxši*, kas. *žaḳsï* „gut“).

11. Grundzüge der uigurischen Dichtung (Feldforschungstext)

11.1. Vorbemerkung

Die Sprecherin des Textes ist neuuigurische Muttersprachlerin, Literaturwissenschaftlerin und Dichterin.

Ihr Gesprächsbeitrag besteht einerseits aus einer grundlegenden Erklärung bestimmter Formen und Prinzipien uigurischer Dichtung. Anderseits beurteilt er diese formalen Aspekte im Hinblick auf ihre Nutzbarkeit für bestimmte Inhalte und somit ihre Wirkung. Indirekt geht es in dem Text somit auch um die Frage nach der Stellung und der Bedeutung von Dichtung beziehungsweise Literatur in der modernen uigurischen Gesellschaft, auch wenn die Autorin diese Frage nicht weiter vertieft. Die Ausführlichkeit, mit der er sich den traditionellen und modernen Formen der uigurischen Poesie widmet, kann jedoch auch so schon als Indiz für den hohen Rang der Dichtkunst bei den Uiguren gewertet werden. Unabhängig vom durch sie ausgedrückten Inhalt hat sie bereits eine kulturwahrende und -stiftende Funktion, die für die ohne Eigenstaatlichkeit lebenden Uiguren von zentraler Wichtigkeit ist. Diese Funktion erklärt auch den hohen Rang, den traditionelle Formen einnehmen. Verallgemeinernd kann man wohl sagen, dass in der modernen uigurischen Dichtkunst die Tendenz, traditionelle Formen, Muster und Motive zu dekonstruieren weniger stark ausgeprägt ist als beispielsweise in der abendländischen Dichtung des 20. Jahrhunderts. Bei den Uiguren spielt die Notwendigkeit, zu bewahren, bis auf den heutigen Tag fast immer eine sehr wichtige Rolle.

Gleich dem Text in Kapitel 9 ist auch dieser in der sogenannten „Literatursprache" (nuig. *ädäbiy til*) abgefasst. Dies ist beispielsweise an der sehr geringen Zahl der russischen (und sonstigen) Fremd- und Lehnwörter (das einzige ist *pljus* „plus"), aber auch an der geringen Zahl grammatischer Brüche und Unregelmäßigkeiten abzulesen. Der hohe, von Fremdelementen kaum beeinflusste Standard des Ausdrucks kann mit dem Anspruch der auch dichtenden Autorin an sich selbst sowie mit ihrer gesellschaftlichen Stellung erklärt werden: Sie lehrt an einer wissenschaftlichen Einrichtung, deren Aufgabe die Vermittlung neuuigurischer Sprache und Literatur ist.

Auch in Text 10 sind russische und andere Fremdelemente durch Kursivschreibung hervorgehoben.

11.2. Übersetzung

Ganz allgemein gesagt, ist unsere uigurische Dichtung extrem alt, extrem. Unser Erbe kommt von der mündlichen Literatur her. Unsere heutige, moderne Literatur und Dichtung hat auf ihrem Weg bis heute zahlreiche Entwicklungsstufen zurückgelegt.

Am Anfang wurde die mündliche Volksliteratur in der syllabischen, d.h. der Barmaḳ-Metrik* geschrieben. Das Ḳošaḳ,* das zur mündlichen Volksdichtung gehört, wurde in

Barmaḳ-Metrik geschrieben. Vom elften bis zum neunzehnten Jahrhundert wurden alle Gedichte, die es gab, in der Aruz-Metrik* geschrieben, das heißt, man hat unter dem Einfluss der arabischen Dichtung in der Aruz-Metrik gedichtet. Haben Sie verstanden? Das heißt, seit dem neunzehnten Jahrhundert bis heute ist man wieder zur syllabischen Dichtung übergegangen. Wenn wir es unter diesem Aspekt betrachten, wenn wir uns zum Vergleich die kasachische Dichtkunst anschauen, dann ist die kasachische Dichtung von der mündlichen Literatur an bis heute ausschließlich in der syllabischen Metrik, das heißt in reiner Barmaḳ-Metrik geschrieben worden. Der „Barmaḳ" beruht auf der Zahl der Silben, nach den Fingern an unseren Händen. Der Aruz basiert auf der Länge und Kürze der Silben. Im Aruz gibt es Gedichtformen wie die Ghasele, Muxämmäs, Musäddäs und Mäsnäviy.* Für alle von ihnen, das würde ich mit Ihnen im Unterricht durchnehmen, gibt es besondere Regeln. – Bei der Barmaḳ-Dichtung kann man also mit der Hand abzählen, die Gedichtarten, die auf Barmaḳ und der Silbenzahl beruhen, ordnen wir in das Barmaḳ-System ein. Hast du verstanden?

Wenn nun die Frage aufkomme, welche von den traditionellen Versmaßen in unserer mündlichen Literatur im Allgemeinen am häufigsten gebraucht werden, dann sind das die Gedichte mit sieben und elf Silben pro Verszeile. Die im Siebener- und Elfersilbenmaß sind die am häufigsten geschriebenen. In unserer modernen Literatur haben diese Versmaße bis zum heutigen Tag nicht ihre Bedeutung verloren. So gut wie alle Dichter, die heute noch produktiv sind, haben vom elfsilbigen Versmaß Gebrauch gemacht. Dichter, die vom elfsilbigen Versmaß keinen Gebrauch machen, sind so gut wie inexistent. Hast du verstanden?

Gedichte, also das Versmaß mit elf Silben pro Verszeile ist ein Versmaß, dass jede Art von Thema, ob es nun das Thema Liebe oder die Natur sei, umfasst und das das Dichten einfach macht. In der kasachischen Poesie ist es genauso. Was uns von den Kasachen unterscheidet, ist, dass bei ihnen die elf- und siebensilbigen Versmaße aus der mündlichen Literatur bis zum heutigen Tag unverfälscht erhalten geblieben sind, ohne Einfluss aus der Dichtkunst irgendeines anderen Volkes ausgesetzt worden zu sein. Hast du verstanden?

Bei uns trat verstärkt der Einfluss der arabischen Dichtkunst ein. Aus diesem Grund fingen bei uns die verschiedenen Typen der Ghasele an aufzutreten. Auch neue Rhythmiken. In der kasachischen Dichtkunst kommt die „Vier plus fünf"* genannte Variante des neunsilbigen Versmaßes nicht vor. Wir haben das untersucht, sie kommt in den Anthologien nicht vor. Bei uns gibt es sie in den Gedichten von Abduγopur Ḳutluḳov*. [...] Achtzig Prozent seiner Gedichte sind nach dem Prinzip „Vier plus fünf", das heißt mit Zäsur, geschrieben.

11.3. Originaltext

Umumän bizniŋ Uyγur šeriyiti nahayiti ḳädimiy, nahayiti. Eγiz ijadiyitidin kelivatḳan bizniŋ mirasimiz. Bügünki zamaniviy ädäbiyatimiz, šeriyitimiz köpligän täräḳḳiyat basḳučlirini besip käldi. Bašta [][1] xäliḳ eγiz ijadiyiti [][2] silabikiliḳ yäni barmaḳ väzinidä yezilγan. Xäliḳ

1 Im Original steht hier das Wort *biz* „wir", das aber danach nicht syntaktisch weitergeführt wird (Anakoluth).

2 Im Original steht hier der die adverbiale Zeitbestimmung *bügünki kündä* „heutzutage", aber auch diese passt nicht in den begonnenen Satz.

eγiz ijadiyitiniŋ tärkivigä kiridiγan ķošaķlar barmaķ väzinidä yezilγan. Ändi ta XI-äsirdin XIX-äsirgičä bolγan barliķ šeirlar «aruz» väznidä yezilγan, yäni äräp poėziyasiniŋ täsiridin aruz väzinidä ijat ķilinγan. Čüšändiŋlarma? Demäk, XIX äsirniŋ bu yeķi yänä bizdä yänä silabikiliķ šeiriyätkä ötkän. Bu jähättin elip ķariγanda biz Ķazaķ poėziyasi bilän selišturγanda, Ķazaķ poėziyasi eγiz ijadiyätidin bašlap ta bügünki küngičä taza silabikiliķ, yäni taza barmaķ väzinidä yezilγan. Barmaķ degän bizniŋ ķolimizdiki barmaķ bilän boγum sanliriγa asaslanγan. Aruz degän boγumniŋ uzun vä ķisķiliγiγa asaslanγan. Uniŋda γäzäl, muxämmäs, musäddäs, mäsnäviy degän šeirniŋ türliri bar. Ularniŋ här biriniŋ, män silärgä däristä ötüp berimän, alahidä-alahidä ķaidiliri bar. Barmaķ šeirida demäk ķolimiz bilän sanašķa bolidiγan, barmaķ bilän boγum saniγa asaslinidiγan šeirlarniŋ türlirini barmaķ sistemisiγa kirgüzimizkän. Čüšändiŋma?

Ändi bizdä umumän än’’äniviy ölčämlärdin eγiz ijadiyitimizdä ķaysilar köpäräk ķollandi däp soal tuγulidiγan bolsa, uniŋda yättä vä on bir boγumluķ šeirlar. Yättä vä on bir boγumluķ ölčämdiki köpäräk yezilγan. Zamaniviy ädäbiyatimizda ta bügünki küngičä Mušu ölčäm öziniŋ ähämiyitini yoķatmiγan. Bügünki kündiki ijat ķilivatķan šairlarniŋ hämmisi degidäk on bir boγumluķ ölčämgä murajiät ķilγan. On bir boγumluķ ölčämgä murajiät ķilmiγan šairlar yoķniŋ ornida. Čüšändiŋma?

Demäk on bir boγumluķ šeir yäni ölčäm här ķandaķ mavzuni, mäsilän muhabbät mavzusini bolsun yaki bolmisun täbiät bolsun här ķandaķ mavzuni öz ičigä alidiγan, ijat ķilišķa ķolayliķ bolγan ölčäm. Ķazaķ poėziyasidimu däl šundaķ. Bizdin bir pärķi ularda taza eγiz ijadiyättiki on bir boγumluķ, yättä boγumluķ ölčämlär bügünki küngičä heč ķandaķ bašķa xäliķniŋ poėziyasiniŋ täsirigä dučar kälmäy taza saķlanγan bügünki küngičä. Čüšändiŋma?

Bizgä köpäräk äräp poėziyasiniŋ täsiri boldi, šuniŋ üčün bizdä yeŋičä γäzälniŋ türliri čiķišķa bašlidi. Yeŋičä ritmikilar. Mäsilän Ķazaķ poėziyasidä toķķuz boγumluķ šeirniŋ 4 *pljus* 5 degän ölčimi učrašmaydu. Biz tätķiķ ķilduķ, toplamlarda učrašmidi. Bizdä u Abduγopur Ķutluķovniŋ šeirlirida. [...] Šuniŋ šeirliriniŋ säksän paizi 4 *pljus* 5 boγum yäni turaķ asasida ijat ķilinγan.

12. Die uigurische Dichtung und die Moderne (Feldforschungstext)

12.1. Vorbemerkung

Auch der Autor dieses Textes ist Akademiker und Experte für uigurische Sprache und Literatur. Er hat mehrere Werke zu diesem Thema veröffentlicht. Sein Text ist ein *tour d'horizon* durch über ein Jahrtausend Literaturgeschichte, bei dem wichtige Formen, Epochen und Autoren nicht nur genannt, sondern auch bewertend eingeordnet werden.

Im Unterschied zum vorausgehenden Text machen sich in seiner gleichwohl in der *ädäbiy til* verfassten Darlegung wieder mehr russische Elemente bemerkbar. Dies kann damit erklärt werden, dass der Autor lange Jahr in einem russischsprachigen akademischen Umfeld tätig war, sowie mit der Tatsache, dass es für verschiedene literaturwissenschaftliche Fachausdrücke nur auf Russisch gebräuchlich sind.

Auch in diesem Text sind aus dem Russischen und Kasachischen übernommene Wörter wieder durch Kursivsetzung hervorgehoben.

12.2. Übersetzung

Darüber habe ich spezielle Untersuchungen durchgeführt. Es gibt dazu auch Bücher von mir. Es gibt viele Untersuchungen von mir zu diesem Thema, sie sind auf Neuuigurisch geschrieben.

Die Herausbildung unserer Dichtung begann, allgemein gesagt, im 10. und 11. Jahrhundert. Es gibt klare Textquellen über unsere Dichtung. Aber die Gelehrten haben uns völlig konfus gemacht, indem sie die Texte aus den Orchon-Jenissei-Inschriften* als Gedichte angesehen haben. Das waren keine Gedichte. Es waren keine dichterischen Werke.

Es gibt aber auch Ḳošaḳs,* die aus der Orchon-Jenissei-Periode stammen. Die Gedichtform des Ḳošaḳ wurde in der Barmaḳ-Form geschrieben, das heißt, durch Zählen der Silben. Der Grund dafür ist, dass es in der *Volks*dichtung einen Zweier-*Rhythmus* gibt, der uns gut im Mund liegt:

> „Vier Réiter, sie stiégen vom Pférd heráb."
>
> […]

So geht das. Es gibt so einen normalen *Rhythmus*. Aus diesem Grund kann man ihn leicht mündlich vortragen. Er wird auf diese Weise weitergegeben, daneben gibt es keinen weiteren *Rhythmus*. Es gibt elfsilbige Gedichte, aber die sind ein Produkt der geschriebenen Literatur, in der geschriebenen Literatur hat man die Möglichkeit, Veränderungen vorzunehmen. Wenn man bestimmte Silben-*Rhythmen* einfügen will, dann *montiert* man sie und schreibt es so auf.

In mündlicher Dichtung kann man Elfsilbler nur selten in den Mund nehmen. Man kann sie aussprechen, wenn man den nötigen Atem hat. Ja, es gibt welche. Man hat sie dann auswendiggelernt. Wenn das Können der Dichter extrem groß und hochentwickelt war, dann haben sie Elfsilbler aufgesagt. Das ist schwierig, und dann vergisst man immer etwas.

In der Poetologie der *Volks*dichtung sind das Einfachste Gedichte mit normalem *Rhythmus*, denn an sie kann man sich erinnern, sie kann man im Gedächtnis behalten. Nachdem im zehnten und elften Jahrhundert die islamische Religion Eingang gefunden hatte, kam zu uns die Aruz-Dichtung. Deren Anfang war das *Dastan** *Ḳutadγu Bilik* von Yūsuf Ḫāṣṣ Ḥāğib.* Es wurde als Aruz-Dichtung geschrieben. Das größte *Dastan* wurde komplett in Aruz-Dichtung geschrieben. Es wurde im *Mutaḳārib*-Metrum* des Aruz geschrieben. Yūsuf Ḫāṣṣ Ḥāğib hat uns das Vorbild für diese Art der Dichtung gegeben. Auch Maḥmūd al-Kāšγarī* hat im Aruz geschriebene Gedichte, aber es sind nicht viele. Von diesen beiden Autoren an, das heißt vom 11. Jahrhundert an schreiben unsere Dichter im Aruz, hier oder dort.* Ohne Unterbrechung. Wir sind die Erben. Wir sind die Erben des *Ḳutadγu Bilik*, wir haben diese Tradition nicht abreißen lassen, sondern sogar noch erweitert. Sie wurde gesammelt, sie ist zur Regel geworden. Diese Dichtung nenne ich „türkisch-orientalischen *Klassizismus*". Nach dem Vorbild dieses türkisch-orientalischen *Klassizismus* hat sich unsere uigurische *Dichtung* entwickelt. Deren Hochzeit war das Mittelalter. Dazu gehören ʿAlī Šīr Navāʾī,* Xapiz Xarizmiy,* [...], Babur*, außerdem Lutfiy* und Durbäk.* Sie alle haben die Aruz-Metrik auf ein hohes Niveau gebracht.

Als [das Reich von] Dschingis Khan zerfiel, fing in Ostturkestan die Saʿīdīya-Dynastie* an. Die Dichter dieser Epoche erbten die Traditionen der karachanidischen* und der Tschagatai-Zeit,* sie haben sie nicht verändert. Wenn wir uns dagegen Aḥmad Yasavī* ansehen, dann [sehen wir]: Er hat im *silbenzählend*en Versmaß gedichtet.

Im 17. Jahrhundert war seine Sprache[1] recht nahe an der heutigen uigurischen Sprache, daher übersetzen wir ihn nicht. Wir übersetzen Aḥmad Yasavī nicht, ihn braucht man nicht zu übersetzen. Die Kasachen und Kirgisen übersetzen ihn, aber wir übersetzen ihn nicht. Das bestätigt diese *Tatsache*,[2] zumal Aḥmad Yasavī aus dem 12.[3] Jahrhundert stammt. Dazwischen liegen fünf[4] Jahrhunderte. Aḥmad Yasavī wurde im 12. Jahrhundert geboren und schrieb. Ja, es ist möglich, dass [die Sprachgestalt, die Aḥmad Yasavīs Werken im 17. Jahrhundert zeigten] handschriftlich ist. Möglich, dass sie auf Abschriften beruht. Meiner Meinung nach ist es möglich, dass beim Abschreiben nicht genau die ursprüngliche Form bewahrt wurde. Die Sprache der abgeschriebenen Handschrift aus dem 17. Jahrhundert ist der neuuigurischen Sprache sehr ähnlich. Er spricht in der heutigen Sprache, wenn er sieht, dass etwas so ist, dann spricht er es so aus. Seine Sprache ist anders all das, was im Aruz geschrie-

---

1 Gemeint ist die sprachliche Form, in der die Gedichte Aḥmad Yasavīs im 17. Jahrhundert vorlagen. Gedichte wurden im Orient bei der (mündlichen oder schriftlichen) Überlieferung immer wieder verändert, so dass sie im Laufe der Zeit nicht mehr dem Sprachstand des Originals entsprachen.

2 Gemeint ist: Die Tatsache, dass Aḥmad Yasavīs Werke auf Neuuigurisch direkt verstehen kann, ohne eine Übersetzung zu benötigen, bestätigt die Tatsache, dass die heutige neuuigurische Sprache näher an der Sprache Aḥmad Yasavīs ist als die kasachische oder die kirgisische Sprache. Denn in diese müssten die Werke Aḥmad Yasavīs ja übersetzt werden.

3 Im Originaltext ursprünglich „13".

4 Im Originaltext „fünf", was sich aus der ursprünglichen Textvariante „13" aus dem vorausgehenden Satz erklärt.

ben worden war. Seine Werke wurden in der Barmaḳ-Dichtung geschrieben. Das gibt es heute auch noch. Das basiert auf unserer Volksliteratur.

Im 18. Jahrhundert gibt es [...] zahlreiche uigurische Dichter, wie Zäliliy*, Xiriḳtiy* und Äršiy.* Sie alle haben in Aruz geschrieben. Die volkstümlichen Ḳošaḳs wurden dagegen im Barmaḳ-Metrum geschrieben. Wir nennen das Barmaḳ-Form oder *syllabische* Form. Nachdem die Aruz-Periode[5] beendet war, fingen an, Beispiele der volkstümlichen Literatur zu erscheinen. Das hat seine Gründe.

[...]

Nachdem wir den Chinesen in die Hände gefallen waren,* kam es aus dem Volk heraus zu Erhebungen. Man sagt, 1768 oder 1778. Nachdem das in dieser Periode lebende Volk sich erhoben hatte, bezogen sich auch die Erzeugnisse unserer Literatur auf diese Volkserhebungen. Damals wurde der Aruz von den traditionellen Dichtungsformen verdrängt. Anders gesagt, es entstanden zahlreiche Ḳošaḳs, es entstanden Helden-Ḳošaḳs, es enstanden Volksepen, diese Volksepen gibt es sogar noch. Das verstärkte sich in der ersten Hälfte des 19. Jahrhunderts noch. Es entstanden Ḳošaḳs über Nazugum und über Seyit Noči,* es entstand eine ganze Reihe von Heldenepen. Alle gegen die Chinesen. Die Epen wurden vom Volk geschrieben.

Aus diesen Gründen verliefen die literarischen Traditionen und Kanone auf zwei Schienen: auf der einen Seite die Volksepen, die Volks-Ḳošaḳs und die Volkslieder, auf der anderen Seite die schriftliche Literatur. Den Aruz nenne ich „orientalischen *Klassizismus*". Die neuuigurische Literatur begann sich *parallel*, gleichauf mit diesem *Klassizismus* zu entwickeln, jedoch getrennt. Für das achtzehnte Jahrhundert hatten wir Xiriḳtiy, Äršiy genannt, es kommen noch [...] Zäliliy und Nöbitiy* hinzu. Im neunzehnten Jahrhundert waren es dann Ƣeribiy,* Seyit Muhämmäd Ḳašiy,* und Bilal Nazim.[6]

Bilal Nazim stand an der Spitze beider Strömungen [sc. Volksliteratur und Aruz], und er schrieb in beiden gleich gut. Bilal Nazim und andere wie er flohen hierher. Auch Seyit Muhämmäd Ḳašiy kam hierher als Flüchtling. Nach dem Aufstand, nachdem [...][7] gefallen war, intensivierten sich die Verfolgungen und Tötungen. Nach diesem Ereignis sind sie hierher geflohen. Sie kamen nach Kasachstan und waren unter den Bedingungen Kasachstans schriftstellerisch tätig. Die Situation, in der man seine Werke schuf, änderte sich dadurch.

Mit dem Eintritt in das 20. Jahrhundert teilte sich unsere Literatur in zwei Teile: unsere Literatur im Vaterland und unsere Literatur in Kasachstan.* Die Literatur in Kasachstan hat den Aruz vergessen. Die Jungen kannten ihn nicht. Sie machten sich Luft, indem sie sagten: „Wir akzeptieren das Alte nicht mehr!" Sie sagten: „Wir akzeptieren das Neue!" Während sie sich auf die Suche nach dem Neuen begaben, schenkten sie der tatarischen *Dichtung** in Russland viel Aufmerksamkeit. Damals waren Tatarstan und *Moskau* die kulturellen Zentren.

---

5 Der Text sagt wörtlich „diese Periode", doch dadurch ergäbe sich ein Bezug auf die syllabische Dichtung, die hier nicht gemeint ist.

6 Die beiden letzten Sätze wurden sinngemäß aus dem Original übertragen. Die Lücken im Text ergeben sich aus akustisch nicht eindeutig zu verstehenden Namen.

7 Bei dem unverständlichen Wort oder Ausdruck, dass an dieser Stelle steht, könnte es sich um einen Ortsnamen handeln.

Die 20er-Jahre des 20. Jahrhunderts waren in der *russischen Dichtung* das Zeitalter, in dem mit den Traditionen gebrochen wurde. Es fand ein Bruch mit den *klassischen* Traditionen statt. Was den Bruch herbeiführte, war die Revolution. *Imaginisten,** *Futuristen** und *Symbolisten** wurden zahlreich, und es waren die jungen Leute, die das zustande brachten. Die uigurische Jugend Kasachstans rezipierte dies, das heißt, sie rezipierte den *Futurismus* und den *Symbolismus*, sie rezipierte Majakovskij* und die Werke der tatarischen Dichter wahr. Doch bei dieser Rezeption übernahmen sie nur die Form dieser Strömungen. Was den Inhalt betrifft, so verstanden sie den *Futurismus* nicht, dazu reichte ihre Erkenntnis nicht aus, so dass sie nur dessen äußerliche Form übernahmen. Sie haben die Gedichte ausgebreitet und ihnen einen *proletarischen* Sinn verliehen. Dabei wurden diese zu Gedichten in Prosa. Eine neue Tradition kam auf: die Prosadichtung.* Die Frage, ob man diese als Dichtung *der Moderne* bezeichnen kann oder nicht, hängt genau mit dieser Entwicklung zusammen. Man kann sie im vollen Sinne[8] nicht als Dichtung *der Moderne* [bezeichen]. Anderseits jedoch ist unter dem Einfluss der Dichtung der *Moderne* eine solche Form in die uigurische Literatur aufgenommen worden

Um es genau zu sagen: die poetischen Gesetzmäßigkeiten der Guŋga-Dichtung* sind vollkommen andere. Als Ergebnis der „Politik der Offenen Tür"* in China fand dort die orientalische und europäische *Moderne* Eingang. Und zwar fand sie in die chinesische Literatur und in die uigurische Literatur gleichermaßen Eingang. Wenn danach gefragt wird, warum man die *Guŋga*-Dichtung so nennt: das Wort *guŋga* bedeutet „verdeckt", „verschlossen", „bedeckt". Das Wort bedeutet „unklar". Ihre Vertreter haben die Traditionen aufgegeben und alles in die Sprache *Äsop*s* verwandelt. Sie wissen schon, was die Sprache *Äsop*s ist, nicht wahr? Der Fabelerzähler eben. Wenn Sie danach fragen, was sie[9] gemacht haben, sie haben sie noch einmal neu wiedergegeben, durch das Medium der Fabel, nur das, und das war´s. Wenn Sie fragen warum: die politische Situation in China erlaubte es der Guŋga-Dichtung nicht, alles offen auszusprechen. Aus diesem Grund gingen sie dazu über, es verdeckt zu sagen. Das wurde dann zu einer eigenen [...] Tradition. Dies ist eine der *Moderne* zugehörige uigurische Dichtungsströmung, die sich unter den vorhandenen Bedingungen Chinas geformt hat. Indem sie sich nach den chinesischen Moderne-Vertretern richteten, nannten die Uiguren sie *guŋga*. Diese Kunstrichtung übernahmen sie nicht nur von China, sondern auch *Russland* und *Europa* und im Orient von den Arabern. Sie konnten ihre *biologische* Seite* gut adaptieren. Die uigurischen *Vertreter der Moderne* lehnten die in China vorhandene *Real*ität ab. Sie sagten: „Das können wir nicht akzeptieren!" Und sie akzeptierten es ja auch nicht. Sie [...] ihre eigene Art von Dichtung. Dann gab es ja noch die Repräsentanten des *Sozialismus*. Wir nennen das „die Hoffnung auf den *Sozialismus*". Das waren Menschen, die die *Real*ität akzeptierten, die über das gesellschaftliche Leben schrieben. Gegen diese stellten sich die *Guŋga*-Dichter.

---

8 D.h. auch unter inhaltlichen Gesichtspunkten. [M. R. H.]

9 D.h. die Vertreter der *Guŋga*-Dichtung. Man kann den Satz grammatikalisch aber auch so verstehen, dass er sich auf ein singularisches Subjekt bezieht. In diesem Falle könnte „die Guŋga-Dichtung" oder „Äsop" gemeint sein (auf Neuuigurisch gibt es in diesem Fall keine grammatische Unterscheidung des Geschlechts). [M. R. H.]

Von 1978 bis 1989 wurden viele uigurische Dichter zu Vertretern der *sozialistischen Lyrik*. Das ist der Grund, warum wir von „*sozialistischer* Hoffnung“* sprechen. Wenn Sie danach fragen, warum sie Hoffnung schöpften: Nachdem man die Tür einen Spalt weit aufgemacht hatte, keimte Hoffnung. Sie besangen in ihrem Schreiben das *sozialistische* Leben. Sie ähnelten darin den in der russischen Literatur in den 1960er-Jahren, in der *Chruschtschow*ära auftretenden Dichtern, die Situation [war vergleichbar]. Das war wie das Dichterum in den 1960er-Jahren in Europa, in der Tschechoslowakei und in Ungarn. Sie bekamen Hoffnung. Doch ihre Hoffnungen wurden ja enttäuscht. Wenn man danach fragt, aus welchem Grund ihre Hoffnungen sich nicht erfüllt haben: 1989. Sie haben alle umgebracht. Danach war in der uigurischen Literatur kein Platz mehr für *sozialistische* Dichtung. Können Sie mir folgen? Dies ist eine politische *Auseinandersetzung*.

Die dominierende Strömung [in der Literatur] ist der *Realismus*. Die Anhänger des kritischen *Realismus* und die des *Neorealismus* bildeten eine Gruppe, die Anhänger der *Moderne* eine andere. Zwischen beiden kam es zu einem *ideolog*ischen Kampf. Die *Realisten* kritisieren die Verfechter der *Moderne*, indem sie sagen: „Bei euch gibt es keine *Form*, und bei euch gibt es auch keine *Idee*, euch will niemand verstehen. Man kann [...] bei euch nicht von künstlerischer Hochwertigkeit sprechen. Ihr könnt das Leben nicht erkennen, ihr seid außerstande, den Sinn des Lebens auszudrücken.“ Das waren ihre Worte. Die anderen dagegen erwiderten: „Ihr seid erstarrte *Konservative*, in den Werken, die ihr schreibt, gibt es zu viele Wiederholungen. Wir haben genug davon, uns das anzuhören, wir haben es satt.“ Solch ein *Dialog* entspann sich zwischen ihnen. Aus diesen Gründen ist unter den momentanen Bedingungen hier der Orient, der Aruz sehr schwach vertreten. Auf welche Weise ist diese *realis*tische Literatur entstanden? Auch diese Leute sind doch nach der *Oktober*revolution zur *re*-*alisti*schen Literatur übergegangen. Wir haben angefangen, *Romane* zu schreiben, Erzählungen und *Langerzählungen*, selbst unsere *Dichtung* hat sich angewöhnt, das heutige Leben zu thematisieren. Diese Tradition war in China schon fest etabliert gewesen. Aus diesem Grund blieb kein Platz mehr für die Aruz-Tradition.

Was ich Ihnen nun sage, ist das Folgende: Die meisten *realisti*schen Dichter haben in *syllabischem*, quantifizierendem Stil geschrieben. Unter ihnen gab es auch solche, die im „freien Vers“ geschrieben haben. Dort gibt es keine Basis für *Rhythmen*. Sie haben einfach in Prosa, frei geschrieben. Von den Vertretern der Moderne gibt es gegenwärtig noch Äxmät Hosman.* Hosman sagt: „Unsere Tradition beginnt im 20. Jahrhundert.“ Doch warum sie im 20. Jahrhundert beginnt, hat er nicht erklärt. Also, im 20. Jahrhundert hat man im Genre der Prosadichtung geschrieben, so weit so gut. Daher sagt er: Wir haben uns das Genre der Prosadichtung angeeignet. Wir entwickeln es, sagt er. Zweitens sagt er, dass es in der Literatur des Sufismus* ebensolche Traditionen gibt. Diese Leute[10] haben die Unwahrheit gesagt. Denn in den sufischen Traditionen, wir sagen dazu *Sufipoesie*, ist das eine vollkommen andere Sache. Nichtsdestoweniger würde ich bei sufischen Werken auf die innere Bedeutung achten. Das hat nichts mit der „*Real*ität“ zu tun. Auch in dem, was man *Moderne* nennt, gibt es Bedeutung, das hat nichts mit der „*Real*ität“ zu tun. Möglicherweise hat er sich hierauf

10 Im Original steht das Personalpronomen der 3. Person Plural (*ular*). Vielleicht ist es auch als höflicher, verschleiernder *pluralis maiestatis* auf die Person des Äxmät Hosman bezogen, den der Sprecher hier kritisiert.

bezogen. Doch man kann beides nicht einfach gleichsetzen. Das, was unter diesen besonderen Bedingungen, im Zuge der Entwicklung der künstlerischen Literatur entstanden ist, ist die Dichtung der *Moderne*. Das kann man nicht einmal *Guŋga*-Dichtung nennen. Vielmehr habe ich dafür uigurische Namen gefunden. Dafür gibt es Wörter wie *tutuḳ* („bedeckt“) das heißt „ ‚verdeckt‘ (*yošurun*) ausgesprochen“ oder „angeschmort“ (*dümlängän*). Wenn man es zusammenfasst, dann ist läuft es auf das Wort „unklar“ (*eniḳ ämäs*) hinaus. Es gibt Wörter wie „verschlossen“ (*yepiḳ*). Durch diese Benennungen habe ich einen Unterschied zur *Guŋga*-Dichtung markiert. Doch wenn wir es „*Guŋga*-Verschlossen“ nennen würden, wäre das falsch. Nachdem China die Türen aufgemacht hatte, kam auf einmal aus dem Ausland die *Moderne* herein. So eine Strömung hatte es in der uigurischen Dichtung nicht gegeben.

Momentan gibt es in der uigurischen Literatur zwei Zweige der Moderne. Der eine davon ist der von Äxmätjan Hosman vertretene, der andere der von Čimängül Avut.* Sie unterscheiden sich voneinander: Čimängül Avut bedient sich des *silbenzählend*en Versmaßes, das Äxmätjan Hosman nicht verwendet; Čimängül Avut hat zahlreiche Nachahmer, während nur wenige Äxmätjan Hosman nachahmen. Das macht die Situation sehr komplizierter. Es ist extrem kompliziert. So sieht die Situation in der uigurischen literarischen *Moderne* aus.

Im 19. Jahrhundert kamen uigurische Dichter wie Bilal Nazim, Seyit Muhämmäd Ḳašiy und Ilaxun Kökköz* als Migranten [nach Kasachstan]. Ilaxun Kökköz schrieb im *silbenzählend*en Versmaß, die übrigen schrieben im Aruz. Das war im 19. Jahrhundert. In den 20er- und 30er-Jahren des 20. Jahrhunderts gab es drüben auf der anderen Seite eine Revolution.* Danach bekamen wir viele Dichter, die hierher einwanderten. Ziya Sämädi*, Dolḳun Yasin,* Mömün Hämraev* und Rähimjan Roziev* sind beim zweiten Mal gekommen, in der zweiten [Einwanderungs-]Welle. Es gibt [auch] Jüngere, die gekommen sind, als China im Jahr 1980 die Tür aufmachte. [In der zweiten Welle] sind zum Beispiel in den 1960er-Jahren 67.000 Uiguren [nach Kasachstan] eingewandert.*

Aus diesen Gründen haben sich bei uns zwei Denkrichtungen herausgebildet. Dabei haben jene von drüben Kultur mitgebracht. Sie haben große, *klassische* [dichterische usw.] Vorbilder mitgebracht. Wir haben hier das Aruz*system* wieder zur Entfaltung gebracht. Sie selbst hatten es dort nicht zur Entfaltung bringen können, weil man es für veraltet hielt. Erst nachdem sie hierher ausgewandert waren, haben sie es hier wieder zur Entfaltung gebracht. Bei uns gibt es nur noch drei Dichter, die im Aruz schreiben. Einer davon ist Muhämmätämin Obulḳasimov.* Er schreibt Ghaselen, aber nur wenige. Dann haben wir da jemanden namens Tašmähämmät,* und danach gibt es noch Abliz Hezimov.* Die jüngere Generation kann so etwas nicht schreiben. Sie kennen die Aruz-Metrik nicht. Das ist eine Art Kunst. Sie muss man ererben. Wenn wir dieses Erbe antreten, wenn wir dies erlernen, dann werden wir die Kunst Yūsuf Ḫāṣṣ Ḥāǧibs* besitzen, der im 11. Jahrhundert den Anfang machte. Wenn wir nicht so schreiben, dann wird es bald Geschichte sein. Wenn Sie danach fragen, warum das so ist, dann sehen Sie sich doch einmal die Kasachen und die Kirgisen an: Sie können nicht im Aruz schreiben. In ihrer Literatur gibt es keine derartige Tradition. Doch sie beanspruchen sie für sich allein und behaupten, sie gehöre ihnen allein. Wenn sie wenigstens sagen würden, dass es eine gemeinsame Tradition sei, dann sollte es eben eine gemeinsame Tradition sein. Die heutigen Kasachen [haben ihre Literatur] in der Periode nach Dschingis Khan [herausgebildet], sie haben keine Zeit für geschriebene Literatur gehabt. Viel von ihrer Zeit ist dafür draufgegangen, nach Dschingis Khan das zersplitterte Reich wieder zu vereinen. In solchen Zeiten macht die Literatur keine Fortschritte. Krieg, Kämpfe, die Vereinigung der kasachischen *Stämme*... Die kasachischen *Barden** produzierten Gedichte. Sie erzeugten Gedichte im siebensilbigen Versmaß. Sie setzten die Tradition der Volksdichtung fort.

Die schriftliche Literatur fängt [bei den Kasachen] in der zweiten Hälfte des 19. Jahrhunderts an. Sie übernehmen einige Formen aus dem Aruz. Doch die Form der Dichtung [insgesamt] übernehmen sie nicht. Zum Beispiel gibt es in der kasachischen Literatur den *minažat*.* Aber Dinge wie die Längen- und Kürzenmuster der Aruz (vom Typ *fāʿilun, faʿūlun**) kennen sie nicht. In der kirgisischen Literatur ist es genauso. Über all das hat al-Ḫalīl b. Aḥmad,* der Begründer der Aruz-Metrik, ein Araber, [...] geschrieben. Die Türken Sibiriens wissen davon nichts, das hat sich dort nicht herumgesprochen. Wenn wir uns dagegen einmal Kaschgar vorstellen: dort gibt es im 11. Jahrhundert eine Medrese. Das bedeutet, dass dort eine Schule entstanden ist, die über die Vorzüge der islamischen Religion unterrichtet. Aus diesem Grund begannen dort Gelehrte und Dichter hervorzutreten, die der Lehre des Islam unterstanden. Es gab eine Medrese. Heutzutage hat Kaschgar keine analoge Rolle mehr. Kaschgar ist jetzt ein *marginaler* Ort geworden. Doch in der Geschichte hat es einmal bei der Verbreitung der Zivilisation eine große *Rolle* gespielt.

Ist für Sie die *Moderne* der uigurischen Dichtung verständlich geworden? Unter formalem Gesichtspunkt steht sie der Prosadichtung nahe. In einem bestimmten Teil davon geht es nicht um den Aspekt der *Ideen*, es geht nicht um den Aspekt des Inhalts, sondern es geht um den Aspekt der Form. Die Moderne hat unter den Uiguren der von mir sehr verehrte Abdumäjit Dölätov* [verbreitet], er ist inzwischen leider verstorben. Er hat auf Uigurisch geschrieben.

Hier in Kasachstan entwickelte sich die uigurische schriftliche Literatur sehr positiv. Die Ära von den 1950er-Jahren bis zum Jahr 2000 wurden zum Goldenen Zeitalter der uigurischen Literatur. Unglaublich viele Menschen schufen damals ihre Werke, und die schriftliche Literatur blühte auf. Doch nach der Unabhängigkeit* geriet unsere uigurische Literatur in extreme Schwierigkeiten. Eine Wirtschafts*krise* trat ein. Diese wirtschaftliche *Krise* zeigte sich auch bei den Kasachen, bei allen. Unser literarischer Verlag *Žazuwšï** wurde geschlossen, der Verlag Ḳazaḳstan* wurde auch geschlossen. Die Einrichtungen, welche Bücher [auf Neuuigurisch] herausbrachten, wurden geschlossen. Die Grundschule wurde verkürzt. [...] Das waren extrem wichtige Stätten. Und obwohl der Staat in Kasachstan sich bereit erklärte, noch intensivere Hilfestellung zu leisten, konnte er uns in jenen schweren Jahren nicht zur Hilfe kommen. Danach hat er uns vergessen.

In der Hauptsache hat es uns von der Wirtschaft her [...] getroffen. Während Kasachstan wirtschaftlich aufblühte, hat es vergessen, dass wir in schwierige Situationen geraten waren. Und wir Uiguren waren nicht in der Lage, Forderungen zu stellen. Obwohl wir über Organisationen verfügten, hatten ihre Tätigkeiten nicht mit diesen Schwierigkeiten zu tun, sondern sie hatten eine andere Ausrichtung. Wir haben alles mögliche getan, aber das haben wir nicht getan. Wir haben unsere Kraft nicht auf einen Ort konzentriert, um unsere Literatur weiterzuentwickeln. Wir waren nicht in der Lage, eine Kraftanstrengung zu vollbringen, um unsere Schulen zu stärken. In Sowjetzeiten hatten sich das Bildungswesen und die Presse positiv entwickelt. Auch das uigurische Bildungswesen befindet sich gerade in einer schwierigen Situation. [Und] man könnte es so ausdrücken: unsere Literatur existiert auf Staatskosten. Man könnte es so ausdrücken: Wenn ein, zwei Bücher erscheinen, dann ist das schon viel, oder sie erscheinen eben nicht. Früher gab uns allein der Verlag *Žazuwšï* immer 100 bis 150 Druckplatten pro Jahr. Das war eine Politik der Unterstützung für die Uiguren, zur Weiterentwicklung von deren Kultur. Das ware eine der Politiken, die in der Sowjetunion umgesetzt wurden. Doch als die Wirtschaftskrise einsetzte, wurden all diese Aktivitäten zurückgefahren.

Jetzt ist es, Gott sei Dank, besser. Kasachstan ist einer der sich entwickelnden Länder, es gehört zu den in vorderer Reihe stehenden Staaten. Dennoch gibt es keine Gelegenheiten die uigurische Literatur und die uigurische Literatur zur rechten Zeit zu *analysieren*. Die Jetztzeit zu erforschen und zu verstehen, warum sie gerade so ist. Ich habe vor nicht langer Zeit zu einem Gelehrten, einem kasachischen Gelehrten gesagt: „Im Augenblick ist in Gegenden wie Europa, Australien, Japan, Ägypten, Frankreich und Deutschland die Aufmerksamkeit für uns groß, doch hier in Kasachstan ist das Interesse für die Uigurologie gering. Die anderen interessieren sich für unser Schicksal, aber hier in Kasachstan gibt es wenig Interesse." Ich sage zu solchen Leuten: „Das geht so nicht." Dann sagen sie: „Im Ausland studieren sie, wie groß die Kraft dieser uigurischen Kultur ist, wie groß ihre Einfluss und ihre *geopolitische* Bedeutung sind, alles. Wenn es eine Großwetterlage gibt, dann müssen diese Leute das wissen, [also] studieren sie den Einfluss, den die Uiguren auf andere Völker haben, wie diese Situation im Ausland ist, alle Aspekte davon, [auch] die wirtschaftlichen Aspekte." Warum studieren sie das nicht in Kasachstan, warum hat man es vergessen? Es darf doch nicht vergessen werden. Hier in Kasachstan gibt es alle Möglichkeiten, sie müssten uns Aufmerksamkeit schenken. Doch sie schenken uns keine Aufmerksamkeit. Für den Moment schleppen wir uns hier so dahin. Indem wir uns auf unsere angestammten Traditionen stützen. *Wir entwickeln uns träge*. Indem wir den Schwierigkeiten die Stirn bieten, kommen wir *träge* voran. Dieser Tage sind wir auf uns selbst zurückgeworfen worden. Die Regierung unterstützt uns, zum Beispiel gibt sie den Schulen Unterstützung, sie gibt dem *Theater** Unterstützung, dafür sind wir ihr dankbar [...]. Sie hat uns in schweren Tagen Unterstützung gewährt. Doch grundlegende Probleme häufen sich von einem Tag auf den anderen an. Ungelöste Probleme häufen sich auf der Tagesordnung an. Diese Probleme muss man lösen. Nehmen wir jetzt zum Beispiel einmal das Problem der Bildung. Die Regierung stellt dafür Geld zur Verfügung. Ja, sie stellt es gerade zur Verfügung, aber die Zahl der uigurischen Schulen ist zum heutigen Tag von 70 auf 61 gefallen. Die Zahl der sie besuchenden Kinder ist von dreißigtausend auf fünfzehntausend gesunken. Die Leute an der Spitze müssten sich da fragen: Warum ist das so? Ich weise darauf hin, ich sage: „Bei uns ist das so und so. Passen Sie auf! Geben Sie Unterstützung!" Ich sage: „Lassen Sie uns eine [...] Politik machen! Denn die *Sowjetunion* hat es in ihrer Zeit auch getan. Setzen Sie diese Politik fort!" Ich weiß jetzt auch nicht, was geschehen wird. Werden die uigurischen Schulen geschlossen werden, so wie in Usbekistan? Ich weiß nicht, das kann niemand sagen, das kann kein Uigure sagen. Es ist unmöglich zu konstatieren, dass es Fortschritte gebe oder dass unsere Zukunft so oder so sein werde.

12.3. Transkription des Originaltextes

Bu toγrisida män mäxsus tätḳiḳat elip maŋdim. Kitaplirim häm bar. Meniŋda tätḳiḳatlirim köp bu toγrisida, Uyγurčä yezilγan.

Šeiriyitimizniŋ täräḳḳiyati umumän X-XI-äsirlärdin bašlap eniḳ mätinlär bar šeriyitimiz toγrisida, ämma alimlar Orxon-Yenisey yazmiliridiki tekstlarni šeir däp ḳarap bizni ḳalaymiḳanlašturivätti. Bular šeir ämäs edi. Šeiriy äsär ämäs edi.

Orxon-Enisey dävrigä ait ḳošaḳlar häm bar. Ḳošaḳ šäkli, bu barmaḳ šeirida yezildi, boγumlarni sanap. Nemiškä degändä *fol'klor* šeirlarda iškila *ritm* bar aγzimizγa siγidiγan:

Attin čüškän tört atliḳ

[...]

Boldi, mušundaḳ addiy *ritm* bar. Šuniŋ üčün bu eγizčä eytmaḳḳa oŋay. U šu peti bilän saḳlinidu, uniŋdin artuḳ *ritm* yoḳ. On bir boγumluḳlar bar, bu yazma ädäbiyat mäxsuli, yazma ädäbiyatta siz özgärtiškä mümkinčilik tapisiz. Boγum *ritm*lirini ḳoyumän desiŋiz *montaž* ḳilip turup yazisiz.

Eγizčä šäklidä on bir boγumliḳni az eγizγa alalaysiz. Näpäs bilän eytalaysiz. Bar. Yadlavalγan. Šairlarniŋ mahariti nahayiti yüksäk, žuḳuri bolsa on bir boγumliḳlarni eytḳan. U täs, häm uni untip ḳalidu.

*Fol'klor*luḳ šeiršunasliḳta äŋ yenik, äslävalidiγanγa, xatiridä saḳlavalidiγanγa addiy *ritm*liḳ šeirlar. Oninči vä on birinči äsir islam dini kirgändin keyin bizgä aruz šeriyiti kirdi. Uniŋ bašliniši Yüsüp Xas Hajipniŋ Ḳutaduγu Bilik dastani. U aruz šeirida yezildi. Äŋ čoŋ dastan birdinla aruz šeriyitidä yezildi. Aruzniŋ mutäḳarip, failin, faulda yezildi. Ülgisini bärdi bizgä Yüsüp Xas Hajip. Maxmut Ḳäšäḳäriydima aruzda yezilγan šeirlar bar, biraḳ köp ämäs. Mušu iškisidin tartip yäni XI-äsirdin tartip aruz šeirida u yaḳta bolsun bu yaḳta bolsun yezip kelivatidu šairlirimiz. Üzülmidi. Biz varisliḳ ḳilduḳ. Ḳutadγu Bilikkä varisliḳ ḳilduḳ, biz u än'änini buzmiduḳ, käŋäyttuḳ. Toplandi, ḳanunγa aylandi. Bu šeirni Türk-šäriḳ *klassicizm*i däp ataymän. Šu Türk-šäriḳ *klassicizm*i ülgisi asasida bizniŋ Uγγur *poèziya*si rivajlandi. Buniŋ yüksäk dävri ottura äsir dävri. U yärdä Älišer Navaiy, Xapiz Xarizmiy, [...], Babur, šuniŋ bilän bir ḳatarda Lutfiy, Durbäk. Bular aruz šeir väznisini kötärdi.

Čingiz xan parčilanγanda, Šärḳiy Türkstanda Säidiyä xandanliγi bašlidi. Bu dävirdiki šairlar Ḳaraxaniylar dävri bilän Čaγatay dävri än'änilärigä varisliḳ ḳildi, özgärtmidi. Äxmät Yäsäviyni alsaḳ u *silabiki*liḳ väzindä yezildi.

XVII-äsirdä tili bäkmu Uγγur tiliγa yeḳin, biz uni tärjimä ḳilmaymiz. Äxmät Yäsäviyni biz tärjimä ḳilmaymiz, tärjimä ḳiliš keräk ämäs. Ḳazaḳ, Ḳirγizlar tärjimiläydu, biz tärjimilimäymiz. Mušu šu *faktor*ni tästiḳiläydu, bolmisa u XII-äsir.[11] Arisida bäš[12] äsir bar. U on iškinči äsirdä tuγuldi vä yazdi, hä, ḳolyazma boluši mümkin. U köčürülüši mümkin. Köčürülgändä u näḳ birinči šäkli bolmasliγi mümkin däp oylaymän. Köčürülgän on yättinči äsirdiki nusxisiniŋ tili bäkmu Uγγur tiliγa yeḳin. Bügünki tilda sözläydu, šuniŋγa ḳarap šundaḳ däydu. Buniŋ tili aruzda yezilγanlarγa oxšimaydu. U barmaḳta yezildi. Bügünmu bar. U bizniŋ xäliḳ ädäbiyatiγa asaslinidu.

On säkkizinči äsirdä [...] Zäliliy, Xiriḳtiy, Äršiy oxšaš köpligän Uγγur šairliri bar, bular hämmisi aruzda yazdi. Xäliḳ ḳošaḳliri barmaḳ šäklidä yezildi. Barmaḳ šäkli yaki *silabiki*liḳ däp ḳoyimiz. Bu dävir pütkändin keyin xäliḳ ädäbiyati ülgiliri körünüškä bašlidi. Uniŋ sävävi bar. [...]

---

11 Im Original „XIII-äsir", was aber (aufgrund des Weltwissens und des nachfolgenden Textes selber) nicht stimmt. Daher wurde der Text hier emendiert.

12 Im Original „bäš", was aber nach der in Fußnote 11 erläuterten Emendation nicht mehr stimmt. Daher wurde der Original-Text auch hier verändert.

Biz Xitayniŋ ķoliγa čüšüp ķalγandin keyin, xäliķniŋ ičidin ķozγiliš yüz bärdi. Bir miŋ yättiyüz yätmiš säkkiz däydu, bir miŋ yättiyüz atmiš säkkiz däydu. Bu dävirlärdiki xäliķ ķozγalγandin keyin, ädäbiyatimiz ülgiliri äšu xäliķ ķozγiliŋi bilän baγliķ. Mušu yärdä aruzni än'änilär ķoγlidi. Mundaķ eytķanda nurγunliγan ķošaķlar čiķti, ķährimanliķ ķošaķliri čiķti, xäliķ dastanliri čiķti, bu dastanlar häm bar. On toķķuzinči äsirniŋ birinči yerimida teximu küčäydi, Nazugum ķošaķliri čiķti, Seyit noči ķošaķliri čiķti, nurγunliγan ķährimanliķ dastanlar čiķip kätti. Hämmisi Xitayγa ķarši. Dastanlar xäliķtin yezilγan.

Šu säväptin ädäbiy än'änilär, ädäbiy dästür iški xil, yäni iški yöniliš bilän maŋdi. Xäliķ dastanliri, xäliķ ķošaķliri, xäliķ naxšiliri – häm yazma ädäbiyat. Aruz šäriķ *klassicizm*i däymiz. Mušu *klassicizm* bilän Uyγur ädäbiyati *paralel'*, täŋ rivajliniškа bašlidi. Biraķ ayrim-ayrim. On toķķuzunči äsirdä, biz on säkkizinči äsirni atiduķ Xiriķtiy, Äršiy [...] Zäliliy, Nöbitiy, on toķķuzinčida Γeribiy, Seyit Muhämmäd Ķašiy, Bilal Nazim.

Bilal Nazim här iški eķimniŋ bešida turdi, häm iškisidä birdäk yazdi. Bilal Nazimlar ķačti bu yaķķa. Seyit Muhämmäd Ķašiy ķečip käldi bu yaķķa. Ķozγilaŋdin keyin, [...] ķolγa alγandin keyin, teximu täķipläš vä öltürüš küčiyip kätti. Šuniŋdin keyin ķačti bular. Ķazaķstanγa kelip, Ķazaķstan šarayitida yazdi. Ijadiy väziyät özgärdi.

XX-äsir kälgändä ädäbiyatimiz iškigä bölündi. Vätändiki ädäbiyatimiz, Ķazaķstandiki ädäbiyatimiz. Ķazaķstan ädäbiyati aruzni untidi. Yašlar aruzni bilmidi häm, konini ķobul ķilmaymiz däp čiķti, yeŋini ķobul ķilimiz dedi. Yeŋini izdigändä Orusniŋ Tatar *poėziya*sigä diķķätni köp ķildi. U vaķitta mädäniy märkäz Tatarstan bilän *Moskva* boldi. XX-äsirniŋ žigirminči žili *Rus poėziyasi*dä än'änilär buzulγan dävir, *klassiki*liķ än'änilär buzuldi, inķilap buzdi, *imažinist*lar, *futurist*lar, *simvolist*lar köpäydi, buni ķilγan yašlar. Ķazaķstanniŋ Uyγur yašliri buni kördi, yäni *futurizm*ni vä *simvolizm*ni kördi, *Mayakovskiy* bilän Tatar šairliriniŋ äsärlirini kördi, biraķ körgändä uniŋ šäklinila aldi, biraķ mäzmuniγa kälgända *futurizm*ni čüšänmidi, äķli yätmidi, uniŋ sirtķi šäklinila aldi. Šeirlarni čačtidä, ičigä *proletar* mäzmunini saldi. Šuniŋ bilän čačma šeir bolup kätti. Yeŋi bir än'änä čiķip käldi: čačma šeir. Buni *modernist*lik šeir deyiškä bolamdu yä bolmamdu degän mäsilä mana äšuniŋγa baγliķ. Uni *modernist*lik šeir [deyiškä] bolmaydu. Ämma *modernist*lik šeirniŋ täsiri bilän Uyγur ädäbiyatiγa šundaķ yänä bir šäkil kirip käldi.

Näķ eytidiγan bolsaķ guŋga šeiriniŋki tamamän bašķa šeiriyät ķanuniyiti. Xitay očuķ išik säyasiti nätijisidä Šäriķ vä Evropa *modernizm*i kirdi. U Xitay ädäbiyatiγima Uyγur ädäbiyatiγima täŋ kirdi. Buni nemä üčün guŋga dedi desä, guŋga – yošurun, yepiķ, tutuķ degän söz. Eniķ ämäs degän söz. Bular än'änilärdin ķečip hämmisini *Ėzop* tiliγa aylandurdi. *Ėzop* tilini bilisiz hä. Mäsälči hä. Bu nemä ķildi desiŋiz, uni mäsäl arķiliķ bärdi yeŋičä, päķätla, xalas. Nemä desiŋiz, Xitaydiki mojut säyasät očuķ deyiškä hämmisini uniŋγa yär bärmätti. Šuniŋ uni yošurun deyiškä ötti. U bir bašķičä [...] än'änigä aylinip kätti. Bu Xitay šarayitidä šäkillängän Uyγur *modernizm* šeriyiti. Xitay *modernist*liriγa oxšap Uyγurlarmu guŋga dedi buni. Bu bäd'iy eqimni päqätla Xitaydin ämäs, *Rossiya*din aldi, *Evropi*din, Šäriqtä Äräplärdin aldi. Uniŋ *biologiya*lik täripini yaxši siŋärdi. Uyγur *modernist*liri Xitaydiki možut *real*likni rät ķildi. Biz monuni ķobul ķilalmaymiz dedi, häm ķilmidi. Ular özliriniŋ šeriyitini [...] *Socialist*lik väkillär bar. *Socialist*lik ümüt däp ķoyimiz biz uni, *real*likni ķobul ķilidiγanlar, ijtimaiy turmušni yazidiγanlar. Šularγa ķarši čiķti.

78-žildin bašlap 89-žilγičä köpligän Uyγur šairliri *socialist*lik *lirika* väkilliri boldi, *socialist*lik ümüt däp ķoyumizγu bu jähättin. Ular nemigä ümütländi desiŋiz, išikni ačķandin keyin ümüt päyda boldi. Ular *socialist*lik ömürni küyläp yazdi. U 60-žilliri Orus ädäbiyatidiki, *Xruščev* vaķtida väziyät päyda bolγan šairlarniŋ oxšaš. 60-žillardiki Evropilik Čexoslovakiya, Vengriya šairliriγa oxšaš. Ümüt ķilγan, ümiti aķlanmidi yä, nemä säväptin aķlanmidi desä, 89-žili ... Hämmini ķirip tašlidi, šuniŋdin keyin Uyγur ädäbiyatida *socialist*lik šeriyätkä orun ķalmidi. Čüšünivatamsiz. Bu säyasiy *disput*.

Asasiy eķim bu *realizm* eķimi. Tänķidiy *realizm* eķimidikilär vä *neorealizm* eķimidikilär bir böläk, *modernizm* eķimidikilär bir böläk bolup ķaldi. Iškisiniŋ arisida *ideologiya*lik küräš päyda boldi. *Modernist*larni tänķitläydu *realist*lar. Silärdä, däydu *forma* yoķ, silärdä *ideya*ma yoķ, silärni čüšängüsi bolmaydu, [...] silärdä bäd'iylikni žuķuri deyiškä bolmaydu, däydu. Silär hayatni tonalmaysilär, hayatniŋ mäzmunini eytmaysilär, dedi. Silärniŋ äsäriŋlarni žuķuri bäd'iylik däp hesplimaymiz, dedi. Ändi bular dedi: Silär ķetip ķalγan *konservator*lar, silärniŋ yazγan äsärliriŋlarda täkrar köpiyip kätti. Biz yalķip kättuķ uni aŋlap, buniŋdin toyduķ, dedi. Bular arisida mušundaķ *dialog* maŋdi. Šuniŋ bilän hazirķi ähvalda bu orunda šäriķ aruz šäkli az. Bu *realist*lik ädäbiyat ķandaķ päyda bolγan ädäbiyat? *Oktyabr'* Inķilavidin keyin bularmu *realist*lik ädäbiyatķa ötti ämäsmu. *Roman* yeziška bašliduķ, hekayä, *povest'*, *poėziyamiz*mu bügünki künniŋ turmuši toγriliķ boldi. Bu än'änä ķeliplašķandi Xitayda. Šuniŋ bilän aruz än'änisigä orun ķalmidi.

Šu män sizgä dävatķinim šu, *realist*lar köpisi *sillabiki*liķ häjimdä yazdi. Monular ärkindä yazdi. Bu *ritm*larγa asas yoķ bu yärdä. Buni čečip-čečip ärkin yazdi. *Modernist*lar hazir Äxmät Hosman. Bu däydiki: Biziniŋ än'änimiz XX-äsirdä bašlandi, däydu. Biraķ nemiškä XX-äsirgä baridu eniķlimidi. XX-äsirdä čačma türidä yazdi ämäsmu. Čačma türni biz alduķ däydu. Biz šuni rivajlandurivatimiz, iškinčisi sopiliķ ädäbiyatta mušundaķ än'änilär bar dedi. Ular yalγan eytti, sopiliķ än'änilärdä, *sufiyskaya poėziya* däymiz, bu bašķa närsä tamamän. Biraķ sopiliķ äsärlärdä ički mänigä män diķķät ķoyattim män. *Real*liķni tägmätti. *Modernizm*dima män degän bar, *real*liķķa tägmäydu. Šuni näzärdä tutķan bolsa keräk. Bu iškisini bir ķilivetiškä bolmaydu. Bu böläk šarayitta, bäd'iy ädäbiyatniŋ rivajlinišida päyda bolγan *modernizm* šeriyiti. Buni häm guŋga deyiškima bolmaydu. Amma män buniŋγa Uyγurčä nam bärdim: tutuķ, yäni yošurun eytilγan, dümlängän, bir eytķanda eniķ ämäs degän gäp, yepiķ degän sözlär bar. Šu atalγular bilän ayrip ķoydum guŋga bilän. Biraķ buni guŋga-yopuķ desäk bolmaydu. Xitay išiklärni ečivätkändin keyin γipla čät ällärdin *modernizm* kirdi. Uyγur ädäbiyatida mundaķ eķim häm bolmiyan.

Hazir Uyγur ädäbiyatida *modernizm* eķiminiŋ iški tarmiγi bar, birisi Hosman Äxmätjanniŋ, iškinčisi Čimängül Avutniŋki. Bular päriķlinidu. Čimängül Avut *sillabiki*liķ väznini paydilinidu, Hosman Äxmätjan paydilanmaydu. Čimängül Avutni ägäškūčilär köp, Äxmätjan Hosman arķisidin ägäšküčilär az. Bu muräkkäpläštürivetidu. Nahayiti muräkkäp. Bu Uyγur *modernizm*iniŋ ähvali šundaķ.

XIX-äsirdä Uyγur šairliri Bilal Nazim, Seyit Muhämmädiä Ķaši, Ilaxun Kökköz oxšašlar ķečip käldi. Ilaxun Kökköz *silabiki*liķ väzindä yazdi, ķalγanlar aruzda yazdi. Bu XIX-äsirdä boldi. XX-äsirning 20-30-žilliri u yaķta inķilap boldi. Uniŋdin ķečip kälgän nurγunliγan šairlirimiz boldi. Ziya Sämädiy, Dolķun Yasin, Mömün Hämraev, Rähimjan Roziev, bular iškinči ķetim käldi. Bular iškinči dolķunda käldi. 1980-žili išikni ečivätkändä kälgän yašlar bar. Mäsilän 60-žilliri 67 miŋ Uyγur köčüp čiķti.

Šuniŋ üčün bizdä iški xil čüšänčä päyda boldi. Biraķ ular mädäniyät elip käldi u yaķtin. Čoŋ bir ülgilärni, *klassiki*liķ ülgini elip käldi. Ķaytidin aruz *sistemi*sini bu yärdä rivajlandurduķ. Ular uni u yaķta rivajlanduralmidi kona däp. Ular bu yärgä ķečip kälgändin keyin ular bu yärdä rivajlandurdi. Bizdä aruzda yazidiγan üčla šairimiz ķaldi. Bir Mämtimul

Oγulγaziev, γäzällärni az yazidu. Tašmähämmät degän kišimiz bar, uniŋdin keyin Abliz Hezimov. Yašlar yazalmaydu. Ular aruz väznini bilmäydu. U sän'ätniŋ bir türi. Uniŋγa varislik̡ k̡iliš keräk. Biz varislik̡ k̡ilsak̡, biz ügänsäk ävu XI-äsirdä bašlap bärgän Yüsüp Xas Hajipniŋ sän'itigä egä bolimiz. Uni yazmisak̡ tarix bolup k̡alidu. Nemiškä degändä K̡azak̡ vä K̡irγizlar aruzda yazalmaydu. Ularniŋ ädäbiyatida undak̡ än'änä yok̡. Birak̡ ular bizniŋ däp tallišidu. Ändi ortak̡ bolsun desä ortak̡ bolivärsun. Bügünki K̡azak̡lar Čingiz xan dävridin keyin bularniŋ yazma ädäbiyatk̡a vak̡iti bolmidi. Čingiz xandin keyin parčilanγan dölätni biriktürüškä köp vak̡ti kätti. Undak̡ vak̡itta ädäbiyat täräk̡k̡iy k̡ilmaydu. Uruš, jedäl, K̡azak̡ *ruw*lirini birläštürüš... K̡azak̡ *žirau*liri šeir čik̡iridu. Ular yättilik šeirlarni čik̡arγan. Xälik̡ šeirlirini davam k̡ilidu.

Yazma ädäbiyat XIX-äsirniŋ iškinči yerimida bašlinidu. Aruzniŋ bäzi šäkillirini alidu bular. Šeriyät šäklini almaydu. Mäsilän minažat bar K̡azak̡ ädäbiyatida, birak̡ failin, faul oxšaš närsilärni bilmäydu. K̡irγiz ädäbiyatimu häm šundak̡. Umumän bu yak̡k̡a Xälil Äxmätniŋki, u aruz vä̈zniniŋ asasčisi, Äräp, öz vak̡tida [...] yazγan. *Sibir'* Türkliri bilmäydu, u tark̡almaydu. Ändi K̡äšk̡ärgä kälsäk̡, XI-äsirdä bu yärdä mädrisä bolidu. Yäni islam dininiŋ ävzälliklirini čüšändüridiγan mäktäp päyda boldi. Šu säväptin u yärdin islam ek̡idisi bilän alimlar, šairlar čik̡išk̡a bašlidi. Mädrisä bar edi. Hazir K̡äšk̡ärniŋ undak̡ xizmiti yok̡. K̡äšk̡är häzir *marginal* boldi. Birak̡ tarixta čoŋ *rol'* oynidi, mädäniyät tark̡itišta.

Ändi sizgä Uyγur šeriyitidiki *modernizm* čüšünüšlük boldima? Šäkil jähättin čačma šeriyitigä yek̡in. Mälum k̡isimda, hä ändi *ideya* jähättin barmaydu. Mäzmun jähättin barmaydu, šäkil jähättin baridu. *Modernizm*ni K̡azak̡stan Uyγurlar arisida Abdumäjit akam Dölätov, u hazir märhum bolup kätti. Uyγur tilida yazdi.

Bu yärdä Uyγur yazma ädäbiyati yaxši täräk̡k̡iy ätti. XX-äsirniŋ 50-žilliri bašlap 2000-žilγičä Uyγur ädäbiyatiniŋ altun äsri boldi. Nahayiti nurγun adämlär ijat k̡ildi, yazma ädäbiyat gülländi. Ämma mustäk̡illiktin keyin Uyγur ädäbiyatimiz nahayiti ähvalγa dučar bolduk̡. Ik̡tisadiy *krizis* yüz bärdi. Ik̡tisadiy *krizis* K̡azak̡lardimu, barliγida boldiγu. Bizniŋ ädäbiy *Žazuwšï* näšriyati yepilip kätti, K̡azak̡stan näšriyati yepilip kätti. Kitap čik̡idiγan jaylar yepilip kätti. Ana mäktäp k̡isk̡ardi. [...] Bu intayin muhim orunlar edi. Uniŋdin bašk̡a K̡azak̡standa, dölät teximu čoŋk̡ur yardäm beriškä kälgändä, bu eγir žilliri yardämgä kelälmidi, keyin bizni untup k̡aldi.

Asasiy täräptin bizgä ik̡tisadiy täräptin [...] täsir k̡ildi. Ämma K̡azak̡stan ik̡tisadiy täräptin güllängän čaγda, bizniŋ eγir ähvalγa čüšüp k̡alγinimizni untup k̡aldi. Biz Uyγurlarma täläp k̡ilalmiduk̡. Uyušmilirimiz bolγini bilän, k̡ilγan iši uniŋγa baγlik̡ ämäs, ek̡imi bašk̡a. Hämmä närsini k̡ilduk̡, lekin mušu išni k̡ilmiduk̡. Ädäbiyatimizni rivajlanduruš üčün küčimizni bir yärgä toplimiduk̡. Mäktäplirimizni küčäytiš üčün küč čik̡iralmiduk̡. Keŋäš dävridä maarip, mätbuat yaxši täräk̡k̡iy ätti. Uyγur maaripima eγir ähvalda, ädäbiyatimiz mundak̡ eytk̡anda dölät hesaviγa, mundak̡ eytk̡anda bir-iški kitap čik̡sa čik̡idu, čik̡misa čik̡maydu. Burun bir žilda päk̡ät *Žazušï* näšriyati bizgä 100-150 basma tavak̡ berätti. Bu Uyγurlarni tutup turγini, säyasät edi, mädäniyitini rivajlanduruš üčün. Keŋäš Ištipak̡ida k̡ollanγan säyasätlärniŋ biri edi. Ik̡tisadiy bohran yüz bärgändä, bu išlar hämmisi käynigä kätti.

Hazir xudaγa šükri yaxši, täräk̡k̡iy etip kelivatk̡an mämlikätlärniŋ biri, aldink̡i k̡atardiki dölätlär k̡atarida, lekin monu Uyγur ädäbiyatiγa, Uyγur mädäniyitigä öz vak̡tida *analiz* k̡ilidiγan päyt yok̡. Tätk̡ik̡at k̡ilidiγan, čüšünidiγan bu dävirni, nemä üčün mundak̡ bolivatidu. Män baya bir alimγa eyttim, K̡azak̡ alimiγa, hazir *Evropi*da, *Avstraliya*dä, *Yaponiya*dä, *Egipet*ta, *Franciya*, *Germaniya*lärdä bizgä dik̡k̡ät yaxši, Uyγuršunaslik̡k̡a bolγan dik̡k̡ät bu yärdä tövän. Ular bizniŋ täγdirimizgä ķiziķidu, bu yärdä ķiziķiš az. Män bularγa däymän, mundaķ bolmaydu, u yärdä däydu, čät äldä bu Uyγur mädäniyitiniŋ ķuvviti ķančilik, buniŋ täsiri, *geopolitik* ähämiyiti ķančilik, hämmini ügünivatidu, bu čoŋ bir väziyät bolidiγan bolsa, bular biliš keräk, Uyγurlarniŋ bašķa xäliķlärgä bolγan täsiri ķančilik, čegarida ķančilik bolidu bu väziyät, hämmila täräplirini, iķtisadiy täräplirini ügünivatidu. Nemiškä Ķazaķstanda ügänmäydu, nemä üčün untup ķaldi, untulup ķalmasliķ keräk, bu yärdä mümkinčilik bar, bizgä diķķät ķiliš keräk. Bizgä diķķät ķilmayvatidu. Hazirčä biz äšu sörülüp kelivatimiz. Burunķi än'änilärniŋ asasida. *Inertno razvivaemsya*. Ķiyinčiliķlarγa bärdašliķ berip *inertno* kelivatimiz. Künümiz özimiz bilän özümiz bolup ķalduķ. Hökümät yardäm beridu, mäsilän, mäktäplärgä yardäm beridu, *teatr*γa yardäm berivatidu, [...] biz uniŋγa räxmät eytimiz, eγir künlärdä yardäm berdi. Lekin asasliķ mäsililär kündin-küngä toplinip ķelivatidu. Yešilmäyvatķan mäsililär kün tärtividä toplinip ķelivatidu. Bu mäsililärni yešiš lazim. Biz hazir mäsilän maaripni alayli, hökümät aķča beridu, berivatidu hä, amma bügünki kündä, Uyγur mäktäpliriniŋ sani 70-tin 61-gä čüšti. Oķivatķan balilarniŋ sani ottuz miŋdin on bäš miŋγa čüšti. Bu nemiškä šundaķ bolivatidu? deyiš keräk edi žuķurdikilär. Biz buni eytivatimiz, bizdä šundaķ bolivatidu diķķät ķiliŋlar däp, yardäm beriŋlar dävatimiz. Bizgä [...] säyasät žürgüziŋlar davatimiz. Nemiškä degändä *Sovet* dävridä šundaķ ķilγan. Šuni davamlašturuŋlar däymiz. Ändi nemä bolidu bilmäymiz, Özbäkstandikidäk yepilamdu. Bilmäymiz, bir adäm, bir Uyγur eytalmaydu. Täräķķiy ķilidu, bizniŋ keläčigimiz mundaķ bolidu dälälmäydu.

13. Endnoten zu den Texten

Seite 13

Manta-Feuerstelle	Im Original *manta očaķ*. Es handelt sich offenbar um eine gesonderte Feuerstelle, die zum Zubereiten von Speisen wie *manta* (gefüllte Teigtaschen) genutzt wurde. Nach Neşe Harbalioğlu und Raile Abdulvahit Kaşgarlı wurde diese Feuerstelle auch dazu verwendet, Schlafstätten von unten zu beheizen.[1]

Seite 14

Nan-Brot	Nan (nuig. *nan*, chin. 馕 náng) ist ein typisch uigurisches rundes Fladenbrot, das in verschiedenen Durchmessern gebacken wird und in der Regel 1-1,5 cm dick ist.[2]

Seite 14

Fünfzigführer	Bei diesem Begriff (russ. *Pjatidesjatnik*, nuig. *Ällik beši*) handelt sich um einen militärischen Rang der Zarenarmee: Ein Offizier, der fünfzig Soldaten befehligte.

Seite 14

Boynaķ	Der Hund des Ich-Erzählers hat einen sprechenden Namen, der ungefähr „Weißhals" bedeutet.

Seite 16

Doppa	Die Doppa (nuig.) ist der Name der traditionellen Kopfbedeckung der uigurischen Männer, die eine kantige Form hat. Vielfach werden Doppas als Zeichen des Respekts und der Anerkennung verschenkt. Eine Abbildung einer uigurischen Doppa findet sich als Abbildung 2 im Anhang (Abschnitt 15.1.).

Seite 32

„Die Drei Roten Fahnen"	„Drei rote Fahnen" (oder „Drei rote Banner, chin. 三面红旗sān miàn hóngqí) war ein von der Kommunistischen Partei Chinas in den 1950er-Jahren geprägter ideologischer Kampfbegriff. Die „drei Fahnen" stehen für drei Elemente maoistisch-kommunistischer Ideologie: erstens „allgemeine (politische) Leit-

1 Harbalioğlu/ Abdulvahit Kaşgarlı 2016: 3.
2 Beschreibung und Rezepte verschiedener *Nan*-Sorten bei Hošurov 2015: 231-238.

linien“ (chin. 总路线Zǒnglùxiàn), zweitens der „Großen Sprung voran“ (大跃进Dà yuè jìn, siehe die nächste Erläuterung) und drittens die „Volkskommunen“ (人民公社Rénmín gōngshè).

Seite 32

„Großer Sprung voran“

Unter dieser Bezeichnung (chin. 大跃进Dà yuè jìn) startete Mao Zedong (毛泽东Máo Zédōng, 1893-1976) im Jahr 1958 eine großangelegte Industrialisierungskampagne. Durch sie wollte er den damaligen technisch-industriellen Rückstand der Volksrepublik China gegenüber den weiter entwickelten Industrienationen aufholen. Die häufig mit brutaler Gewalt angewendeten Maßnahmen des „Großen Sprungs voran“ erreichten jedoch das Gegenteil und führten zu einem desaströsten Einbruch der volksrepublikanischen Wirtschaft sowie zu landesweiten Hungersnöten. Diesen sollen nach Schätzungen zwischen 15 und 55 Millionen Menschen zum Opfer gefallen sein. Damit gilt der Große Sprung voran als die schlimmste Hungersnot in der Geschichte der Menschheit und zugleich als eine der größten von Menschen verursachten Katastrophen aller Zeiten. Der Große Sprung voran wurde 1961 aufgrund seiner katastrophalen Auswirkungen und des ausbleibenden Erfolgs abgebrochen.[3] Ziya Sämädiy spricht in der dem übersetzten Text vorangestellten Gedichtzeile zwar lediglich vom „Sprung voran“ (nuig. *Säkräp Ilgiriläš*), und nicht vom „Großen Sprung voran“, aber aufgrund der Jahresangabe „1958“ und der von ihm beschriebenen Härten ist der Bezug eindeutig.

Seite 32

„Sunay“

Sunay oder Sünäy (nuig.; chin. 唢呐suǒ nà) ist der Name eines trichterförmigen traditionellen zentralasiatischen Blasinstruments, das bisweilen mit der Oboe verglichen wird. Die Sunay kann fünf bis sieben Grifflöcher haben und wird oft aus Birnenholz hergestellt.

Seite 32

„Gongshe“/ „Volkskommune“

Die „Volkskommune“ (nuig. *xäliḳ komunisi* bzw. *guŋši*, aus dem chin. 人民公社rénmín gōngshè; vgl. russ. *narodnaja kommuna*) war eine kollektive Wirtschaftseinheit, die im Zuge des „Großen Sprungs voran“ um 1958 eingeführt wurde und bis 1984 existierte.[4] Sie wird manchmal als Entsprechung zur russischen Kolkhose (russ. *kolchoz*) interpretiert.[5] Volkskom-

3 Nach Memtimin 2016: 193 dauerte das Experiment bis 1960.
4 Vgl. Memtimin 2016: 159, 191.
5 Memtimin 2016: 159.

munen wurden aus mehreren Tausend Bauernhaushalten zusammengeschlossen. In ihnen wurde die Arbeit zentral verwaltet, zu ihrer Bildung wurden zum Teil bestehende Familienstrukturen zerschlagen.

In seinem Text gibt Ziya Sämädiy den Begriff „Volkskommune" zunächst auf Chinesisch in neuuigurischer Umschrift (*guŋše* < chin. 公社 gōngshè) wieder. Dann glossiert er das Wort mit der neuuigurischen Übersetzung *xälik̡ kommunisi* „Volkskommune", deren zweites Element ein Lehnwort (für „Kommunue") aus dem Russischen ist. Offenbar wollte Sämädiy durch diese Art der Wiedergabe sicherstellen, dass seine Leser in Kasachstan den Ausdruck *guŋše* auch verstanden. Bei den Uiguren Kasachstans ist der chinesische Spracheinfluss im Allgemeinen wesentlich geringer als bei den Uiguren Chinas und Xīnjiāngs. Dagegen beherrschen sie als ehemalige Sowjetbürger das Russische in aller Regel perfekt.

Seite 32

„Gemüsebrühe"

Die hier konkret gemeinte Gemüsebrühe (nuig. *šayipätta*) ist eine Art Eintopf. Er enthält Einlagen wie kleingehacktes Gemüse, ganz zum Schluss werden Stückchen uigurischen Brots (nuig. *nan*, chin. 馕 náng) dazugegeben. *Šayipätta* gilt als ausgesprochenes Armeleute-Essen.

Seite 33

„Kule"

Bereits die Form des im Originaltext genannten Namens ist unsicher. Denn der uigurische Text gibt nicht zu erkennen, ob dieser Ort tatsächlich (nuig.) *Kulä* oder *Kula* heißt. Die dem Quelltext beigegebene russische Übersetzung verzichtete leider darauf, den Namen dieses Orts wiederzugeben. Eine Ortschaft Kulä/ Kula ließ sich nicht eruieren. Denkbar ist, dass es sich um eine Variante oder Verschreibung des Namens der Stadt Korla (russ. Korlja, 库尔勒Kù´ěrlè) chin. in Xīnjiāng handelt.

Seite 33

„Spitzelsau"

Im Original wird das Wort *ot k̡uyruk̡* verwendet, was man mit „Schwanz aus Feuer" oder „heißer Schwanz" übersetzen kann. Diese pejorative Bezeichnung bezieht sich auf Uiguren, die sich den Maoisten als Spitzel und Denunzianten andienten.

Seite 33

„Kotzbrocken"

Sämädiy lässt Ibrahims Mutter hier das uigurische Wort *rodupay* verwenden. In der uigurischen Mythologie bezeichnet es ein blutsaugendes Monstrum, dass den Menschen in schwierigen Situationen überfällt und sich nicht mehr abschütteln lässt. Als Schimpfwort bezeichnet es auch einen Schwächling.

Seite 34

„Zugführer“

Der Text verwendet ein aus dem Chinesischen 队长duìzhăng entlehntes Wort (*düyjaŋ~duyjaŋ*). Chin. 队长duìzhăng kann neben seiner militärischen Bedeutung („Zugführer“) auch noch den Anführer nichtmilitärischer Einheiten bezeichnen (was aber aufgrund von Heviz´ Befehlston jedoch vielleicht eher unwahrscheinlich ist).

Seite 34

„ihr etwas antun“

Diese Bedeutung ist nicht gesichert, da sich im Original ein unverständlicher Ausdruck befindet.

Seite 35

„Sänguŋ“

Dem Kontext zufolge dürfte es sich hierbei um einen Ortsnamen handeln. Der Wortgestalt nach könnte es sich um ein Wort chinesischer Herkunft handeln, was jedoch nicht sicher ist. In der russischen Übersetzung der betreffenden Stelle[6] wird Sänguŋ mit (russ.) Karaoj übersetzt. Karaoj/ Kara-Oj (kaz. Ḳara-oy) ist unter anderem der Name mehrerer Dörfer in den Provinzen Almaty, Ḳaragandy und Aktöbe (in Kasachstan), eines gleichnamigen Flusses in der Provinz Almaty sowie eines Berges in der Nähe des Flusses Ile.[7] Ob zwischen dem im uigurischen Text genannten Sänguŋ und einem der mit Ḳaraoy bezeichneten Orte tatsächlich ein Zusammenhang besteht und ob es an einer der genannten Örtlichkeiten ein Arbeits- oder Straflager gab, kann nicht mit Bestimmtheit gesagt werden.

Seite 35

„Tante Märiyäm“

Das mit „Tante“ übersetzte Wort (nuig.) *kičik apa* kann „Frau des Mutterbruders“, „Frau des jüngeren Vaterbruders“; „Frau des jüngeren Bruders des Vaters des Ehemanns“ und dialektal auch „Großtante väterlicherseits“ bedeuten. Die russische Übersetzung gibt es einfach mit „Tante“ (russ. *tetuška*) wieder.

---

6 Sämädiy 2011: 264.
7 Siehe die verschiedenen Lemmata *Ḳaraoy* in Anonym 1998-2007, Bd. 5: 598f.

Seite 40

„Bayseyit“

Bayseyit ist der modernuigurische Name des Dorfs (kas.) Bayseyit im Rayon Eŋbekšiḳazaḳ der Oblast′ Almaty. Es befindet sich ca. 80 km östlich der Stadt (kas.) Esik und hatte im Jahr 1997 etwa 3500 Einwohner.[8]

Seite 40

„Ḳoram“

Ḳoram (kas., nuig) ist der Name eines kleinen Dorfes, das etwa 120 Kilometer östlich von Almaty liegt. Es befindet sich unweit der etwas größeren Ortschaft (nuig.) Čiläk (kas. Šelek). In Ḳoram sollen im Jahr 1918, in dem die „Uigurische Tragödie“ Hämraevs spielt, etwa 900 Familien, also an die 7000 Menschen gelebt haben.[9] Der zu Ḳoram gehörende Amtsbezirk (russ. *volost′*, nuig. *bolus*) soll im selben Jahr nach Angaben von Abdulla Rozibaḳiev ungefähr 15.000 Einwohner gehabt haben.[10] Der Darstellung von Ismayil Iminov zufolge war Ḳoram mit seiner Medrese damals ein Zentrum der islamischen Gelehrsamkeit, so wie Hämraev es auch in seinem Drama beschreibt.[11] Iminov nennt das Dorf unter diesem Aspekt sogar, genau wie Hämraev in der „Uigurischen Tragödie“, ein „zweites Buchara“ (nuig. *Ikkinči Buhara*).[12] Zur Lage Ḳorams siehe die als Abbildung 3 in Kapitel 15.1. wiedergegebene Karte des Siebenstromlandes.

Seite 40

„Tämbür“

Der Tämbür ist ein fünfsaitiges traditionelles uigurisches Zupfinstrument. Korpus und Hals erreichen zusammen eine Länge von ungefähr 150 cm. Der Tämbür gilt als eines der wichtigsten Instrumente in der klassischen uigurischen Musik. LIT

Seite 41

„Γulja-Weg“

Gemeint ist der direkt östlich von Almaty beginnende alte Karawanenweg nach Osten, Richtung Γulja. Von seinem Ausgangspunkt geht auch ein Weg in Richtung der Stadt Talγar ab. Der Γulja-Weg führt zwischen dem Dsungarischen Alatau und dem Trans-Ili-Alatau-Gebirge hindurch. „Γulja-Weg“ (nuig. *Γulja Yoli*) ist zugleich der Name eines Romans desselben Au-

8 Axmetov 1999.
9 Iminov 2017 [2013].
10 Rozibaḳiev 1997: 15.
11 Iminov 2017 [2013].
12 Iminov 2017 [2013].

tors,[13] dessen Thematik stark der des hier übersetzten Dramas ähnelt.

Seite 41

„Yarkänt“

Yarkänt ist der uigurische Name der kasachischen Stadt Žarkent, die ungefähr 30 Kilometer von der chinesischen Grenze entfernt liegt. Von 1942 bis 1991 trug die Stadt den Namen Panfilov.

Seite 41

„*Köč-köč*“

Hier spricht Hämraev auf die großen Vertreibungs- beziehungsweise Migrationswellen an, denen die Uiguren beziehungsweise ihre historischen Vorfahren im 19. Jahrhundert ausgesetzt waren. Diese sind als (nuig.) *Köč-köč* in das kollektive Bewusstsein und die Geschichtsschreibung eingegangen, was man in etwa mit „gewaltsame Vertreibung“ übersetzen kann. In den drei Jahren nach dem Abschluss des St. Petersburger Friedensvertrags zwischen China und Russland (1881), durch den Ґulja an China fiel, soll es beispielsweise zur Umsiedlung von schätzungsweise mehr als 45.000 „Tarančі“ (eine historische Bezeichnung für die Vorläufer der Neuuiguren) auf russisches Territorium gekommen sein.

Seite 41

„Ili“

Der Ili (kas. Ile, nuig. und russ. Ili, chin. 伊犁Yīlí) ist ein etwa 1000 Kilometer langer Fluss in Ostkasachstan.

Seite 42

„Abdulla Rozibaḳiev“

Trotz seines kurzen Lebens spielte Abdulla Rozibaḳiev (31. 10. 1897-1937) eine überaus wichtige Rolle in der frühen sowjetischen Geschichte der Uiguren.[14] Kurz nach der Februarrevolution wurde er im April 1917 zum Sekretär der Union der Muslimischen Arbeiter (kas. *Musïlman žumïsšïlar odayï*) Vernyjs (des heutigen Almaty) gewählt.[15] Ebenfalls noch 1917 wurde er Mitglied im Revolutionskomitee der russischen Provinz Siebenstromland.[16] Zusammen mit O. Žandosov, I. Vinogradov, T. Bokin und anderen trug er maßgeblich zur Errichtung der sow-

13 Hemraéw 2016 [2014].
14 Zu ihm siehe Öskenbaeva 2005. Eine moderne Ausgabe einiger Schriften Rozibaḳievs ist Rozibaḳiev 1997.
15 Öskenbaeva 2005.
16 Öskenbaeva 2005 (*Žetisu obl. revkomïna müšelikke ötti*).

jetischen Regierung in dieser Gegend bei.[17] Ferner leistete er einen bedeutenden Beitrag zur Herausbildung der uigurisch-sowjetischen Identität. Möglicherweise war er der erste, der 1918 oder 1919 in Almaty die Bezeichnung „Uiguren“ (nuig. *Uyγur*, russ. *Ujgur*) als modernes Ethnonym verwendete.[18] Im Frühjahr 1920 wurde er zum Vorsitzenden des Revolutionskomitees von Kreis und Stadt Žarkent ernannt.[19] Ende 1920 führte er als Kommissar ein von ihm selbst aufgestelltes freies uigurisches Regiment bei Fergana in den Kampf gegen die Basmatschen (anti-kommunistische muslimische Kämpfer).[20] Im August 1921 wurde er in das Provinzkomitee für das Siebenstromland der Kommunistischen Partei gewählt.[21] 1924 wurde er dann Mitglied der Kommission zur nationalen und staatlichen Grenzziehung für Zentralasien.[22] Von 1925 bis 1927 absolvierte er ein Studium in Moskau.[23] Von Oktober 1929 bis März 1930 war er Erster Parteisekretär des Bezirks-Komitees in der kasachischen Stadt Ḳïzïlorda.[24] Von Ende 1930 bis 1932 war er Kommissar im Vorbereitungskomitee der Kasachischen ASSR sowie Parteikomiteesekretär im Rayon beziehungsweise Bezirk Pavlodar (Ostkasachstan).[25] In seinen letzten Lebensjahren arbeitete er als Stellvertreter des Leiters für Druckwesen im Zentralkomitee der Kommunistischen Partei Kasachstans.[26] Rozibaḳiev fiel 1937 der stalinistischen Repression durch Hinrichtung zum Opfer.

Seite 42

„Čeläk“

Čeläk (nuig.; kas.: Šelek) ist eine größere Ortschaft in Ostkasachstan, die in etwa auf halbem Weg zwischen Almaty und Žarkent liegt. 2006 hatte die Stadt ungefähr 22.200 Einwohner. Čeläk ist Hauptort des Kreises (kas.) Eŋbekšiḳazaḳ.[27]

Seite 42

17 Öskenbaeva 2005.
18 Klimeš 2017: 95.
19 Öskenbaeva 2005.
20 Öskenbaeva 2005 (*… özi uyïmdastïrγan erikti uyγïr polkiniŋ komissarï retinde…*).
21 Öskenbaeva 2005.
22 Öskenbaeva 2005 (*Orta Aziyanï ulttïḳ-memlekettik meželew žönindegi komissiyanïŋ müšesi*).
23 Öskenbaeva 2005.
24 Öskenbaeva 2005 (*BK(b)P Ḳïzïlorda okr. k-tiniŋ birinši xatšïsï*).
25 Öskenbaeva 2005 (*Šïγ. Ḳazaḳstan obl. Pavlodar aud. (keyin okr.) partiya k-tiniŋ xatšïsï*).
26 Öskenbaeva 2005 (*Ḳazaḳstan KP OK-niŋ baspasöz žäne baspa bölimi meŋgerüwšisiniŋ orïnbasarï*).
27 Xinayat 2007.

„Axundenpack“

Das Wort Axun oder Axund bezeichnet in der Regel einen religiös gebildeten Muslim. Es kommt auch als Bestandteil des Namens Savutaxun vor und wird im ersten der übersetzten Abschnitte als Anrede an diesen verwendet (in der Übersetzung: „Meister“).

Seite 42

„Uiguren“

Im Jahr 1921 fand im sowjetisch kontrollierten Taschkent eine Konferenz statt, auf der die Einführung des Ethnonyms „Uigure“ (russ. Ujgur) beschlossen wurde. Auf der Konferenz spielte Abdulla Rozibaḳiev eine wichtige Rolle. LIT

Seite 52

„Renaissance“

Der Sprecher verwendet kein Lehnwort, sondern das neuuigurische Verbalnomen *oyyunuš*, das eigentlich „Erwachen“ bedeutet, aber auch beispielsweise zur Bezeichnung des Zeitalters der Renaissance verwendet wird (oder zumindest in sowjetischer Zeit verwendet worden ist).[28] Dieser Wortgebrauch ist bemerkenswert, da beispielsweise im Aserbaidschanischen in den entsprechenden Kontexten seit der Sowjetzeit häufig das aus dem Russischen (beziehungsweise weiter aus dem Französischen) übernommene Wort *renessans* verwendet wird.[29]

Seite 53

„Seniorenrat“

Wörtlich „Rat der Weißbärtigen“ (nuig. *aḳsaḳallar keŋiši*). „Weißbärte“ (*aḳsaḳallar*) ist ein in vielen Turksprachen gebräuchlicher Ausdruck für ältere Honoratioren und einflussreiche, selbstverständlich immer männliche Personen.

Seite 55

„Sadir Palvan“

Sadir Palvan (chin. 萨德尔帕力万Sàdé'ěr Pàlìwàn, 1798-1871; die Sprecherin nennt andere Jahreszahlen, die anhand der Sekundärliteratur korrigiert wurden) wurde in einem Dorf (nach manchen das heutige 巴拉提买里Bālātímǎilǐ im Kreis 莫洛托乎提于孜Mòluòtuōhūtíyúzī) in der Nähe der Stadt (nuig.) Ғulja (chin. 伊宁Yīníng) geboren. Er soll sich unter anderem aktiv am Aufstand in (chin.) 伊犁Yílí im Jahr 1864 beteiligt haben. Trotz eines von zahlreichen Kriegshandlungen geprägten Lebens starb er friedlich, nämlich an einer Krankheit. Er wird von den Uiguren als Widerstandskämpfer gegen die Mandschu bzw.

28 Nadžip 1968: 113, s.v. *oyyunuš*.
29 Siehe etwa Gadžiev 1984 und Rafili 1984.

Chinesen verehrt. Der Beiname Palvan bedeutet so viel wie „Recke, Kämpfer“. Sadir Palvan war zugleich auch Dichter.

Seite 55

„Revolution der drei Provinzen“

Auch dieses historische Ereignis datiert die Sprecherin aus dem Gedächtnis nicht exakt, und es wurde im Originaltext und der Übersetzung erneut eine stillschweigende Korrektur vorgenommen. Die Sprecherin assoziiert das Ereignis offenbar mit der Lebenszeit Sadir Palvans und datiert es ins 19. Jahrhundert. Tatsächlich begann die „Revolution der drei Provinzen“ (nuig. *Üč Vilayät Inḳilivi*, chin. 三区革命Sānqū gémìng), auch „Yīníng-Vorfall“ (chin. 伊宁事变Yīníng shìbiàn) genannt, am 7. November 1944. Das Sultanat von Ili, das die Sprecherin erwähnt, bestand dagegen von 1864 bis 1871.

Seite 55

„... teilgenommen haben“

Es ist nicht hunderprozentig klar, was die Sprecherin hier meint. Wahrscheinlich ist jedoch, dass die Äußerung sich auf das 19. Jahrhundert bezieht. In diesem Fall dürfte die Teilnahme von Uiguren an den zahlreichen Aufständen gegen die Chinesen gemeint sein, die vor allem in der ersten Hälfte dieses Jahrhunderts stattfanden.

Seite 55

„chinesische Mauer“

Mit der „chinesischen Mauer“ (nuig. *Xitay sepili*) ist nicht die allseits bekannte Chinesische Mauer, also das bekannte weitverzweigte historische Schutzmauersystem im Norden Chinas, gemeint. Vielmehr dürfte es um eine konkrete Episode während einer Belagerung im Zuge eines der Aufstände gegen die Chinesen handeln, an denen Sadir Palvan teilnahm.

Seite 55

„Älaxan Sultan“

Älaxan Sultan (nuig.) war Herrscher über das Ili-Sultanat, bis dieses im Jahr 1871 von den Russen aufgelöst wurde.

Seite 55

„Sultanḳorγan“

Den Namen kann man wohl ungefähr mit „Festung des Sultans“ übersetzen (von nuig. *ḳorγan* „Feste, Festung“).[30] Die von der Sprecherin möglicherweise angedeutete etymologische Herleitung

30 Vgl. Nadžip 1968: 601, s.v. *ḳorγan*, wo für dieses Wort neben der Bedeutung „Kurgan (Grabhügel)“ auch „Festung“ (russ. *krepost´*, *ukreplenie*) gegeben wird.

vom neuuigurischen Verbum *ḳur-* „bauen, gründen, einrichten" (> *ḳurɣan* „er hat gegründet") ist aufgrund des Vokalunterschiedes zwischen *ḳorɣan* und *ḳurɣan* nicht ganz überzeugend. Das Stadtviertel Sultanḳorɣan befindet sich im Norden Almatys, einige Kilometer außerhalb des Stadtzentrums und beherbergt eine bedeutende uigurische Gemeinde, mit eigener prachtvoller Moschee. Der offizielle heutige Name des Viertels ist „Almaty 1".[31]

Seite 55

„unsere Uiguren" — Der Ausdruck (nuig. *bizniŋ Uyɣurlar*) ist hier nicht im wörtlichen Sinne, sondern eher als „die Uiguren, von denen wir gerade reden" zu verstehen.

Seite 55

„Vaterland" — So wird das neuuigurische Wort *Vätän* übersetzt, das im Sprachgebrauch der heutigen Uiguren oft auch für Xīnjiāng steht. – Die Sprecherin spielt hier auf die massenhafte Umsiedlung von sogenannten Taranči, die als historische Vorläufer der heutigen Uiguren gelten, von chinesischem auf russisches Gebiet als Folge des Friedensvertrags von St. Petersburg (1881) an.

Seite 56

„Dostluḳ" — *Dostluḳ* („Freundschaft") ist die neuuigurische Übersetzung von *Družba*, dem russischen Namen des Stadtviertels, in dem sich das Nach Abdulla Rozibaḳiev Benannte Gymnasium Nr. 153 befindet. Auf Kasachisch lautet der Name des Viertels *Dostyḳ*. Das Viertel befindet sich am westlichen Ende des Abay-Prospekts, der in west-östliche Richtung verlaufenden Hauptverkehrsachse Almatys.

Seite 56

„Uigurisches Gymnasium Nr. 101" — Die bereits in den 1920er-Jahren gegründete Schule wurde im Schuljahr 1994/1995 in ein Gymnasium mit neuuigurischer Unterrichtssprache umgewandelt.[32]

Seite 56

„rein uigurisches Gymnasium" — Gemeint dürfte sein, dass das Gymnasium Uigurisch als alleinige oder hauptsächliche Unterrichtssprache hat. Während der For-

31 Nach Oyghan 2018.
32 Siehe die Selbstdarstellung der Schule in Anonym 2018b.

schungsaufenthalte in Almaty in war es aufgrund einer Erkrankung der Rektorin nicht möglich, dieses Gymnasium aufzusuchen.

Seite 56

„Baracholka“

Baracholka ist der Name eines Floh- und Plundermarkts, der nach der Unabhängigkeit Kasachstans (1991) entstand. Er befindet sich in unmittelbarer Nähe des Viertels *Zarja Vostoka*. Der russische Name leitet sich von dem Wort *barachlo* („Plunder, Ramsch“) ab. Baracholka wurde im Laufe der Zeit nicht nur als Name dieses Markts, sondern auch der um ihn herum liegenden Gegend gebraucht.[33]

Seite 56

„nach Murat Hämraev benannte Schule“

Es handelt sich genau genommen um die nach Murat Hämraev benannte Mittelschule. Sie befindet sich in dem bereits erwähnten, von zahlreichen Uiguren bewohnten Viertel *Zarja Vostoka* Almatys.[34] – Murat Hämraev (russ. Murat Karimovič Hamraev, 1936-1983) war ein uigurischer Literaturwissenschaftler und Pädagoge.[35]

Seite 56

„Mäsim Yaḳupov“

Über eine Person dieses Namens konnten leider keine Informationen gefunden werden.

Seite 56

„Großer Vaterländischer Krieg“

Der von den Sowjetvölkern gemeinsam gegen Deutschland geführte und mit dem Sieg über Hitler und das Nazitum beendete Krieg (1941-1945), russ. *Velikaja Otečestvennaja Vojna*, nuig. *Uluḳ Vätän Uruši*.

Seite 56

„Rozibaḳiev“

Gemeint ist Abdulla Rozibaḳiev (siehe die Anmerkung auf Seite 102).

Seite 56

„Äxmätjan Ḳasimiy“

Äxmätjan Ḳasimiy (1914-1949) war einer der bedeutendsten uigurischen Politiker des 20. Jahrhunderts.[36] Nach erfolgreichem Studium in Moskau und Promotion (über uigurische Ge-

---

33 Vgl. Roberts 2007: 208.
34 Siehe hierzu Nävirdinova 2018.
35 Beispiele seines Schaffens sind Hämraev 1969, Hämraev 1975 und Hämraev/ Sabitov 1965.
36 Zu ihm siehe ausführlich Ḳojambärdi 2015a. Vgl. auch Kamalov 2015.

schichte) in der Sowjetunion arbeitete er für das Turkestanische Büro der Komintern. Er kehrte im Juni 1942 illegal aus der Sowjetunion nach Čöček (Xīnjiāng) zurück. Genau 12 Monate später wurde er dort wegen antichinesischer und kommunistischer Agitation festgenommen und inhaftiert.[37] Mitte Oktober 1944 entließen ihn die chinesischen Behörden zusammen mit anderen wichtigen politischen Gefangenen aus der Haft.[38] Nach heute verbreiteter Ansicht war Ḳasimiy nicht in die Planung der „Revolution der drei Provinzen“ involviert. Er übte jedoch maßgebliche politische und militärische Funktionen in der „Republik Ost-Turkestan“ (1944-1949) aus. Ḳasimiy starb Ende August 1949 mit weiteren führenden politischen Vertretern dieser Republik bei einem mysteriösen Flugzeugabsturz.

Seite 56

„Vaterland“, „in Ost-Turkestan“

Für „Vaterland“ steht das neuuigurische Wort *Vätän*, das man auch mit „Heimat“ übersetzen kann. Hier wird es wohl im Sinne von „Heimatstaat“ verwendet. Die Uiguren sind heute eine der weltweit größten Ethnien ohne eigenen Staat. – Das Wort „Ost-Turkestan“ ist eine von patriotischen und nationalistischen Uiguren gebrauchte begriffliche Alternative zu Xīnjiāng. Sie wurde offiziell im Namen der kurzlebigen „Türkisch-Islamischen Republik Ostturkestan“, die von Ende 1933 bis Frühjahr 1934 bestand, sowie der „Republik Ostturkestan“ (1944-1949) verwendet. Zum Begriff *Vätän* in der neuuigurischen Literatur vgl. Friederich 2001.

Seite 56

„Oberhaupt“

Ḳasimiy wurde Anfang 1946 Vizepräsident der Repubik Ostturkestan.[39] Nach der Internierung des Präsidenten Älixan Törä durch die Sowjets im Juni 1946 war Ḳasimiy jedoch faktisch Regierungschef.

Seite 56

„Flugzeugunglück“

Vgl. die Anmerkung zu Seite 56 auf Seite 107.

Seite 56

„Yīníng“

伊 宁Yīníng ist der chinesische Name der Stadt (nuig.) Ғulja, einem der bedeutendsten kulturellen Zentren der Uiguren

37 Dies ist die Darstellung in Ḳojambärdi 2015a: 204f.
38 Ḳojambärdi 2015a: 205.
39 Ḳojambärdi 2015a: 178f.

Xīŋjiāngs. Die Stadt befindet sich im Osten des Gebiets, nahe an der kasachischen Grenze. Anders als im Text erinnert, war die politische Delegation, der Ḳasimiy angehörte, nicht nach Moskau, sondern nach Novosibirsk unterwegs, bevor sie tödlich mit dem Flugzeug verunglückte.

Seite 56

„Bahavudun“ Gemeint ist Iminjan Bahavudun (1897-1948), der Autor des hier erwähnten Buchs „Geschichte von Ili“.[40] Der Bemerkung der Sprecherin ging eine längere, hier nicht wiedergegebene Passage voraus, in der sie und der Interviewer über das Buch diskutieren.

Seite 56

„Balasaγuniy“ Das Wort bedeutet „der aus Balasaγun Stammende“. Gemeint ist der in Balasaγun geborene Yūsuf Ḫāṣṣ Ḥāǧib, der im Jahr 1069 das Werk *Ḳutadγu Bilik* („Glückbringendes Wissen“), verfasste, eines der frühesten und wichtigsten Werke der islamisch-turksprachigen (genauer gesagt karachanidischen) Literatur.[41] Balasaγun ist eine untergegangene Stadt, deren genaue Lage umstritten ist, die aber auf dem Territorium Kirgistans in der Nähe der Hauptstadt Bischkek vermutet wird.[42]

Seite 56

„Bilal Nazim“ Bilal Nazim (ca. 1824-1899) war ein bekannter Schriftsteller und Dichter, der in der sogenannten „Taranči-Sprache“ (auch „Taranči-Dialekt“ genannt) schrieb, die bisweilen als Vorläufersprache des Neuuigurischen angesehen wird. Er verwendete sowohl die silbenzählende Volksdichtung als auch das quantifizierende System der klassischen islamischen Dichtung, den Aruz.[43] Berühmt wurde er vor allem durch seine aktive bewaffnete Teilnahme am Aufstand gegen die Qīng in der Ili-Gegend (1864-1867), der er sein 1875-1876 geschriebenes Versepos „Kriegszüge im chinesischen Reich“ (čag. *Γāzāt dar mülk-i*

40 Bahavudun 2016.

41 Zum *Ḳutadγu Bilik* vgl. dessen türkische Übersetzung Yusuf Has Hâcib 1985.

42 Die Abbildung, auf die während des Gesprächs gezeigt wird, findet sich in Bahavudun 2016, Seite 1 des Abbildungsteils.

43 Einzelheiten in Mollaudov 2007 [1976].

Čīn) widmete.[44] 1882 veröffentlichte er die Langerzählung *Nozugum* (oder *Nuzugum*, *Nazugum*).[45]

Seite 56

„Sultan Satuḳ Buγra xan“

Satuḳ Buγra xan (gest. 955) war ein Herrscher des karachanidischen (also turksprachigen) Reichs in Zentralasien. Er machte um 934 den Islam zur Staatsreligion und leistete dadurch einen entscheidenden Beitrag zur Islamisierung der turksprachigen Völker Zentralasiens.

Seite 56

„Maḥmūd al-Kāšγarī“

Es handelt sich um den Autoren des in den 1070er-Jahren in arabischer Sprache abgefassten Lexikons der Turksprachen und -dialekte *Dīvān luγāt at-Turk*. Maḥmūd al-Kāšγarī lebte nach einigen von ungefähr 1008 bis 1105 n. Chr.[46]

Seite 56

„Yūsuf Ḫāṣṣ Ḥāğib“

Hierbei handelt es sich um die von der Sprecherin kurz zuvor als Balasaγuniy vorgestellte Person (siehe die Anmerkung oben).

Seite 56

„Sie lebten … und schufen … ihre Werke“

Diese Angabe ist natürlich nicht korrekt, weil Maḥmūd al-Kāšγarī und Yūsuf Ḫāṣṣ Ḥāğib ungefähr ein Jahrhundert nach Satuḳ Buγra xan lebten.

Seite 56

„Nazugum“

Vgl. die Anmerkung zu Bilal Nazim oben.

Seite 56

„Ghaselen“

Die Ghasele ist eine der wichtigsten Gedichtformen der klassischen islamischen Dichtung. Neben bestimmten formalen Kriterien zeichnet sie sich in den meisten Fällen durch ihre Liebesthematik aus. Mit „Klassik“ ist in diesem Zusammenhang die auf Kürzen- und Längenunterscheidung beruhende Kunstdichtung gemeint, die auch als „Hofdichtung“, „Diwandichtung“ oder, mit

44 Mollaudov 2007 [1956]: 15, siehe auch die russische Übersetzung der „Kriegszüge…“: [Bilal Nazim] 1880-1881. – Die Abbildung, auf die während des Gesprächs gezeigt wird, findet sich in Bahavudun 2016, Seite 1 des Abbildungsteils. Zu Bilal Nazim siehe eingehend Mollaudov 2007 [1956]; Mollavutov 2007. Vgl. Harbalioğlu/ Abdulvahit Kaşgarlı 2017: 1.

45 Mollaudov 2007 [1956]: 15.

46 Die Abbildung, auf die während des Gesprächs gezeigt wird, befindet sich ebenfalls in Bahavudun 2016, Seite 1 des Abbildungsteils.

ihrem einheimischen Namen, „Aruz-Dichtung“ bezeichnet werden kann. LIT

Seite 56

„Aruz“

Hier wird erneut der traditionelle, aus dem Arabischen stammende Name für das quantifizierende Verssystem der klassischen islamischen Dichtung verwendet.

Seite 57

„Religionsgelehrter“

Im Original wird hier das Wort *ölüma* verwendet, das konkret die islamischen Religionsgelehrten (arab. *ʿulamāʾ*) bezeichnet.

Seite 59

„drei Sprachen … vierten Sprache“

Die Führung Kasachstans hat vor kurzer Zeit beschlossen, neben den bereits landesweit dominierenden Sprachen Kasachisch (Staatssprache) und Russisch auch noch dem Englischen eine wichtige Rolle im öffentlichen Leben zu verleihen. LIT Aus der Sicht der Uiguren bedeutet dies, dass sie in Zukunft vier Sprachen gut beherrschen müssen, wenn sie nicht auf die Pflege ihrer eigenen Sprache verzichten wollen. Dies bedeutet einen erheblichen Mehraufwand an Zeit und Lernintensität.

Seite 59

„Den Haager Empfehlungen“

Gemeint sind die „Den Haager Empfehlungen über die Erziehungsrechte nationaler Minderheiten“ der OSZE (Organisation für Sicherheit und Zusammenarbeit in Europa) aus dem Jahr 1996.[47]

Seite 59

„Oslo“, „Ljublijana“

Zwei Jahre nach den eben erwähnten Den Haager Empfehlungen gab die OSZE die „Osloer Empfehlungen über die Sprachrechte nationaler Minderheiten“ heraus.[48] Im Jahr 2012 folgten dann „Ljublijaner Empfehlungen über die Integration vielgestaltiger Gesellschaften“.[49]

Seite 59

„und wenn ihr Geld gebt“

Mit „ihr“ sind hier die Europäer oder die Westler gemeint. Diese Bedeutung ergibt sich aus der Interviewsituation.

47 Siehe OSCE 2018 [1996].
48 Siehe OSCE 2018 [1998].
49 Siehe OSCE 2018 [2012].

Seite 59

„die vierte Sprache kennen wir nicht“

Mit der vierten Sprache ist hier das Englische gemeint, die drei anderen Sprachen sind Kasachisch, Russisch und Neuuigurisch. An den Uigurischen Schulen Kasachstans werden die Staatssprache Kasachisch sowie das Russische und das Neuuigurische bereits obligatorisch unterrichtet. Durch die Entscheidung der kasachischen Führung, das Englische landesweit zur dritten offiziellen Sprache zu erheben, müssen an den Uigurischen Schulen und an den anderen Minderheitensprachenschulen des Landes in Zukunft vier Sprachen unterrichtet werden.

Seite 60

„Uigurisches Kulturzentrum“

Es ist unklar, welche Kultureinrichtung der Sprecher meint, da dieser Name nicht öffentlich verwendet zu werden scheint. Möglicherweise bezieht sich die Äußerung auf das *Ujgurskij nacional'nyj centr* („Uigurisches Nationalzentrum“), das sich im „Haus der Freundschaft“ (*Dom Družby*) Almatys (Kurmangazy-Straße 40) befindet und der „Versammlung des Volks Kasachstans“ (*Assembleja naroda Kazachstana*) untergeordnet ist. Theoretisch möglich ist auch, dass es um die in der Nazarbaev-Straße (im Jahre 2016 noch: Furmanov-Straße), Hausnummer 31, befindliche, privat organisierte „Nationale Vereinigung der Uiguren“ (*Nacional'naja Associacija Ujgurov*) geht. Eine weitere Möglichkeit, den Begriff „Uigurisches Kulturzentrum“ zu interpretieren, wäre, darin das dem Institut für Orientalistik untergeordnete „Zentrum für Uigurologie“ zu sehen, das sich schräg gegenüber dem „Uigurischen Nationalzentrum“ befindet und dem kasachischen Erziehungs- und Wissenschaftsministerium untergeordnet ist (*Centr ujgurovedenija instituta vostokovedenija im. R. B. Sulejmanova Ministerstva obrazovanija i nauki RK*). Dagegen spricht, dass sich dieses Zentrum ausdrücklich nicht um die Belange heutiger Uiguren, sondern nur um antike und mittelalterliche Geschichte kümmert.

Seite 60

„Šävkät Ömärov“

Šavkät Ömärov (russ. Šafkat Nijazovič Umarov) war im Jahr 2016 Direktor der Nach Abdulla Rozibaḳiev Benannten Schule Nr. 153 Almatys. Zusätzlich zu seiner Tätigkeit als Schuldirektor war er auch eine wichtige Figur im politischen und kulturellen Leben der Uiguren Kasachstans.[50] So war er im Jahr 2016 neben seiner Funktion als Rektor der Schule Nr. 153 unter anderem Vorsitzender der Vereinigung der Schulen mit neuuigurischer Unterrichtssprache (*Associacija škol s ujgurskim jazykom obučenija*). Auf diese Vereinigung könnte der Sprecher hier anspielen. Ferner hatte Ömärov damals den Posten eines Abgeordneten des Maslichats (Art städtische Selbstverwaltung) Almatys, eines Mitglieds der „Versammlung des Volks der Republik Kasachstan" (*Assambleja naroda Respubliki Kazachstana,* eine wichtige parlamentarische Gruppe), sowie eines Mitglieds in einem regionalen politischen Rat der Partei *Nur Otan*, der Partei des kasachischen Präsidenten, die zugleich die wichtigste und mächtigste Partei des Landes ist, inne.

Seite 60

„Zentrum" Gemeint ist das politische Zentrum, die politische Führung Kasachstans.

Seite 63

„Botaj-Kultur" Die Botaj-Kultur (kas. *Botay mädeniyeti*) ist eine prähistorische Kultur, der nach einem Fundort namens (dt., russ.) Botaj/ (kas.) Botay (auch Botai) benannt ist.[51] Dieser befindet sich ungefähr anderthalb Kilometer von dem Dorf Nikol´skoe im Bezirk Ayïrtaw der Nordkasachischen Provinz (kas. *Soltüstik Ķazaķstan oblïsï*) entfernt.[52] Anfang der 1980er-Jahre wurden dort unter Viktor F. Zajbert 158 vorgeschichtliche Häuser ausgegraben.[53] Die Botaj-Kultur besitzt menschheitsgeschichtliche Bedeutung, denn sie gilt als der Ort, an dem das Pferd domestiziert worden ist.[54]

Seite 68

„Diaspora" Gemeint sind in Russland lebende Exilkasachen und/ oder Bürger mit kasachischen Wurzeln.

---

50 Zu seinen kulturpolitischen Vorstellungen vgl. Ömärov 2016.

51 Taymaɣambetov 1999. Vgl. Parzinger 2006: 230f.; Grolle 2018.

52 Taymaɣambetov 1999. – Nicht zu verwechseln mit dem gleichnamigen Dorf Nikol´skoe in der kasachischen Provinz Akmola. Abbildung bei Parzinger 2006: Tafel 8, 2 (zwischen den Seiten 240 und 241).

53 Taymaɣambetov 1999. Den Angaben Taymaɣambetovs widerspricht Parzinger 2006: 213, der die Fundstätte Botaj nicht bei Nikol´skoe in der Nordkasachischen Provinz, sondern beim gleichnamigen Dorf Nikol´skoe in der kasachischen Provinz Akmola, in der Nähe der Stadt Kökšetaw, lokalisiert. Es ist mir unmöglich zu entscheiden, welcher der beiden Autoren recht hat.

54 Grolle 2018: 200.

Seite 69

„... wurde der *Masterstudiengang* in *Turkologie* eröffnet“

Den Satz kann man möglicherweise so verstehen, dass der im dritten Jahr eröffnete Master-Studiengang Turkologie als Hauptfach anbot, während das Fach in den Jahren zuvor nur als Nebenfach angeboten worden sei.

Seite 69

„Narïnķol“

Name eines Dorfes (ca. 9.000 Einwohner) im Bezirk Rayïmbek der kasachischen Provinz Almaty. Es befindet sich ca. 100 km entfernt vom Hauptort des Bezirks am Zusammenfluss des Narïnķol- mit dem Bayïnķol-Fluss. Zwischen 1936 und 1997 war es Hauptort eines gleichnamigen Bezirks.[55]

Seite 70

„Uigurischer Rayon“

Der „Uigurische Rayon“ (russ. *Ujgurskij rajon*, kas. *Uyγïr Awdanï*, nuig. *Uyγur nahiyiti*) ist ein Bezirk (Rayon) der kasachischen Provinz Almaty. Dort lebten (im Jahr 2005) ungefähr 64.000 Menschen. Hauptort ist (kas.) Šoŋžï.[56] Der kasachische Bevölkerungsanteil soll heute um die 50 Prozent betragen, unter den restlichen Bewohnern gibt es viele Uiguren.[57]

Seite 70

„Panfilov“

Die Ortsbezeichnung „Panfilov“ ist mehrdeutig. Zum einen gibt es im Bezirk Talγar der kasachischen Provinz Almaty ein Dorf dieses Namens (2004: ca. 7.500 Einwohner).[58] Sodann ist Panfilov der Name eines Bezirks (kas. *awdan*, russ. *rajon*) in derselben Provinz, dessen administratives Zentrum die Stadt (kas.) Žarkent ist.[59] Schließlich war „Panfilov“ der Name, den die Stadt Žarkent von 1942 bis 1992 trug.

Seite 70

„Aķtaw“

Aķtaw ist die Hauptstadt der westlichsten kasachischen Provinz Maŋγïstaw, die ans Kaspische Meer grenzt. 1998 hatte die Stadt an die 160.000 Einwohner.[60]

---

55 Axmetov 2005.
56 Axmetov 2007.
57 Axmetov 2007.
58 Anonym 2005.
59 Axmetov 2005a.
60 Äbdiräsilov/ Omarov/ Bazarbaev 1998.

Seite 70

„Rayïmbek“ — Siehe die Anmerkung zu Narïnḳol (Haupttext Seite 69) oben.

Seite 70

„Vaterland“ — Vgl. die Anmerkung zu Seite 55 des Haupttextes.

Seite 70

Sümbe — Sümbe ist der Name eines kleinen Orts im Uigurischen Rayon der Provinz Almaty. Der Ort liegt nur wenige Hundert Meter von der Grenze zu China entfernt.

Seite 71

„Sprache der Prüfungen“ — Mit der Prüfung ist die „Vereinte Nationale Testierung“ (kas. *Ulttïḳ Birïŋγay Testilew/ UBT*, russ. *Edinoe Nacional'noe Testirovanie/ ENT*, engl. *Unified National Testing/ UNT*) gemeint, die wichtigste Studienzulassungsprüfung Kasachstans.[61]

Seite 72

„Nach Abay benannte Pädagogische Universität“ — Uigurisch-LehrerInnen werden in Almaty am Lehrstuhl für Östliche Sprachen und für Übersetzungen (kas. *Šïγïs tilderi žäne awdarma kafedrasï*) des Instituts für Philologie und mehrsprachigen Unterricht (kas. *Filologiya žäne köptildi bilim berüw institutï*) an der Nach Abay benannten Kasachischen Nationalen Pädagogischen Universität (kas. *Abay atïndaγï Ḳazaḳ Ulttïḳ Pedagogikalïḳ Universiteti*) ausgebildet. Das Institut befindet sich in der Žambïl-Straße 25.[62]

Seite 73

„genetischer Gesichtspunkt“ — Die Passage ist eines der zahlreichen Beispiele für das Fortdauern rassistischer beziehungsweise sozialdarwinistischer Diskurse im postsowjetischen Raum.

Seite 79

„syllabische“/ „Barmaḳ-Metrik“ — Hiermit ist das metrische System gemeint, das in der traditionellen Volksliteratur der Turkvölker verbreitet ist. In ihm spielt im Unterschied zum *Aruz* die Länge (kurz, lang, überlang) der Silben keine Rolle, vielmehr wird deren Zahl als strukturieren-

61 Detaillierte Informationen zum Testverfahren finden sich auf der Website des durchführenden „Nationales Testierungszentrums“ (Ulttïḳ Testilew Ortalïγï 2018).

62 Vgl. den Web-Auftritt des Lehrstuhls: Http://kaznpu.kz/kz/497/page/ [besucht am 27. Januar 2018].

des Element verwendet. Das Wort (nuig.) *Barmaḳ* bedeutet eigentlich „Finger“, weil man die Zahl der Silben pro Verszeile auch mit dem Finger abzählen kann. Zusammen mit dem *Aruz* bildet die *Barmaḳ*-Dichtung die beiden wichtigsten Systeme der traditionellen Dichtung der islamischen Turkvölker.

Seite 79

„Ḳošaḳ“

Das Ḳošaḳ ist eine wichtige Gedichtform traditionellen neuuigurischen Literatur.

Seite 80

„Aruz“

Der Aruz wurde von den Arabern erfunden.[63] Siehe auch die Erläuterungen zu „syllabische“/ „Barmaḳ-Metrik“ auf Seite 111.

Seite 80

„Ghasele, Muxämmäs, Musäddäs und Mäsnäviy“

Zur Ghasele siehe die Erläuterung auf Seite 110. – Die neuuigurischen Ausdrücke *muxämmäs*, *musäddäs* und *mäsnäviy* bezeichnen wie die Ghasele jeweils bestimmte Gedichtformen der klassischen quantifizierenden (Aruz-)Dichtung. Ein *müxämmäs* (arabisch „Verfünffachter“) ist eine Gedichtform, bei der die einzelnen Strophen jeweils aus fünf Zeilen bestehen. Sämtliche Zeilen der ersten Strophe weisen denselben Reim auf (Schema: aaaaa). In den Folgestrophen haben dann jeweils die letzten beiden Zeilen oder die letzte Zeile denselben Reim wie die erste Strophe. Hieraus ergeben sich folgende Reimschemen: aaaaa xxxaa … oder aaaaa xxxxa … usw.[64] Der *müsäddäs* (arab. „Versechsfachter“) ist vom Aufbau her dem *müxämmäs* ähnlich, nur dass innerhalb einer Strophe jeweils sechs Zeilen denselben Endreim haben.[65] Das *mäsnäviy* („Verdoppelter“) ist eine bekannte Gedichtart, bei der sich jeweils zwei aufeinanderfolgende Zeilen reimen (Schema aa bb cc …). Es entspricht dem persischen *Matnavī* und dem türkeitürkischen *Mesnevi*. Aufgrund der Einfachheit der Reimbildung wird das *mäsnäviy* gerne für längere und epische Dichtungen verwendet.[66]

---

63 Zur Herkunft und Geschichte des Aruz siehe Weil 1979.

64 Zum aserbaidschanischen Pendant des neuuigurischen *müsäddäs* vgl. Ahundov/ Ferzaliyev/ Abbasov 1985: XV.

65 Zu den aserbaidschanischen, osmanischen und türkeitürkischen Pendants des neuuigurischen *müxämmäs* vgl. Ahundov/ Ferzaliyev/ Abbasov 1985: XV; Pekolcay/ Eraydın 1976: 30f.; Pala 2004: 329, s.v. *muhammes*.

66 Zu den Eigenschaften dieser Gedichtform vgl. Bruijn 1999.

Seite 80

„Vier plus fünf“

Gemeint sind Verszeilen, die aus neun Silben bestehen und bei denen sich nach der vierten Silbe eine Zäsur (Wort- oder Sinneinschnitt) befindet, wie etwa in diesem nach dem gleichen Prinzip gebauten Neunsilbenvers von Yunus Emre (13./14. Jahrhundert; die Zäsur ist durch // markiert):

Söyler idim // enel-Hakk'ı[67]

„Ich würde es aussprechen, das // ‚Ich bin Allah‘.“

Die Autorin spricht in dem übersetzten Abschnitt über die historische Entwicklung der uigurischen im Vergleich zur kasachischen Dichtung. Letztere sei vom Einfluss der arabischen Aruz-Poesie weniger stark beeinflusst worden und habe daher stärker ihren ursprünglichen Charakter bewahrt.

Seite 80

„Abduγopur Ḳutluḳov“

Abduγopur Ḳutluḳov (*1936) ist ein neuuigurischer Schriftsteller und Dichter. Geboren in伊宁Yīníng/ Γulja, absolvierte er zunächst ein philologisches Studium in Ürümči. Anfang der 1960er-Jahre floh er aus politischen Gründen aus China nach Almaty.[68]

Seite 83

„Orchon-Jenissei-Inschriften“

Im weiträumigen Gebiet der Flüsse Orchon und Jenissei wurden zahlreiche Inschriften in alttürkischer und altuigurischer Sprache gefunden, von denen viele in einer speziellen, von dem sich selbst *Türk* nennenden antiken Volk selbst entwickelten Runenschrift fixiert wurden.[69] Zu den bekanntesten dieser Inschriften gehört die dem alttürkischen Herrscher Bilgä Ḳaγan gewidmete.

Seite 83

„Ḳošaḳ“

Siehe die diesbezügliche Erläuterung zu Seite 79.

Seite 84

„*Dastan*“

Das (nuig.) Dastan (türkeitürkisch: *destan*) ist eine bedeutende Gattung der turksprachigen Literaturen. Ihre Ursprünge werden

---

67 Textbeispiel aus Öztelli 1992: 232f.

68 Informationen aus Harbalioğlu/ Abdulvahit Kaşgarlı 2017: 54f.

69 Ajdarov 1966: 4.

bis in die vorgeschichtliche Zeit zurückgeführt. Man unterscheidet versifizierte von Prosa-Dastans. Inhaltlich setzen sich viele Dastans mit Liebes- oder Heldenthematiken auseinander.[70]

Seite 84

„Yūsuf Ḫāṣṣ Ḥāǧib" Siehe die Anmerkung zu Balasaγuniy auf Seite 56.

Seite 84

„*Mutaḳārib*-Metrum" *Mutaḳārib* (arabisch) ist der Name eines berühmten Versmaßes der auf Längen und Kürzen beruhenden (quantifizierenden) Aruz-Dichtung. Zu ihm gehört das metrische Muster v – – / v – – / v – – /v – (–), wobei „v" jeweils für eine kurze und „–" für eine lange Silbe steht. Der *Mutaḳārib* wurde gerne für längere, epische Dichtungen verwendet.[71] Das *Ḳutadγu Bilik* ist in einer turksprachigen Adaption der *Mutaḳārib*-Variante v – – / v – – / v – – /v – abgefasst.

Seite 84

„Maḥmūd al-Kāšγarī" Vgl. die Anmerkung zu Seite 56.

Seite 84

„hier oder dort" Damit dürfte „im heutigen Xīnjiāng und im heutigen Kasachstan" gemeint sein, auch wenn es diese geographischen Bezeichnungen oder ihnen entsprechende Gebiete im 11. Jahrhundert natürlich noch nicht gab.

Seite 84

„ʿAlī Šīr Navāʾī" (Mīr) ʿAlī Šīr Navāʾī (1441-1501) ist einer der berühmtesten turksprachigen Dichter des Mittelalters. Die von ihm benutzte Sprache, die der Autor des Interviewtextes als „Uigurisch" einordnet, wird in der Literatur in der Regel als „Tschagataisch" bezeichnet, da sie unter anderem im Tschagatai-Ulus (siehe die nachstehende Erläuterung zu „Tschagatai-Zeit") verwendet wurde. ʿAlī Šīr Navāʾī gilt als ihr eigentlicher Begründer und definierte mit seinen Werken einen Standard, der über Jahrhunderte nachwirkte.[72]

---

70 Zum turksprachigen Dastan allgemein siehe İnan 1976; Ekici 2007. Zum neuuigurischen *Dastan* im Kontext anderer turksprachiger Literaturen siehe Anikeeva 2017.

71 Zum *Mutaḳārib* vgl. Džafar 1973: 112; Thackston Jr. 1990: 418.

72 Zu ʿAlī Šīr Navāʾī vgl. Eckmann 1959: 140, İnan 1976a: 489-494; Alī Şīr Nevāyī 1996 und Alî-Şîr Nevâyî

Seite 84

„Xapiz Xarezmiy“ | Xapiz Xarezmiy (nuig.; tschagataisch: Ḥāfiz-i H̱ᵛārezmī) war ein wichtiger Dichter der frühtschagataischen Periode (gestorben nach 1415).[73] Er verfasste einen umfangreichen Diwan (alphabetisch geordnete Gedichtsammlung) sowie ein „Buch der Liebe“ (čag. *Muḥabbet-name*).[74]

Seite 84

„Babur“ | Ẓahīruddīn Muḥammad Babur (1483-1530) war der Begründer des Mogulreichs von Indien. Er hinterließ seine politischen und persönlichen Memoiren mit dem Titel *Baburnāme* („Buch des Babur“), eins der berühmtesten Werke der orientalischen Literatur.[75]

Seite 84

„Lutfiy“ | Lutfiy (nuig.; tschagataisch: Luṭfī) war ein bedeutender tschagataischer Dichter des frühen 15. Jahrhunderts. Er übte unter anderem starken Einfluss auf Navā᾽ī aus.[76]

Seite 84

„Durbäk“ | Durbäk (nuig.) war ein tschagataischer Dichter, der am Anfang des 15. Jahrhunderts lebte. Er verfasste unter anderem ein paarweise reimendes Langgedicht mit dem Titel *Yūsuf ve Zelīḫā* („*Yūsuf* und *Zelīḫā*“).[77]

Seite 84

„Saʿīdīya-Dynastie“ | Der sogenannte „Saʿīdīya-Staat“ (nuig. nuig. *Säidiyä döliti*, russ. *Saidijskoe gosodarstvo*) hatte sein Zentrum in der Stadt (chin.) 莎车Shāchē/ (nuig.) Yäkän im heutigen Xīnjiāng. Er bestand von 1514-1582. Der Name leitet sich vom Staatsgründer, einem gewissen Sulṭān Saʿīd, ab.[78] Dschingis Khan starb im 13. Jahrhundert, das von ihm gegründete Großkhanat endete im 14. Daher kann man die Angabe des Textes „als [das Reich von]

1993; Turan 2007: 688-690.

73 Turan 2007: 687f. Das mutmaßliche Todesdatum ergibt sich aus der Angabe Turans, dass Ḥāfiz-i H̱ᵛārezmī von dem timuridischen Prinzen İbrāhīm protegiert wurde, der von 1415-1435 über die timuridische Provinz Fars herrschte.

74 Turan 2007: 687f.

75 Vgl. Coşkun 2007: 337.

76 İnan 1976a: 490, 492. Zu Navā᾽ī siehe die Erläuterung auf Seite 104.

77 İnan 1976a: 488f.

78 Zu diesem Staat vgl. Arziev 2006: 55; Iminov 2014: 83.

Dschingis Khan zerfiel" nur auf spätere Nachfolgereiche beziehen, die sich direkt oder indirekt auf Dschingis Khan oder eine Abstammung von ihm beriefen. Eines davon war (nuig.) Moγolistan („Land der Mongolen"), das von 1348 bis zum Anfang des 16. Jahrhunderts, also ungefähr bis zur Zeit der Gründung des Saʿīdīya-Staates, existierte.[79]

Seite 84

„karachanidische Zeit"

Die Karachaniden waren eine turksprachige Dynastie, deren Ursprünge an die Wende vom 9. zum 10. Jahrhundert zurückreichen und die bis 1212 existierte. Unter ihrem Herrscher Satuḳ Bughra Khan (nuig. Satuḳ Buγra xan, gestorben 955) machten sie als erste turksprachige Dynastie Zentralasiens den Islam zur Staatsreligion. Ihr Herrschaftsgebiet erstreckte sich zeitweise über Weite Teile Transoxaniens (unter anderem mit Buchara) und des heutigen Xīnjiāng (unter anderem mit Kaschgar und Chotan). Die von den Karachaniden geschaffene Literatursprache, das Karachanidische, war die erste islamische Literatursprache eines Turkvolks in Zentralasien.[80]

Seite 84

„Tschagatai-Zeit"

Tschagatai war der zweite Sohn Dschingis Khans. Nach dessen Tod (1227) erhielt Tschagatai die Herrschaft über einen Teil des mongolischen Großreichs, der unter anderem das Siebenstromland, Transoxanien und Teile des heutigen Usbekistans und Kirgistans umfasste. Das Teilreich Tschagatais, der sogenannte Tschagatai-Ulus, bestand bis 1348.[81]

Seite 84

„Aḥmad Yasavī"

Aḥmad Yasavī (gestorben 1166) gilt als einer der wichtigsten mystischen Dichter der Turkvölker. Seine Gedichte beeinflussten nicht nur die islamischen Turkvölker Zentralasiens, sondern wirkten weit darüber hinaus, unter anderem bis nach Anatolien. Seine Werke (das bekannteste ist der sogenannte „Diwan der Weisheit") sind nicht im Original überliefert, sondern nur in Abschriften aus der frühen Neuzeit.[82]

---

79 Zu Moγolistan vgl. Memtimin 2016: 82f.

80 Zu den Karachaniden vgl. Alptekin 1983: 152; Róna-Tas 1991: 39; Kreiser/ Neumann 2005: 22; Memtimin 2016: 24f., 81f. Zur Sprache siehe insbesondere Mansuroğlu 1959.

81 Zur Ausdehnung des Tschagatai-Ulus siehe Abazov 2008, Karte 23.

82 Zu Aḥmad Yasavī vgl. Caferoğlu 1976: 409f.; İz 1986; Pylëv 1997; Mélikoff 2003; Akarpınar 2007; Ocak 2007; Heß 2009; Heß 2009a.

Seite 85

„Zäliliy“ — Über diesen Dichter ist nur wenig bekannt. Nach Angaben von Abdushükür Memtimin verfasste er zwischen 1734 und 1742 seine „Gesammelten Gedichte“ einschließlich des Diwans.[83] Er dürfte Ende des 17. Jahrhunderts auf dem Gebiet des heutigen Xīnjiāng geboren worden sein. Man muss ihn von dem später lebenden türkmenischen Dichter (Gurbandurdy) Zelili unterscheiden.

Seite 85

„Xiriķtiy“ — Muhämmät Imin Xojam Ķuli Xiriķtiy (neuuigurische Namensform) war ein tschagataischer Dichter, der 1724 starb.[84] Sein berühmtestes Werk ist das Epos (nuig.) *Muhabbätnamä vä mehnätkam*.[85] Außerdem wird ihm eine Gedichtsammlung, (nuig.) *Divan Gumnam*, zugeschrieben.[86]

Seite 85

„Äršiy“ — Dem Dichter Äršiy, der im 18. und 19. Jahrhundert lebte, wird ein kompletter Diwan (alphabetisch geordnete Gedichtsammlung) zugeschrieben.[87]

Seite 85

„… Chinesen in die Hände gefallen“ — Xīnjiāng kam 1759 unter die Herrschaft der chinesischen beziehungsweise mandschurischen 清Qīng-Dynastie.

Seite 85

„Seyit Noči“ — Seyit Noči (oder Siyit Noči) ist der Name einer tragischen Figur in einigen Volksepen und Gedichten. Die Geschichte variiert das klassische Tragödienmotiv des Boten, der sein eigenes Todesurteil zustellt: Dem Held Seyit Noči, einem Muslim, wird vom chinesischen Gouverneur von Aķsu aufgetragen, dem gleichfalls chinesischen Gouverneur von Kaschgar einen Brief zu überbringen. Der treue und naive Held nimmt einen monatelangen Weg auf sich, um das Schreiben zu überbringen, ohne zu ahnen, dass er dadurch sein eigenes Leben beendet.[88]

83 Memtimin 2018.
84 Nach Memtimin 2018.
85 Mollaudov 2007a: 347.
86 Mollaudov 2007a: 347.
87 Siehe erneut Memtimin 2018.
88 Tanridagli 2017: 7. Vgl. Anonym 2018c; Memtimin 2018.

Seite 85

„Nöbitiy“ — Nöbitiy ist ein klassischer Dichter, der im Aruz schrieb. Sein Diwan soll in einer Handschrift aus dem Jahr 1797 erhalten sein.[89]

Seite 85

„Γeribiy“ — Gemeint sein dürfte Turdi Γeribiy (1802-1862).[90] Nach Abdushükür Memtimin soll das ihm zugehörige „Buch des Γeribiy“ 1841 geschrieben worden sein.[91]

Seite 85

„Seyit Muhämmäd Ḳašiy“ — Seyit Muhämmäd Ḳašiy (geboren ca. 1822), war ein Dichter des 19. Jahrhunderts, der ungefähr zur gleichen Zeit lebte wie Bilal Nazim.[92] Er stammte, lebte und wirkte in der Ili-Gegend.[93] Im Jahr 1882 veröffentlichte er ein aus fünf Teilen bestehendes historisches Aruz-Gedicht über den muslimischen Widerstand gegen die Qīng.[94]

Seite 85

„unsere Literatur in Kasachstan“ — Tatsächlich hat sich auch noch in anderen Gebieten und Ländern außerhalb Xīnjiāngs eine neuuigurische Literaturtradition entwickelt, etwa in Kirgisien.

Seite 85

„tatarische Dichtung“ — Wie die Uiguren sind auch die Tataren ein Turkvolk, und wie sie verwendeten sie im Mittelalter eine Variante der tschagataischen Literatursprache. Seit dem 16. Jahrhundert leben die (Kasan-)Tataren als Teilvolk Russlands. Sie waren eines der ersten Turkvölker, die sich, vor allem durch russische Vermittlung, zahlreiche Errungenschaften der modernen westlichen Kultur aneigneten. Daher haben sie im 19. und 20. Jahrhundert

---

89 Memtimin 2018.

90 Zu ihm siehe Harbalioğlu/ Abdulvahit Kaşgarlı 2017: 35.

91 Memtimin 2018.

92 Zu ihm siehe beispielsweise Mollaudov 2007 [1956]: 12f. Harbalioğlu/ Abdulvahit Kaşgarlı 2017: 1 geben seinen Namen als (ttü.) *Seid Muhammed Heyd Muhammed Oğlu*.

93 Mollaudov 2007 [1956]: 13.

94 Mollaudov 2007 [1956]: 13; Harbalioğlu/ Abdulvahit Kaşgarlı 2017: 1, 35. Mollaudov gibt den Namen dieses Gedichts nur in einer russischen Transkription, *Šerxi šikasta*, was er mit *Povestvovanie ugnetennych* („Erzählung der Unterdrückten“) übersetzt.

oft eine kulturelle Vorreiterrolle unter den Turkvölkern gespielt. LIT

Seite 86

„Imaginisten, Futuristen und Symbolisten“

Unter dem Namen „Imaginismus“ (russ. *Imažinizm*, seinerseits abgeleitet von frz. *image* „Bild“) wird eine Gruppe von sowjetischen Dichtern verstanden, die sich ab 1919 formierte und bis zur Mitte der 1920er-Jahre aktiv war. Indem sie das „Bild“ zum Kernbegriff ihres poetischen Schaffens machten, setzten sich die Imaginisten von anderen dichterischen Strömungen der Zeit, namentlich den Futuristen, ab. Führende Imaginisten waren Vadim Gabriėlevič Šeršenevič (1893-1942), Aleksandr Borisovič Kusikov (1896-1977) und Anatolij Borisovič Mariengof (1897-1962).

Der Futurismus (russ. *futurizm*) war eine weitverzweigte avantgardistische Bewegung des 20. Jahrhunderts, die unter anderem Literatur, Kunst, Musik, Theater und Kino prägte. Begründet wurde er durch den italienischen Schriftsteller Filippo Tommaso Marinetti (1876-1944), der im Jahre 1909 das „Manifest des Futurismus“ (ital. *Manifesto del Futurismo*) publizierte. Wie der Name (ital. *futuro* „Zukunft“) bereits verrät, propagierte Marinetti damit eine antitraditionalistische Haltung, die sich zugleich aber auch als antiliberal und zugleich patriotisch und militaristisch verstand. Aufgrund ihres ‚revolutionären‘ und modernistischen Charakters wurde der Futurismus auch in der Sowjetunion breit rezipiert und ausgebaut. Dem Futurismus werden dort beispielsweise die Dichter Viktor Vladimirovič Chlebnikov (alias Velimir Chlebnikov, 1885-1922) und Vladimir Vladimirovič Majakovskij (1893-1930) zugerechnet.

Der Symbolismus war eine prägende Strömung in der europäischen Kunst und Literatur des ausgehenden 19. und des 20. Jahrhunderts. Er gilt als Gegenströmung zu Realismus und Naturalismus, indem er gegenüber den wahrnehmbaren, scheinbar gegebenen Phänomenen den Wert der Ideen und Vorstellungen („Symbole“) betont. In der Literatur umfasste er ungefähr die Jahre 1890-1920. Als führende Vertreter des literarischen Symbolismus gelten in Frankreich etwa Paul Verlaine (1844-1896), Arthur Rimbaud (1854-1891) und Stéphane Mallarmé (1842-1898) und in Russland Aleksandr Aleksandrovič Blok (1880-1921) sowie Innokentij Fedorovič Annenskij (1855-1909).

Seite 86

„Majakovskij“ Vgl. die vorausgehende Erläuterung.

Seite 86

„Prosadichtung“ In einem Teil der europäischen Moderne wurde Dichtung beziehungsweise Lyrik im ausgehenden 19. und im 20. Jahrhundert als eine Art von Literatur neudefiniert, die unabhängig von formalen Merkmalen, vor allem Versmaß, Reim und Strophenstruktur, beschrieben werden kann. Dies stand dem traditionellen Verständnis von Dichtung als einer an derartige formale Kriterien fest gebundenen Literaturgattung gegenüber. Das neue Verständnis von Lyrik diente nicht selten zur bewussten Abgrenzung von als dekadent, überholt und rückständig dargestellten Traditionen. Die Loslösung von den formalen Merkmalen der Dichtung im Zuge der literarischen Moderne sollte vielfach zur Betonung und oder Befreiung des Inhalts führen. Diese Entwicklung wurde auch im Orient einschließlich der uigurischen Literatur kopiert. Dort war der Begriff der „Dichtung“ (nuig. *šeir*) traditionell ebenfalls an sehr eng definierte formale Bedingungen (entweder in der Aruz- oder in der Volksdichtung, die auch miteinander kombinierbar waren) geknüpft, wenn die Formalisierung nicht sogar noch bestimmender gewesen war. Für Texte, die über keinerlei formale Ähnlichkeit mehr mit Gedichten im traditionellen Sinn verfügten, aber in Analogie zu den modernen europäischen Erzeugnissen beanspruchte, „Gedichte“ zu sein, wurden daher im Osten um die Wende zum 20. Jahrhundert Begriffe wie „Prosagedicht“ (nuig. *čačma šeir*, chin. 散体sǎntǐ) oder „freies Gedicht“ (nuig. *ärkin šeir*) geprägt. Problematisch an diesen Begriffen ist allerdings, dass es keinerlei Unterscheidungsmöglichkeit mehr zwischen angeblichen „Prosagedichten“ und „Prosa“ gibt. Man kann daher Zweifel daran anmelden, ob es überhaupt sinnvoll ist, von der Existenz von so etwas wie „Prosagedichten“ auszugehen. Das gleiche gilt im Übrigen auch für die türkeitürkische Entsprechung von *čačma šeir* beziehungsweise *ärkin šeir*, *serbest nazım* („freie Dichtung“).[95] „Freie Verse“ beispielsweise von Nazım Hikmet (1902-1963) sind oft nichts anderes als mehr oder weniger verszeilenähnlich angeordnete Prosasätze.[96] – Das in dem neuuigurischen Ausdruck *čačma šeir* enthaltene erste Element,

95 Zur diesbezüglichen Dichtung im türkeitürkischen Kontext vgl. Altan 2011.

96 Zur Bedeutung Nazım Hikmets für die türkeitürkische Poesiegeschichte und die Diskussionen über reim- und versmaßfreie „Dichtung“ siehe beispielsweise Sazyek 2007: 26-28.

čačma, kann unter morphologsichen Gesichtspunkten als Ableitung von dem Verbum *čač-* „ausbreiten, verteilen" angesehen werden. Dieser etymologischen Herleitung schließt sich offensichtlich auch der Sprecher selber an, indem er feststellt: „Sie haben die Gedichte ausgebreitet" (nuig. *šeirlarni čačti*). Tatsächlich dürfte es zwischen dem neuuigurischen Wort für „prosaisch, Prosa-" (*čačma*) und dem Zeitwort *čač-* jedoch keine sinnvolle direkte Bedeutungsbeziehung innerhalb des Neuuigurischen, sondern nur eine indirekte Verbindung über das Chinesische geben. Denn das erste Zeichen der chinesischen Entsprechung von *čačma šeir*, 散体sǎntǐ, ist, wie nuig. *čač-*, ebenfalls ein Verb mit der Bedeutung „ausbreiten" (chin. 散sǎn).

Seite 86

„Guŋga-Dichtung"

Über die vom Sprecher hier beschriebene Strömung der neuuigurischen Lyrik konnten abgesehen von dem hier Wiedergegebenen nur einige vage Äußerungen in anonymen Forumseinträgen im Internet[97] gefunden werden. Dies könnte daran liegen, dass es sich um eine umstrittene und von der akademischen Literaturwissenschaft kaum beachtete Strömung handelt. Offensichtlich ist die Guŋga-Dichtung eine unter chinesischem Einfluss entstandene Poesie. Das neuuigurische Wort *guŋga* bedeutet so viel wie „undeutlich, schwer erkennbar, dunkel, düster, finster, schwach beleuchtet, obskur, mysteriös, ominös" und tritt in adjektivischer oder adverbialer Verwendung auf.[98] Textbeispiele, in denen das Wort vorkommt, sind: *Kičikkinä lampa öyni guŋga yorutup turatti.* „Die mickrige Funzel leuchtete das Haus nur schwach (*guŋga*) aus." und *U yänä eγir γämgä patti, bir ḳatar guŋga täsävvurlar, rošän äslǟšlär taŋ atḳuča uniŋ yürigini ezip čiḳti.* „Er sank wieder in tiefe Verzweiflung, und eine Menge düsterer (*guŋga*) Gedanken, gemischt mit klar aufblitzenden Erinnerungen, zermarterten sein Gemüt bis zum Morgengrauen."[99]

Seite 86

„Politik der Offenen Tür"

Die sogenannte „Open Door Policy" wurde als politische Forderung der USA gegenüber China und Japan ab 1899 formuliert. Gemeint war, dass die USA (und andere westliche Groß-

97 Anonym 2018d.
98 Yaḳub et al. 1990-1998, Bd. 4, s.v. *guŋga*; Schwarz 1992: 846, s.v. *guñga*.
99 Beide Textbeispiele stammen aus Yaḳub et al. 1990-1998, Bd. 4, s.v. *guŋga*.

mächte) unter militärischer Gewaltandrohung freien Zugang zu ostasiatischen Märkten bekommen wollten.

Seite 86

„in die Sprache Äsops gekleidet“

D.h. in eine unverständliche, kodierte Ausdrucksweise verwandelt. Nach Äsop (Aisopos), dem wahrscheinlich in das 6. Jahrhundert v. Chr. einzuordnenden antiken Fabeldichter.

Seite 86

„biologische Seite“

Es ist nicht ganz klar, worauf hier Bezug genommen wird. Vielleicht meint der Sprecher, dass diese Art der Dichtung den Uiguren von Natur aus gut gefiel. Möglicherweise wird hier auch der Stil der „*Guŋga*-Dichtung“ als besonders „biologisch“ beschrieben, in welchem Sinen auch immer.

Seite 87

„sozialistische Hoffnung“

Die Verbindung von „Hoffnung“ und „Sozialismus“ ergibt sich aus dem hier ins Spiel gebrachten historischen Kontext. Nach dem Tode Maos (1976) begann in China eine Phase der Lockerung und Öffnung, obwohl das System nach wie vor sozialistisch beziehungsweise kommunistisch blieb. Diese Entwicklung wurde durch das Tiananmenmassaker vom 4. Juni 1989 unterbrochen.

Seite 87

„Äxmät Hosman“

Äxmät Hosman (*1964 in Ürümči; der Name wird auch in der Schreibweise Äxmätjan (H)osman mit dem ehrenden Suffix -*jan* wiedergegeben) verlor im Alter von 18 Jahren seinen Vater, der während der „Kulturrevolution“ als „bürgerlicher Kapitalist“ verurteilt wurde und sechs Jahre in einem Konzentrationslager verbrachte. Hosman begann ein Studium der neuuigurischen Sprache und Literatur an der Universität seiner Geburtsstadt, bevor er 1982 zur Universitätsausbildung nach Damaskus wechselte. Nach kurzer Rückkehr nach China ging er nochmals nach Syrien, von wo aus er über die Türkei schließlich nach Kanada kam. Dort fand er politisches Asyl.[100] Das erste Gedicht des frühreifen Jungen wurde 1977 im chinesischen Radio verlesen.[101] Hosman gilt als Begründer der postmodernen Dichtung in der neuuigurischen Literatur.[102] Seine erste beiden Ge-

100 Die biographischen Angaben sind aus Harbalioğlu/ Abdulvahit Kaşgarlı 2017: 136.
101 Harbalioğlu/ Abdulvahit Kaşgarlı 2017: 136.
102 Harbalioğlu/ Abdulvahit Kaşgarlı 2017: 137.

dichtbände („Der zweiten Fall“ und „Das Geheimnis der Knoten“) veröffentlichte das Multitalent 1988 in Damaskus in arabischer Sprache.[103] Weitere Werke veröffentlichte er in englischer und in neuuigurischer und Sprache. 2011 erschien in Ürümči der Band „Für das Vaterland“ (*Ana Vätän üčün*).[104]

Seite 87

„Sufismus“

Sufismus ist eine andere Bezeichnung für islamische Mystik.

Seite 88

„Čimängül Avut“

Die Dichterin Čimängül Avut (*6. Dezember 1973) stammt aus Kaschgar (Xīnjiāng). Sie erhielt am dortigen Pädagogischen Institut eine Ausbildung als Lehrerin. Seit der Beendigung ihres Studiums arbeitet sie in Kaschgar im Herausgeberteam des „Uigurischen Verlags“.[105] Ihr erstes Gedicht erschien bereits 1987, seither veröffentlichte sie zahlreiche weitere Gedichte gesondert sowie in Gedichtbänden.[106]

Seite 88

„Bilal Nazim“, „Seyit Muhämmäd Ḳašiy“, „Ilaxun Kökköz“

Zu Bilal Nazim und Seyit Muhämmäd Ḳašiy siehe die Erläuterungen zu den Seiten 56 und 85. Zu einem Dichter namens Ilaxun Kökköz konnten keine Angaben ermittelt werden.

Seite 88

„Revolution“

In den 1920er- und 1930er-Jahren erlebte China dramatische politische Entwicklungen, die auch Xīnjiāng erschütterten. Dazu gehörte der chinesische Bürgerkrieg (ab 1927). In dessen Verlauf kam es in Xīnjiāng zur Errichtung der kurzlebigen „Türkisch-Islamischen Republik Ostturkestan“ (nuig. *Šärḳiy Türkistan Islam Jumhuriyiti*, 1933-1934). Ein Großteil der Sekundärliteratur verwendet für die (gleichwohl durchaus als revolutionär zu bezeichnenden) Geschehnisse der 1920er- und 1930er-Jahre allerdings nicht den Terminus „Revolution“, der vielmehr meistens für die chinesische Revolution von 1911 (辛亥Xīnhài-Revolution), die russischen Revolutionen von 1917 oder die sogenannte „Revolution der drei Provinzen“ (nuig. *Üč Vilayät Inḳilivi*), die 1944 in Xīnjiāng stattfand, reserviert wird.

103 Harbalioğlu/ Abdulvahit Kaşgarlı 2017: 137.

104 Hosman 2011. Vgl. Harbalioğlu/ Abdulvahit Kaşgarlı 2017: 137.

105 Harbalioğlu/ Abdulvahit Kaşgarlı 2017: 117 geben den Namen des Verlags als (ttü.) *Kaşgar Uygur Neşriyatı*.

106 Siehe die biographischen Angaben in Harbalioğlu/ Abdulvahit Kaşgarlı 2017: 117f.

Aufgrund der biographischen Daten der Schriftsteller, die der Sprecher unmittelbar im Anschluss erwähnt, muss man annehmen, dass er sich mit der Zeitangabe „1920er- und 1930er-Jahre" geirrt hat und tatsächlich eine spätere Zeit meint. In diesem Falle könnte mit der hier erwähnten „Revolution" tatsächlich die „Revolution der drei Provinzen", vielleicht auch die Gründung der VR China (1949) oder auch die sogenannte „Kulturrevolution" (1966-1976) gemeint sein.

Seite 88

„Ziya Sämädi" Zu ihm siehe Kapitel 5.

Seite 88

„Dolḳun Yasin" Dolḳun Yasin (auch mit russifizierter Namensform als Dolḳun Yasenov usw. bekannt, 1938-2005) wurde in der Stadt 水定 Shuǐdìng (nuig. Süydin/ Süydün) der Autonomen Kasachischen Präfektur Ili in Xīnjiāng geboren. Nach einer Ausbildung zum Lehrer in Ürümči studierte er in Taschkent (Sowjetunion) Journalistik. Danach kehrte er in seine Heimat zuurück und arbeitete für verschiedene Literaturzeitschriften, bevor er nach erneut in die Sowjetunion zog, diesmal nach Almaty. Dort arbeitete er unter anderem für die Zeitschrift „Banner des Kommunismus" (nuig. *Kommunizm Tuγi*), die Vorläuferzeitschrift der heute noch existierenden *Uyγur Avazi* („Stimme der Uiguren"). Yasin veröffentlicht seit 1954 Gedichte, darunter mehrere Gedichtbände.[107]

Seite 88

„Mömün Hämraev" Mömün Hämraev (1907-1955) wurde im Dorf Šarïn (nuig. Čarin) der kasachischen Provinz Almaty in einer armen Familie geboren. Nach der Oktoberrevolution konnte er in Vernyj (damaliger Name von Almaty) und Taschkent studieren.[108] Neben der bereits in der Einleitung zum vorliegenden Band erwähnten Langerzählung „In schweren Tagen"[109] erwarb sich Mömün Hemraev dadurch literaturgeschichtlichen Ruhm, dass er den ersten neuuigurischen Roman außerhalb Xīnjiāngs veröffentlichte, „Zwischen den Wellen" (*Dolḳunlar arisida*, 1933).[110] Die vielversprechende Karriere Hämraevs erhielt

107 Die biographischen Angaben stammen aus Harbalioğlu/ Abdulvahit Kaşgarlı 2017: 118f.
108 Die biographischen Angaben stammen aus Harbalioğlu/ Abdulvahit Kaşgarlı 2017: 223f.
109 Siehe oben S. 8.
110 Harbalioğlu/ Abdulvahit Kaşgarlı 2017: 224.

einen Bruch, als er 1937 im Zuge der stalinistischen Repression zum Volksfeind erklärt und verhaftet wurde.[111] Er wurde zu schwerer Arbeit in einem Lager in Xīnjiāng bestraft.[112] Zwischenzeitlich freigelassen und wieder inhaftiert, kam er 1949 endgültig aus der Haft.[113] Neben Prosawerken schuf Hämraev auch Gedichte.

Seite 88

„Rähimjan Roziev“

Rähimjan Roziev (*1935 in der Nähe von Ғulja, Xīnjiāng) beschäftigte sich in jungen Jahren sowohl mit Dichtkunst als auch mit Malerei. In letzterer absolvierte er 1957 ein Studium. 1961 wanderte er nach Kasachstan aus. Nach diversen Anstellungen arbeitete er von 1967 bis zu seiner Pensionierung für das kasachische Radio. Er veröffentlichte mehrere Gedichtbände.[114]

Seite 88

„67.000 Uiguren“

Ab dem Ende der 1950er-Jahre kam es zu einer dramatischen Verschlechterung in den Beziehungen zwischen der Sowjetunion und der Volksrepublik China. Parallel dazu wanderten zahlreiche Uiguren aus China nach Kasachstan aus. Die vom Sprecher hier angegebene ungefähre Zahl ist durchaus realistisch und deckt sich in etwa mit den Angaben der wissenschaftlichen Sekundärliteratur. So stieg die Anzahl der in Kasachstan, mehrheitlich in Stadt und Provinz Almaty, lebenden Uiguren von 59.840 im Jahr 1959 auf 120.900 im Jahr 1970 an.[115]

Seite 88

„Muhämmätämin Obulḳasimov“

Muhämmätämin Obulḳasimov (geboren am 7. April 1943 in Čöčäk/ Tarbagatai/塔城Tăchéng) ist einer der produktivsten neuuigurischen Dichter. Er wuchs in einem islamisch-konservativen Umfeld auf und musste in seiner Jugend Koranverse auswendiglernen. Seine Familie war in Xīnjiāng großen

---

111 Harbalioğlu/ Abdulvahit Kaşgarlı 2017: 224.

112 Harbalioğlu/ Abdulvahit Kaşgarlı 2017: 224. Harbalioğlu und Abdulvahit Kaşgarlı äußern sich nicht dazu, wie es geschah, dass Hämraev in der Sowjetunion verurteilt, aber in Xīnjiāng bestraft werden konnte. Wahrscheinlich ist, dass dies aufgrund der guten Beziehungen möglich war, die damals zwischen dem Gouverneur Xīnjiāngs 盛世才Shèng Shìcái und der Sowjetunion bestanden. Die Sowjetunion unterstützte diesen Warlord aus geostrategischen Gründen massiv (Memtimin 2016: 124; vgl. Avutova 2016: 6).

113 Harbalioğlu/ Abdulvahit Kaşgarlı 2017: 224.

114 Die Angaben stammen aus Harbalioğlu/ Abdulvahit Kaşgarlı 2017: 274f.

115 Siehe die statistischen Angaben in Masanov et al. 2001: 541 und Sulejmenova/ Šajmerdenova/ Akanova 2007: 12. Ähnliche Zahlen liefern Bovingdon 2010: 14. Vgl. auch Akiner 2005: 31.

Schwierigkeiten ausgesetzt, bevor sie 1962 in die Sowjetunion auswanderte. Nach seiner Schulausbildung in Kasachstan studierte Obulḳasimov in Taschkent Journalistik. Er arbeitete sodann in Usbekistan für Radio und Fernsehen, außerdem begann er seine Karriere als Schriftsteller. 1984 siedelte er sich in Almaty an, wo er seine Arbeit als Journalist fortsetzte. Neben zahlreichen Gedichten in silbenzählender und „freier“ Form schrieb er auch „Ghaselen“ in Anlehnung an klassische Schemata, wobei der den *nom de plume* „Humar“ verwendete (zusätzlich zu seinem häufigeren Aliasnamen *Almasbäk*).[116]

Seite 88

„Tašmähämmät“ — Über einen Autor namens Tašmähämmät konnten weder in der Sekundärliteratur noch im Internet Angaben gefunden werden.

Seite 88

„Abliz Hezimov“ — Abliz Hezim(ov) (*1935) wurde in Ғulja geboren und absolvierte ein Lehrerstudium, bevor er 1963 nach Kasachstan auswanderte. Er arbeitete als Journalist.[117] Neben erzählender Prosa, darunter Kindermärchen, und Gedichten veröffentlichte er auch literaturtheoretische Artikel.[118]

Seite 88

„Yūsuf Ḫāṣṣ Ḥāǧib“ — Siehe die Erläuterungen zu Seite 56.

Seite 89

„Barden“ — Der Sprecher verwendet hier ein kasachisches Wort, *žiraw*. Es bezeichnet traditionelle kasachische Volkssänger, insbesondere solche, die epische Dichtungen vortragen. Der Ausdruck leitet sich vom alttürkischen Wort *yïr* „Lied“ (> kas. *žïr*) ab.

---

116 Die biographischen Angaben stammen aus Harbalioğlu/ Abdulvahit Kaşgarlı 2017: 242-244. – Koraş 2018 merkt in Bezug auf einige Mesnevis Obulḳasimovs an, dass diese nur aufgrund ihrer Einteilung in (ttü.) *beyit*s (Doppelverse) der klassischen, d.h. der Aruz-Dichtung zuzuordnen sein. Aufgrund dieser Äußerung kann man die Frage stellen, ob auch die „Ghaselen“ Obulḳasimovs im Aruz geschrieben wurden oder nicht (die Sekundärliteratur schweigt sich darüber aus). Falls nicht, wären sie nicht als Ghaselen nach dem klassischen Verständnis der islamisch-orientalischen Dichtung anzusprechen.

117 Die biographischen Angaben stammen aus Harbalioğlu/ Abdulvahit Kaşgarlı 2017: 92f.

118 Harbalioğlu/ Abdulvahit Kaşgarlı 2017: 92f. Eine Auswahl von Hezims Beiträgen zur Literaturkritik ist in Hezim 2008 enthalten.

Seite 89

„*minažat*“

Das arabische Wort *munāğāt*, das die letzte etymologische Quelle des kasachischen Begriffs *minažat* bildet, bedeutet so viel wie „geheime Zwiesprache, vertrauliche Unterhaltung“, ist jedoch zugleich von einem Stamm abgeleitet, der „errettet werden“ bedeutet.[119] Als religiöser Fachausdruck nahm *munāğāt* in den Islamsprachen des Mittelalters wie dem Persischen (*monāğāt*) und Osmanischen (*münāğāt*) die Bedeutung „Gebet, Anrufung Gottes“ an (hier sind beide erwähnten Bedeutungen erkennbar: eine intime Zwiesprache mit Gott, die auf die Rettung der Seele abzielt). Hieraus wiederum wurde die Verwendung der Wörter als Oberbegriff für verschiedene Gedichtgattungen der klassischen (Aruz-)Poesie abgeleitet, die zugleich Anrufungen Gottes darstellen.[120] Als literarischen Fachausdruck kann man *minažat* daher ungefähr mit „Invokation“ übersetzen.

Seite 89

„fāʿilun, faʿūlun“

In der einheimischen Theorie der orientalischen Metrik (wie auch der Grammatik) werden die Kürzen- und Längenabfolgen, die bestimmte Versmaße definieren, nicht wie in der modernen westlichen Methodik mit bestimmten Symbolen für kurze („v“) und lange („–“) Silben wiedergegeben. Vielmehr verwendet man dafür die Konsonantenfolge *f-ʿ-l*, die im Arabischen ansonsten für das Verb „tun“ steht (das Symbol „ʿ“ steht für einen besonderen Konsonanten der semitischen Sprachen). Also statt zu sagen, ein Versmaß enthalte die Silbenlänge lang-kurz-lang (was man im Westen mit „– v –“ wiedergeben könnte), zitiert man beispielsweise eine Form von „tun“ (*f-ʿ-l*), der dieselbe Längen-Kürzen-Abfolge zugrundeliegt, wie etwa *fāʿilun* („ein Tuender“).

Seite 89

„al-Ḫalīl b. Aḥmad“

Der geniale Sprachwissenschaftler Al-Ḫalīl b. Aḥmad (718-791) gilt als Begründer der arabischen Metriktheorie. Diese legte er in seinem berühmten „Buch des [Buchstaben ʿAyn]“ (arab. *Kitāb al-ʿAyn*) dar.[121]

---

119 Wehr 1968: 841, s.v. *nağā* und *munāğāt*.

120 Für das Kasachische siehe Ḳïdïräli 2004. Für das Osmanische und Türkeitürkische vgl. Erverdi/ Kutlu/ Kara 1986: 468, s.v. *münacât*.

121 Zu ihm und zur Theorie des Aruz siehe Weil 1979.

Seite 89

„Abdumäjit Dölätov“ Abdumäjit Dölätov (geboren am 31. März 1949 im Dorf Bayseyit,[122] gestorben 2008) begann seine Karriere als Dichter in den 1970er-Jahren. Er benutzte das literarische Pseudonym *Sirdaš* („der in ein Geheimnis Eingeweihte“). Nach dem Studium der Journalistik arbeitete er für die Zeitung *Kommunizm Tuyi*.[123] Seit 1973 hat er 16 Gedichtbände veröffentlicht, außerdem schrieb er den Text zu mehr als zweihundert Liedern. Ferner tat er sich als Übersetzer hervor.[124]

Seite 89

„Unabhängigkeit“ Gemeint ist die Unabhängigkeit Kasachstans (16. Dezember 1991).

Seite 89

„*Žazuwšï*“ *Žazuwšï* (kasachisch für „Schriftsteller“) ist der Name eines Verlags für schöngeistige Literatur, der in sowjetischer Zeit gegründet wurde und Werke in zahlreichen Sprachen, darunter Neuuigurisch, herausgab.[125]

Seite 89

„Ḳazaḳstan“ „Ḳazaḳstan“ (kasachischer Name Kasachstans) ist der Name eines berühmten, 1920 gegründeten Verlags.[126]

Seite 90

„Theater“ Hier ist konkret das Uigurische Theater Almatys (offizieller neuuigurischer Name *Ḳuddus Ғojamyarof namidiki Jumhuriyetlik Dölät Uyγur Musikiliḳ Komediya Tiyatiri* „Republikanisches und Staatliches Uigurisches Akademisches Musikalisches Ḳuddus Ғojamyarof -Komödien-Theater“) gemeint, das einzige Theater der Welt mit neuuigurischer Bühnensprache.[127]

---

122 Zu diesem Dorf siehe die entsprechende Erläuterung zu Seite 52.
123 Zu dieser Zeitung vgl. Seite 153.
124 Die Angaben stammen aus Harbalioğlu/ Abdulvahit Kaşgarlı 2017: 74f.
125 Vgl. hierzu die (äußerst lückenhaften) Angaben von Šaxanov 2001.
126 Siehe Äširbekova 2003.
127 Zu dem Theater vgl. Kadyrov 1984 und Auėzov/ Kunaeva 2009: 377f., s.v. *Ujgurskij Akademičeskij Teatr Muzykal'noj Komedii imeni K. Kužam'jarova.*

14. Zitierte Literatur

Abazov 2008. Abazov, Rafis: The Palgrave Concise Historical Atlas of Central Asia. New York: Palgrave Macmillan.

Äbdiräsilov/ Omarov/ Bazarbaev 1998. Äbdiräsilov, Ä./ Omarov, D./ Bazarbaev, Ķ.: Aķtaw. In: Anonym: *Ķazaķstan. Ulttïķ ènciklopediya [Kasachstan. Nationalezyklopädie]*. Bd. 1. Almaty: „Ķazaķ Ėnciklopediyasïnïŋ" bas redakciyasï. 213f.

Abylchožin et al. 2010. Abylchožin, Ž. B. et al. (Hgg.): Istorija Kazachstana s drevnejšich vremen do našich dnej v pjati tomach. Bd. 4. Kazachstan v Sovetskij period. Almaty: Atamura.

Ahundov/ Ferzaliyev/ Abbasov 1985. Ahundov, Ehliman/ Ferzaliyev, Tehmasib/ Abbasov, İsrafil: Azerbaycan aşıkları ve el şairleri [Aserbaidschanische Aşıqs und Volksdichter]. Sakaoğlu, Saim/ Alptekin, Ali Berat/ Şimşek, Esma (Hgg.): Bd. 1. Istanbul: Halk Kültürü.

Ajdarov 1966. Ajdarov, G.: Jazyk orchonskogo pamjatnika Bil'ge-Kagana. Alma-Ata: Izdatel'stvo „Nauka" Kazachskoj SSR.

Akarpınar 2007. Akarpınar, Bahar: "Divan-i Hikmet" ve etkileri [Der „Diwan der Weisheit" und seine Wirkungsgeschichte]. In: Halman, Talât Sait et al. (Hgg.): *Türk edebiyatı tarihi [Geschichte der türkischen Literatur]*. Bd. 1. Istanbul: TC Kültür ve Turizm Bakanlığı Yayınları. 222-228.

Akiner 1986. Akiner, Shirin: Islamic Peoples of the Soviet Union. London etc.: KPI.

Akiner 2005. Akiner, Shirin: Towards a typology of diasporas in Kazakhstan. In: Atabaki, Touraj/ Mehendale, Sanjyot (Hgg.): *Central Asia and the Caucasus. Transnationalism and diaspora*. London, New York: Routledge. 21-65.

Alī Şīr Nevāyī 1996. Alī Şīr Nevāyī: Fevāyidü'l-kiber [Die Nützlichkeiten des Alters]. Kaya, Önel (Hg.). Ankara: Atatürk Kültür, Dil ve Tarih Yüksek Kurumu, Türk Dil Kurumu.

Alî-Şîr Nevâyî 1993. Alî-Şîr Nevâyî [= Alī Şīr Nevāyī]: Mîzânu'l-evzân (vezinlerin terazisi) [Die Waage der Metren]. Eraslan, Kemal (Hg.). Ankara: Atatürk Kültür, Dil ve Tarih Yüksek Kurumu.

Alptekin 1983. Alptekin, Erkin: Eastern Turkistan after 32 years of exile. *Central Asian Survey* 4 (1983): 149-153.

Altan 2011. Altan, Erhan: Ölçü kaçarken. Şapka, şarkı, şehir ve şiir [Während das Maß entgleitet… Der Hut, das Lied, die Stadt und die Dichtung]. Istanbul: 160. kilometre.

Anikeeva 2017. Anikeeva, T. A.: Ujgurskie dastany. Knižnaja i ustnaja tradicii. In: Vasil'ev, A. D./ Dosovickaja, V. V./ Sadykov, R. T. (Hgg.): *Istorija. Kul'tura. Obščestvo. (Sbornik materialov Meždunarodnoj Ujgurovedčeskoj konferencii)*. Moskau: MIR. 13-19.

Anonym 1998-2007. Anonym: Ķazaķstan. Ulttïķ ènciklopediya [Kasachstan. Nationalezyklopädie]. 10 Bde. Almaty: „Ķazaķ Ėnciklopediyasïnïŋ" bas redacsiyasï.

Anonym 2005. Anonym.: Panfilov. In: Anonym: *Ķazaķstan. Ulttïķ ènciklopediya [Kasachstan. Nationalezyklopädie]*. Bd. 7. Almaty: „Ķazaķ Ėnciklopediyasïnïŋ" bas redakciyasï. 305.

Anonym 2017 [2016]. Anonym: Ķazaķistan uyghurliri ömer muhemmedi tughulghanliķining 110 yilliķini xatirilimekte [„Die Uiguren Kasachstans gedenken des 110. Geburtstags von Ömär Muhämmädi", Artikel auf der Webseite von Radio Free Asia]. http://www.rfa.org/uyghur/qisqa_xewer/omer-muhemmedi-04252016112743.html?encoding=latin [datiert auf den 25. April 2014, abgerufen am 3. Mai 2017].

Anonym 2018. Anonym: Atu Pajieside Milyondin Artuķ Uyghur Étip Tashlanghan [„Bei der Atu-Katastrophe wurde mehr als eine Million Uiguren erschossen"; Artikel auf der Internetseite der in Mörfelden-Waldorf angesiedelten Tengritagh Akademiyesi/ Uyghur Academy of Arts and Science]. https://tengritagh.org/2015/06/07/atu-pajieside-texminen-1000000-din-artuq-uyghur-etip-tashlanghan/ [datiert auf den 7. Juni 2015, besucht am 24. April 2018].

Anonym 2018a. Anonym: Ķazaķistanda „Atu Paji'esi"ge Béghishlan'ghan Yéngi Yadikarliķ Ornitilmaķchi [„In Kasachstan soll ein neues Denkmal für die ‚Atu-Katastrophe' errichtet werden", Artikel auf der Website „Eastturkistan Info]. https://eastturkistaninfo.com/2018/03/06/qazaqistanda-atu-pajiesi-ge-beghishlanghan-yengi-yadikarliq-ornitilmaqchi/ [datiert auf den 6. März 2018, abgerufen am 24. April 2018].

Anonym 2018b. Anonym: Mektep tariyxï [„Geschichte der Schule", Artikel auf der Homepage der Uigurischen Schule Nr. 101 in Almaty]. Http://101.alschool.kz/o-shkole/ [besucht am 1. Mai 2018].

Anonym 2018c. Anonym: Editorial Foreword 71.3 (August 2012). *The Journal of Asian Studies* 71, 3 (2012): 589. Https://www.jstor.org/stable/23263577?seq=1#page_scan_tab_contents [besucht am 22. Mai 2018].

Anonym 2018d. Anonym: Iblisning Tragediyisi [„Die Tragödie des Teufels"; anonymer Thread auf Neuuigurisch im Chatroom der Uyghur American Association]. http://forum.uyghuramerican.org/forum/showthread.php?2957-Iblisning-Tragediyisi-(4)/page4 [downgeloaded am 29. Mai 2018].

Arziev 2006. Arziev, Ruslan: Uyγur tili [Die uigurische Sprache]. Almaty: Mektep.

Äširbekova 2003. Äširbekova, G.: „Ķazaķstan". In: Anonym: *Ķazaķstan. Ulttïķ ėnciklopediya [Kasachstan. Nationalezyklopädie]*. Bd. 5. Almaty: „Ķazaķ Ėnciklopediyasïnïŋ" bas redakciyasï. 332.

Auėzov/ Kunaeva 2009. Auėzov, E. K./ Kunaeva, G. S.: Almaty. Ėnciklopedija. Almaty: Credo.

Avutova 2016. Avutova, Gülnarä: Lutpulla Mutällipniŋ ijadiy mirasi [Die literarische Hinterlassenschaft Lutpulla Mutällips]. Almaty: MIR.

Axmetov 1999. Axmetov, Ķ.: Bayseyit. In: Anonym: *Ķazaķstan. Ulttïķ ėnciklopediya [Kasachstan. Nationalezyklopädie]*. Bd. 2. Almaty: „Ķazaķ Ėnciklopediyasïnïŋ" bas redakciyasï. 68.

Axmetov 2005. Axmetov, Ķ.: Narïnķol. In: Anonym: *Ķazaķstan. Ulttïķ ėnciklopediya [Kasachstan. Nationalezyklopädie]*. Bd. 7. Almaty: „Ķazaķ Ėnciklopediyasïnïŋ" bas redakciyasï. 19.

Axmetov 2005a. Axmetov, Ķ.: Panfilov awdanï [Der Bezirk Panfilov]. In: Anonym: *Ķazaķstan. Ulttïķ ėnciklopediya [Kasachstan. Nationalezyklopädie]*. Bd. 7. Almaty: „Ķazaķ Ėnciklopediyasïnïŋ" bas redakciyasï. 305f.

Axmetov 2007. Axmetov, Ķ.: Uyγïr awdanï [„Der Uigurische Rayon"]. In: Anonym: *Ķazaķstan. Ulttïķ ėnciklopediya [Kasachstan. Nationalezyklopädie]*. Bd. 9. Almaty: „Ķazaķ Ėnciklopediyasïnïŋ" bas redakciyasï. 12.

Bahavudun 2016. Bahavudun, Iminjan: Ili tarixi [„Die Geschichte von Ili"]. Narinbaev, Äziz (Hg.). Bischkek: Ayat.

Barat 2017. Barat, Kahar: Jumhuriyet Tarihi Menbele[r]i [„Ķuellen zur republikanischen Geschichte]. Http://forum.uyghuramerican.org/forum/showthread.php?18539-Jumhuriyet-Tarihi-Menbelei&s=110f2d1233cec211a418844dfc7dc770 [besucht am 18. April 2017].

Bekžigitova 2017. Bekžigitova, Kämšat: Oyïŋdï özgertip, ömiriŋdi özgert [Ändere dein Leben, indem du dein Denken änderst!]. Bd. 1. Almaty: Guppy Print.

Bellér-Hann 2014. Bellér-Hann, Ildikó: The Bulldozer State. Chinese Socialist Development in Xinjiang. In: Reeves, Madeleine/ Rasanayagam, Johan/ Beyer, Judith (Hgg.): *Ethnographies of the State in Central Asia*. Bloomington, Indianapolis: Indiana University Press 173-197.

[Bilal Nazim] 1880-1881. [Bilal Nazim:] Vojna musul'man protiv kitajcev. Tekst narěčija Taranči. Pantusov, N. N. (Hg.). Kazan: Universitätsdruckerei.

Botschaft der Republik Kasachstan in der Bundesrepublik Deutschland 2009. Botschaft der Republik Kasachstan in der Bundesrepublik Deutschland (Hg.): Kasachstan. Daten. Fakten. Hintergründe. 6. Aufl. Berlin: Wostok.

Bobkova 1989. Bobkova, L. M. (Hg.): Kazachskaja SSR [Karte]. Moskau: Glavnoe upravlenie geodezii i kartografii pri Sovete Ministrov SSSR.

Bovingdon 2010. Bovingdon, Gardner: The Uyghurs. Strangers in their own land. New York: Columbia University Press.

Bruijn 1999. De Bruijn, J. T. P. de: The name of the poet in classical Persian poetry. In: Melville,

Charles (Hg.): *Proceedings of the Third European Conference of Iranian Studies*. Part 2. *Mediaeval and Modern Persian Studies*. Wiesbaden: Dr. Ludwig Reichert. 45-56.
Caferoğlu 1976. Caferoğlu, Ahmet: Karahanlılar devri Türk edebiyatı [Die türkische Literatur der Karachanidenzeit]. In: Anonym: *Türk Dünyası El Kitabı [Handbuch der türkischen Welt]*. Ankara: Türk Kültürünü Araştırma Enstitüsü Yayınları. 404-413.
Coşkun 2007. Coşkun, Menderes: Seyahatname ve sefaratnameler [Reise- und Gesandtschaftsberichte]. In: Halman, Talât Sait et al. (Hgg.): *Türk edebiyatı tarihi [Geschichte der türkischen Literatur]*. Bd. 2. Istanbul: TC Kültür ve Turizm Bakanlığı Yayınları. 329-343.
Džafar 1973. Džafar, Akrem: Metrika poėzii Nasimi. In: Vysockaja, M. (Hg.): *Nasimi. Sbornik statej*. Baku: Elm. 93-112.
Eckmann 1959. Eckmann, János: Das Tschagataische. In: Deny, Jean et al. (Hg.): *Philologiae Turcicae Fundamenta*. Bd. 1. Wiesbaden: Franz Steiner. 138-160.
Ekici 2007. Ekici, Metin: Destanlar [Die Destane]. In: Halman, Talât Sait et al. (Hgg.): *Türk edebiyatı tarihi [Geschichte der türkischen Literatur]*. Bd. 1. Istanbul: TC Kültür ve Turizm Bakanlığı Yayınları. 85-115.
Erverdi/ Kutlu/ Kara 1986. Erverdi, Ezel/ Kutlu, Mustafa/ Kara, İsmail (Hgg.): Türk Dili ve Edebiyatı Ansiklopedisi [Enzyklopädie der türkischen Sprache und Literatur]. Bd. 6. Istanbul: Dergah yayınları.
Friederich 2001. Friederich, Michael: Kein schöner Land in dieser Zeit: Heimat und Vaterland in der neueren ujghurischen Lyrik. In: Haag-Higuchi, Roxane/ Szyska, Christian (Hgg.): *Erzählter Raum in Literaturen der islamischen Welt*. Wiesbaden: Harrassowitz. 161-172.
Gadžiev 1984. Gadžiev, A. A. (Hg.): Problemy azerbajdžanskogo renessansa. Baku: Ėlm.
Grolle 2018. Grolle, Johann: Invasion aus der Steppe. *DER SPIEGEL* 20 (12. Mai 2018): 105-108.
Hämraev 1969. Hämraev, Murat: Očerki teorii tjurkskogo sticha. Alma-Ata: Mektep.
Hämraev 1975. Hämraev, Murat: Uyγur ädäbiyati: IX-sinip üčün därislik [Uigurische Literatur. Lehrbuch für die 9. Klasse]. Alma-Ata: Mektep.
Hämraev 2014. Hämraev, Xämit: Uyγur pajiäsi [Die uigurische Tragödie]. *Uyγur PEN 1,3* (2014): 60-88.
Hämraev/ Sabitov 1965. Hämraev, Murat/ Sabitov, Rišat (Hgg.): Näsirdin Äpändiniŋ lätipiliri [Die Schwänke des Näsirdin Äpändi]. Alma-Ata: Žazuwšï.
Harbalioğlu/ Abdulvahit Kaşgarlı 2016. Harbalioğlu, Neşe/ Abdulvahit Kaşgarlı, Raile (Hgg.): Çağdaş Uygur hikâyelerinden seçmeler [Ausgewählte neuuigurische Erzählungen]. Ankara: Gazi Kitabevi.
Harbalioğlu/ Abdulvahit Kaşgarlı 2017. Harbalioğlu, Neşe/ Abdulvahit Kaşgarlı, Raile (Hgg.): Çağdaş Uygur edebiyatı tarihi [Geschichte der Neuuigurischen Literatur]. Ankara: Gazi Kitabevi.
Hemraéw 2016 [2014]. Hemraéw, Xemit [= Hämraev, Xämit]: Ghulja yoli [Der Ghulja-Weg]. Almaty: MIR. [= http://www.uyghurpen.org/uy/Ghulja_yoli_ULY.pdf, downgeloaded am 6. Mai 2016].
Heß 2009. Heß, Michael Reinhard: Yesevī, Aḥmed. In: Arnold, Heinz Ludwig (Hg.): *Kindlers Literatur Lexikon*. 3., völlig neu bearbeitete Aufl. Stuttgart, Weimar 2009. Bd. 17. J. B. Metzler. 657.
Heß 2009a. Heß, Michael Reinhard: Yesevī, Aḥmed. Dīvān-i Ḥikmet. In: Arnold, Heinz Ludwig (Hg.): *Kindlers Literatur Lexikon*. 3., völlig neu bearbeitete Aufl. Stuttgart, Weimar 2009. Bd. 17. J. B. Metzler. 658.
Hezim 2008. Hezim, Abliz: Ḳutluḳ Ḳoŋγuraḳ [Die Glücksglocke]. Bd. 4. Almaty: Naš vek.
Hosman 2011. Hosman, Äxmät: Ana Vätän üčün [Für das Vaterland]. Ürümči: 新疆人民出版社.
Hošurov 2015. Hošurov, Räximjan: 1200 uyγur taamliri [1200 uigurische Rezepte]. Almaty: Asïl kitap.
Http://kaznpu.kz/kz/497/page/ [Internetauftritt des Lehrstuhls für Östliche Sprachen und Übersetzungen (kas. *Šïγïs tilderi žäne awdarma kafedrasï*) des Instituts für Philologie und mehrsprachigen Unterricht (kas. *Filologiya žäne köptildi bilim berüw institutï*) der Nach Abay benannten Kasachischen Nationalen Pädagogischen Universität (kas. *Abay atïndaγï Ḳazaḳ Ulttïḳ Pedagogikalïḳ Universiteti*) in Almaty, besucht am 27. Januar 2018].
Ibragimov 2005. Ibragimov, U. K.: Uyγur tarixi. III-ḳisim. Ottura vä aliy oḳuš yurtliri üčün därislik [„Uigurische Geschichte. 3. Teil. Lehrbuch für mittlere und höhere Bildungseinrichtungen"]. Bischkek: Ilim.
Iminov 2014. Iminov, Ismailžan: Moja Kašgarija./ Äzizanä Ḳäšḳär [Geliebtes Kaschgar]. Putevye zametki s fotoillustracijami. [Zweisprachig: Russisch und Neuuigurisch]. Almaty: MIR.

Iminov 2017 [2013]. Iminov, Ismayiljan [= wohl Iminov, Ismailžan]: «Atu» pajiäsi yaki Yättisuda yüz bärgän ķizil terrorniŋ häķiķiti [„Die ‚Atu'-Katastrophe oder die Wahrheit über den Roten Terror, der im Siebenstromland stattfand", Artikel in der Onlineausgabe der Zeitung *Uyγur Avazi*]. http://uyguravazi.kazgazeta.kz/?p=8310 [datiert auf den 17. Mai 2013, abgerufen am 6. Juni 2017].

İnan 1976. İnan, Abdülkadir: Türk Destanları [Die türkischen Destane]. In: Anonym: *Türk Dünyası El Kitabı [Handbuch der türkischen Welt]*. Ankara: Türk Kültürünü Araştırma Enstitüsü Yayınları. 377-389.

İnan 1976a. İnan, Abdülkadir: Çağatay edebiyatı [Die tschagataische Literatur]. In: Anonym: *Türk Dünyası El Kitabı [Handbuch der türkischen Welt]*. Ankara: Türk Kültürünü Araştırma Enstitüsü Yayınları. 484-501.

Ismayilov 2011. Ismayilov, Rabik: Azatliķ küyčisi [„Der Freiheitssinger"]. In: Sämädiy, Ziya: *Därtmänniŋ zarï. Pajiälik ķissä. [Das Leid des Geplagten. Tragische Erzählung]*. Almaty: Mir. 4-6.

İz 1986. İz, Fahir: Yasawī. In: Gibb, H. A. R. et al. (Hgg.): *The Encyclopaedia of Islam. New Edition*. Bd. 1. Leiden: E. J. Brill. 298f.

Kabirov 1975. Kabirov, M. N.: Očerki istorii ujgurov sovetskogo Kazachstana. Almaty: Izdatel′stvo «Nauka» Kazachskoj SSR.

Kadyrov 1984. Kadyrov, A. K.: Ujgurskij sovetskij teatr. Alma-Ata: Öner.

Kamalov 2015. Kamalov, A. K.: Političeskie lidery vostočnogo Turkestana 1940-ch godov v anglo-amerikanskich diplomatičeskich istočnikach. In: Karimova, R. U. et al. (Hgg.): *Ujgurovedenie: istoriko-filologičeskie issledovanija*. Almaty: MIR. 67-101.

Kamalov 2017. Kamalov, Ablet [= wohl Kamalov, A. K.]: Uyghur Studies in Central Asia: A Historical Review. Http://www.orientalstudies.ru/rus/images/pdf/a_kamalov_2006.pdf [Downgeloaded am 7. Juni 2017].

Kamalov 2017a. Kamalov, A. K.: "Latynskij put′" v intellektual′noj istorii ujgurov Srednej Azii i Kazachstana. In: Vasil′ev, A. D./ Dosovickaja, V. V./ Sadykov, R. T. (Hgg.): *Istorija. Kul′tura. Obščestvo. (Sbornik materialov Meždunarodnoj Ujgurovedčeskoj konferencii)*. Moskau: MIR. 164-174.

Karažanov/ Takenov 1998. Karažanov, K./ Takenov, A. (Hgg.): Novejšaja istorija Kazachstana. Almaty: Sanat.

Kirabaev et al. 2014. Kirabaev, S. S. et al. (Hgg.): Sovremennaja literatura naroda Kazachstana. Almaty: Evo Press.

Klimeš 2017. Klimeš, Ondrej: Struggle by the Pen. http://ebookcentral.proquest.com/lib/unigiessen/reader.action?docID=1921032 [besucht am 6. Juni 2017].

Koraş 2018. Koraş, Hikmet: Vatandan Uzakta Bir Vatan Şairi. Mehemmetimin Obulkasimov (Almasbeg) [Ein Vaterlandsdichter, der weit vom Vaterland ist: Muhämmätämin Obulķasimov (Almasbäk)]. http://www.kardeskalemler.com/ekim2013/Mehemmetimin_Obulkasimov.htm [abgerufen am 30. Mai 2018].

Kreindler 1983. Kreindler, Isabelle: Ibrahim Altynsarin, Nikolai Il'minskii and the Kazakh National Awakening. *Central Asian Survey* 2,3 (1983): 99-116.

Kreiser/ Neumann 2005. Kreiser, Klaus/ Neumann, Christoph K.: Kleine Geschichte der Türkei. Bonn: Bundeszentrale für politische Bildung.

Mansuroğlu 1959. Mansuroğlu, Mecdut: Das Karakhanidische. In: Deny, Jean et al. (Hgg.): *Philologiae Turcicae Fundamenta*. Bd. 1. Wiesbaden: Franz Steiner. 87-112.

Masanov et al. 2001. Masanov, N. Ė. et al.: Istorija Kazachstana. Narody i kul′tury. Almaty: Dajk-Press.

Mélikoff 2003. Mélikoff, Irène: Ahmed Yesevi and Turkic popular Islam. *Electronic Journal of Oriental Studies* 6, 8 (2003): 1-9.

Memtimin 2016. Memtimin, Aminem: Language Contact in Modern Uyghur. Wiesbaden: Harrassowitz.

Memtimin 2018. Memtimin, Abdushükür: Uyghur Edebiyati Tarixi′ning Tetqiqat Témiliri [Untersuchungsgegenstände der uigurischen Literaturgeschichte]. https://tengritagh.org/2015/04/21/uyghur-edebiyati-tarixining-tetqiqat-temiliri/ [besucht am 18. Mai 2018].

Mollaudov 2007 [1956]. Mollaudov, S[avut]: Tvorčestvo Biljala. Diplomarbeit. Taschkent, Sredneaziatskij gosudarstvennyj universitet im. V. I. Lenina. In: Ders.: *Bilal Nazim häķķidä tätķiķlar [Untersuchungen zu Bilal Nazim*]. 9-30. Almaty: MIR.

Mollaudov 2007 [1976]. Mollaudov, Savut: Bilal Nazimniŋ hayati vä ijadi [Leben und Werk Bilal Nazims]. Nachdruck in: Ders.: *Bilal Nazim häḳḳidä tätḳiḳlar [Untersuchungen zu Bilal Nazim]*. Almaty: MIR. 116-180.

Mollaudov 2007a. Mollaudov, Savut: Bu uyatḳu buradärlär [Freunde, das ist doch eine Schande!]. In: Ders.: *Bilal Nazim häḳḳidä tätḳiḳlar [Untersuchungen zu Bilal Nazim]*. Almaty: MIR. 344-349.

Mollavutov 2007. Mollavutov, Savut [=Mollaudov, Savut]: Bilal Nazim häḳḳidä tätḳiḳlar [Untersuchungen zu Bilal Nazim]. Almaty: MIR.

Nadžip 1968. Nadžip, Ė. N.: Ujgursko-russkij slovar′. Moskau: Sovetskaja Ėnciklopedija.

Nävirdinova 2018. Nävirdinova, Firuza: Muällimlär küni nişanlandi [„Der Tag der Lehrer wurde begangen," Artikel in der Onlineausgabe der Zeitung *Uyγur Avazi*]. http://uyguravazi.kazgazeta.kz/?p=20547&ln=lat, [datiert auf den 8. Oktober 2015, abgerufen am 1. Mai 2018].

Ocak 2007. Ocak, Ahmet Yaşar: Popüler tasavvufun öncüsü: Ahmed-i Yesevi ve Hikmetleri (XII. yüzyıl). I. Ahmed-i Yesevi ve Yesevilik [Der Vorreiter des volkstümlichen Sufitums: Aḥmad Yasavī und seine „Weisheiten" (12. Jahrhundert). I. Aḥmad Yasavī und die Yasavīya]. In: Halman, Talât Sait et al. (Hgg.): *Türk edebiyatı tarihi [Geschichte der türkischen Literatur]*. Bd. 1. Istanbul: TC Kültür ve Turizm Bakanlığı Yayınları. 214-221.

Ömärov 2016. Ömärov, Šavkät: Ḳančilik tirišsaḳ, šunčilik nätijä bolidu [Je mehr wir uns bemühen, desto mehr Ergebnisse wird es geben]. *Uyγur avazi* (29. September 2016): 4.

OSCE 2018 [1996]. OSCE: The Hague Recommendations Regarding the Education Rights of National Minorities & Explanatory Note. https://www.osce.org/hcnm/32180?download=true [besucht am 12. Mai 2018].

OSCE 2018 [1998]. OSCE: The Oslo Recommendations regarding the Linguistic Rights of National Minorities https://www.osce.org/hcnm/oslo-recommendations [besucht am 12. Mai 2018].

OSCE 2018 [2012]. OSCE: The Ljubljana Recommendations on Integration of Diverse Societies Https://www.osce.org/hcnm/ljubljana-guidelines [besucht am 12. Mai 2018].

Öskenbaeva 2005. Öskenbaeva, G.: Rozïbaḳiev. In: Anonym: *Ḳazaḳstan. Ulttïḳ ėnciklopediya [„Kasachstan. Nationalezyklopädie"]*. Bd. 5 Almaty: „Ḳazaḳ Ėnciklopediyasïnïŋ" bas redakciyasï. 482.

Öztelli 1992. Öztelli, Cahit: Yunus Emre. Yaşamı ve bütün şiirleri [Yunus Emre. Leben und komplette Gedichte]. 4. Aufl. Istanbul: Özgür.

Oyghan 2018. Oyghan: Elaxan sultanning ewladliri almataning sultanqorghan mehelliside yashaydu [„Die Nachkommen Älaxan Sultans leben im Stadtviertel Sultanqorγan Almatys, Artikel auf der Internetseite von Radio Free Asia]. Https://www.rfa.org/uyghur/xewerler/medeniyet-tarix/sultan-ewladi-07252015000033.html/story_main?encoding=latin [besucht am 01. Mai 2018]

Pala 2004. Pala, İskender: Ansiklopedik Divân Şiiri Sözlüğü [Enzyklopädisches Wörterbuch der Divan-Literatur]. Istanbul: Kapı Yayınları.

Parzinger 2006. Parzinger, Hermann; Die frühen Völker Eurasiens. Vom Neolithikum bis zum Mittelalter. München: C. H. Beck.

Pekolcay/ Eraydın 1976. Pekolcay, Neclâ/ Eraydın, Selçuk: İslâmî Türk edebiyatı (giriş) [Die islamische türkische Literatur (Einführung)]. 3. Aufl. Istanbul: İrfan.

Pylëv 1997. Pylëv, A. I.: Chodža Ahmad Yasavi: sufijskij poėt, ego ėpocha i tvorčestvo. Almaty: Atamura.

Ḳïdïräli 2004. Ḳïdïräli, D.: Minažat. In: Anonym: *Ḳazaḳstan. Ulttïḳ ėnciklopediya [Kasachstan. Nationalezyklopädie]*. Bd. 6. Almaty: „Ḳazaḳ Ėnciklopediyasïnïŋ" bas redakciyasï. 667f.

Ḳojambärdi 2015. Ḳojambärdi, Ḳähriman: Maḳalilar [„Aufsätze"]. Bd. 2. Almaty: Mir.

Ḳojambärdi 2015a. Ḳojambärdi, Ḳähriman: Achmetžan Kasymi. In Ders.: *Maḳalilar [„Aufsätze"]*. Bd. 2. Almaty: Mir. 203-257.

Rafili 1984. Rafili, M.: Rannyj azerbajdžanskij renessans. In: Gadžiev, A. A. (Hg.): *Problemy azerbajdžanskogo renessansa*. Baku: Ėlm. 93-113.

Roberts 2007. Roberts, Sean R.: 'The Dawn of the East': A Portrait of an Uyghur Community between China and Kazakhastan. In: Bellér-Hann, Ildikó et al. (Hgg.): *Situating the Uyghurs between China and Central Asia*. Aldershot: Ashgate. 202-217.

Róna-Tas 1991. Róna-Tas, András: An introduction to Turkology. Szeged: JATEPress.

Rozibaķiev 1997. Rozibaķiev, Abdulla: Xälķim üčün köyüdu žüräk [„Das Herz brennt für mein Volk"]. Almaty: Žazuwšï.

Sabitov 2018. Sabitov, Yadikar: Uγγur mäšräpliri vä bäzi örp-adätlirimiz [„Uigurische Mäschräps und einige unserer Sitten und Gebräuche"]. Almaty: Mir.

Sämädiy 2014. Sämädiy, Bilķiz: Tävällüd künün boldi, biraķ arimizda sän yoķ... [„Du hattest Geburtstag, aber du bist nicht mehr unter uns"]. *Äxbarat* [Almaty] 2 (2014): 4-8.

Sämädiy 2011. Sämädiy, Ziya: Därtmänniŋ zari. Pajiäliķ ķissä. [„Das Leid des Geplagten. Tragische Erzählung"]. Almaty: MIR.

Sazyek 2007. Sazyek, Hakna: Şiir. 1920-1950 [Die Dichtung. 1920-1950]. In: Halman, Talât Sait et al. (Hgg.): *Türk edebiyatı tarihi [Geschichte der türkischen Literatur]*. Bd. 4. Istanbul: TC Kültür ve Turizm Bakanlığı Yayınları. 21-47.

Schwarz 1992. Schwarz, Henry G.: An Uyghur-English dictionary. Bellingham, Washington: Western Washington University.

Šaxanov 2001. Šaxanov, B.: „Žazuwšï" baspasï [Die Druckerei „Žazuwšï"]. In: Anonym: *Ķazaķstan. Ulttïķ ènciklopediya [Kasachstan. Nationalezyklopädie]*. Bd. 3. Almaty: „Ķazaķ Ènciklopediyasïnïŋ" bas redakciyasï. 469.

Sïzdïkova/ Xusayïn 2008. Sïzdïkova, R. Г./ Xusayïn, K. Š. (Hgg.): Ķazaķša-Orïsša sözdik [„Kasachisch-Russisches Wörterbuch"]. Almaty: Dajk-Press.

Steingass 2005. Steingass, F.: A comprehensive Persian-English dictionary. Nachdruck Neu Delhi, Chennai: Asian Educational Services.

Sulejmenova/ Šajmerdenova/ Akanova 2007. Sulejmenova, Ė. D./ Šajmerdenova N. Ž./ Akanova, D. Ch.: Jazyki narodov Kazachstana. Sociolingvičestkij spravočnik. Almaty: Arman-PB

Tanridagli 2017. Tanridagli, Gülzade: Le roman historique, véhicule du nationalisme ouïgour. *Cahiers d'études sur la Méditerranée orientale et le monde turco-iranien.* Http://cemoti.revues.org/56 [veröffentlicht 1998; abgerufen am 22. Februar 2017].

Taymaγambetov 1999. Taymaγambetov, Ž.: Botay Mədeniyeti [„Die Botay-Kultur"]. In: Anonym: *Ķazaķstan. Ulttïķ ènciklopediya [Kasachstan. Nationalezyklopädie]*. Bd 2. Almaty: „Ķazaķ Ènciklopediyasïnïŋ" bas redacsiyasï. 387.

Thackston Jr. 1990. Thackston Jr., Wheeler M.: Prosodische Systeme. In: Heinrichs, Wolfhart et al. (Hgg.): *Orientalisches Mittelalter*. Wiesbaden: Aula. (Neues Handbuch der Literaturwissenschaft. Hg. von der See, Klaus. Bd. 5.) 409-422.

Turan 2007. Turan, Fikret: Doğu Türk yazı dili edebi çevresi: Harzem-Kıpçak, Mısır-Suriye ve Çağatay sahası [Das literarische Umfeld der osttürkischen Schriftsprache: der khwaresmisch-kiptschakische, ägyptisch-syrische und tschagataische Bereich]. In: Halman, Talât Sait et al. (Hgg.): *Türk edebiyatı tarihi [Geschichte der türkischen Literatur]*. Bd. 1. Istanbul: TC Kültür ve Turizm Bakanlığı Yayınları. 681-696.

Tyler 2004. Tyler, Christian: Wild West China. The Untold Story of a Frontier Land. London: John Murray.

Ulttïķ Testilew Ortalïγï 2018. Ulttïķ Testilew Ortalïγï [Nationales Testierungszentrum; Homepage]. http://www.testcenter.kz/en/entrants/ent/ [besucht am 16. Mai 2018].

Ushurova 2018. Ushurova, Schachida: Oeigoeren. Een vergeten volk. [Abschlussarbeit in Verhaltens- und Kulturwissenschaften an der Sint-Lodewijkscholen in Kwatrecht, Schuljahre 2007-2008 und 2008-2009]. https://anzdoc.com/oeigoeren-een-vergeten-volk-shachida-ushurova-eindwerk-gedra.html [downgeloaded am 23. April 2018].

Vahidiy 2006. Vahidiy, Abdukerim: Jännätkä učķan ķušlar [„Vögel, die ins Paradies flogen"]. Almaty: Naš vek näšriyati.

Wehr 1968. Wehr, Hans: Arabisches Wörterbuch für die Schriftsprache der Gegenwart. Arabisch-Deutsch. 4. Aufl. Wiesbaden: Otto Harrassowitz.

Weil 1979. Weil, Gotthold: ʿArūḍ I. In: Gibb, H. A. R. et al. (Hgg.): *The Encyclopaedia of Islam. New Edition*. Bd. 1. Leiden: E. J. Brill. 667-677.

Xamraev 2018. Xamraev, Xamit [= Hämraev, Xämit]: O romane „Missija chodžej" [Artikel auf der

Webseite Central Asian Analytical Network]. Http://caa-network.org/archives/author/hamit-hamraev [besucht am 23. April 2018].

Xinayat 2007. Xinayat, B.: Šelek. In: Anonym: *Ḳazaḳstan. Ulttïḳ ėnciklopediya [„Kasachstan. Nationalezyklopädie"]*. Bd. 9. Almaty: „Ḳazaḳ Ėnciklopediyasïnïŋ" bas redakciyasï. 495.

Yaḳub et al. 1990-1998. Yaḳub, Abliz et al.: Uyγur tiliniŋ izahliḳ luγiti [„Kommentiertes Wörterbuch der Uigurischen Sprache"]. 6 Bde. Beijing: Millätlär Näšriyati.

Yusuf Has Hâcib 1985. Yusuf Has Hâcib: Kutadgu Bilik. Bd. 2. Übersetzung. Arat, Reşid Rahmeti (Übers.). 3. Aufl. Ankara: Türk Tarih Kurumu Basımevi.

15. Anhang

15.1. Abbildungen zu den Endnoten

Abbildung 2: Uigurische Doppa[1]

1 Foto: Herausgeber.

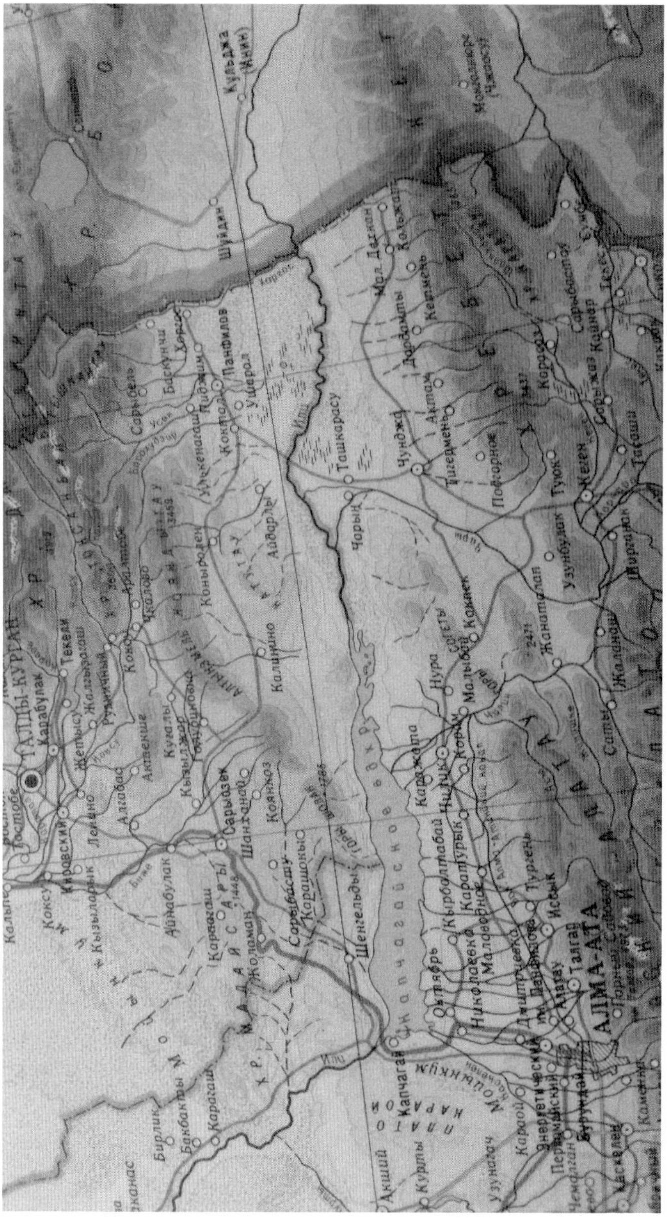

Abbildung 3: Das Siebenstromland zwischen Almaty und Fulja[1]

Turcologica

Herausgegeben von Lars Johanson

115: Éva Kincses-Nagy

Mongolic Copies in Chaghatay

2018. 292 pages, 2 tables, pb
170x240 mm
ISBN 978-3-447-11055-6
⊙E-Book: ISBN 978-3-447-19765-6 *each € 58,– (D)*

The nature of Turkic-Mongolic language contacts has been central to Altaistics since the formation of the discipline. The rise of the Mongol Empire in the 13th century marks a turning point in Turkic-Mongolic language contacts. Before the Mongol era, Turkic was the dominant language, whereas after the conquest, Mongolic took over: several hundred words entered the Middle Turkic languages. Chaghatay was the language most strongly affected by Mongolic. However, this Eastern Middle Turkic literary language has not been thoroughly analyzed until now.

The research methodology in this book is based on the research on bilingualism, primarily the code copying model developed by Lars Johanson. Dealing with about 300 Mongolic copies, the study by Éva Kincses-Nagy endeavors to uncover the history of the words in both Turkic and Mongolic languages in order to answer what kind of language contact these words reveal. It thoroughly examines the point in time when a given word appears in Turkic languages and how these words spread in modern Turkic languages. The study expands our knowledge on Turkic and Mongolian lexicology as well as on morphology, phonetics and semantics. It presents several new etymologies and strengthens or reshapes old ones.

116: Éva Á. Csató, Joakim Parslow, Emel Türker, Einar Wigen (Eds.)

Building Bridges to Turkish

2018. XII, 340 pages, 10 ill., 13 tables, pb
170x240 mm
ISBN 978-3-447-11123-2
⊙E-Book: ISBN 978-3-447-19824-0 *each € 65,– (D)*

This volume contains over twenty articles written by outstanding Turcologists in honour of the Norwegian scholar Bernt Brendemoen, whose oeuvre is reviewed in an introductory chapter. The topics addressed in the articles represent important fields of research in current Turcological studies. Most chapters are devoted to the study of Turkic languages and varieties, exploring issues such as historical developments in the sound systems in Chuvash, Karamanli Turkish and Uyghur, the history and typology of Balkan Turkish and Tuvan, contact induced phenomena in Cypriot Turkish, the writing system of Turkmen, language documentation demonstrated by the examples of Lithuanian Karaim and Noghay, properties of borrowed vocabulary in Turkish, the lexicology of Crimean Tatar, and specific features of diaspora Turkish. Other articles address topics in Turkish literature, such as Turkish science fiction and the works of Mehmet Akif Ersoy, Namık Kemal, and Fatma Aliye Hanım. Another contribution analyses samples of Irano-Turkic folk poetry. Two articles deal with the history of Turkic studies in the *Copenhagen School* and the history of Post-Ottoman studies. The volume is peer reviewed.